Italienisch für die Reise

W0171958

ABRAXAS-Sprachführer sind besonders nützlich, weil sie kompakt und einfach zu handhaben sind: jede typische Urlaubs-Situation liegt auf einer Doppelseite zusammengefasst vor Ihnen! Mit den Fragen und Wendungen können Sie Ihre Wünsche höflich ausdrücken, durch die Wort-für-Wort-Übersetzung und das passende Austauschvokabular individuell kommunizieren. Und mit Hilfe der grau hinterlegten Antworten verstehen Sie auch das, was Ihr Gegenüber meint.

»Gesprochen wie geschrieben«: Möglich durch eine speziell entwickelte und sofort lesbare Lautschrift.

ABRAXAS *öffnet Ihnen so manche Tür und viele Herzen!*

IMPRESSUM
© 2000, 1999 Peter Meyer Reiseführer
Schopenhauerstraße 11, 60316 Frankfurt am Main
http://www.meyer-reisefuehrer.de
Umschlag- und Reihenkonzept, insbesondere die
Kombination von Griffmarken und Schlagwort-
System auf dem Umschlag, sowie Text, Lautschrift,
Tabellen und Illustrationen sind urheberrechtlich geschützt.
Druck und Bindung: Euroadria, Ljubljana
Umschlaggestaltung: Agentur 42, Mainz
Zeichnungen: Silke Schmidt, Offenbach
Herstellung: Annette Sievers
Redaktion: Norbert Lüdtke

VERTRIEB FÜR DEN BUCHHANDEL
GeoCenter, Postfach 800830, D-70508 Stuttgart
ava/buch 2000, Postfach 89, CH-8910 Affoltern a.A.
FREYTAG & BERNDT, Postfach 1231, A-1231 Wien
NILSSON & LAMM, Postbus 195, NL-1380 AD Weesp

ABRAXAS

REDEN UND VERSTEHEN UNTERWEGS

ITALIENISCH
für die Reise

VON MONICA SENNEWALD

PETER MEYER REISEFÜHRER

2. überarbeitete Auflage 2000

So funktioniert
ABRAXAS *6*

FINDEX

Reden und verstehen unterwegs

Unser Motto ist Programm: Mit **ABRAXAS** können Sie sich unterwegs überall verständlich machen. Denn reiseerfahrene Landeskenner haben 61 reisetypische Situationen mit durchschnittlich 10 Wendungen und 20 bis 35 Zusatzwörtern für Sie zusammengestellt. Kein wirres Blättern mehr: Übersichtlich auf einer Doppelseite stehen alle Sätze, Fragen und Antworten – sofort und flexibel einsetzbar!

Die Frischzellenkur: Dank der einfachen Handhabung ist **ABRAXAS** auch ideal, um mal eben eine kleine Gedächtnislücke zu überbrücken oder längst Vergessenes aufzufrischen.

Einfach drauf los: Die speziell entwickelte, sehr einfache und fließend lesbare **ABRAXAS**-Lautschrift ermöglicht auf Anhieb eine verständliche Aussprache. (Sprach-)Hemmungen können Sie ab sofort zu Hause lassen.

Da kommt Freude auf: Mit **ABRAXAS** gewinnen Sie Lust an der fremden Sprache – die Grammatik können Sie später noch pauken, deshalb steht sie auch ganz hinten (ab Seite 140).

Bekommen was man möchte ohne Komplikationen – schließlich haben Sie Urlaub.

Und so geht's:

Die wichtigsten Worte und Wendungen finden Sie auf den **Umschlagseiten:** Fragen und Wünsche sind vorne, mögliche Antworten hinten angeordnet, ergänzt durch Wortlisten. Ausgeklappt ermöglichen die Umschlagseiten eine erste, einfache Verständigung. Sie ergänzen sich mit den **Situationsdoppelseiten** im Innenteil: Deutliche **Reisephasen** (Unterwegs, Unterkunft, Essen & Trinken …) ordnen die **Situationen in**

So hilft Ihnen die ABRAXAS-Lautschrift
Gesprochen wie geschrieben, ohne Eingewöhnung! Lediglich die in der deutschen Sprache unbekannten Laute sind mit (einfachen) Sonderzeichen dargestellt, beispielsweise Nasale oder Ti Äitsch.

- <u>Unterstrichene</u> Silben werden betont.
- Kurz ausgesprochenen Selbstlauten (Vokalen) folgen zwei Mitlaute (Konsonanten).
- Das stimmlose »sch« bleibt ein »*sch*«, das stimmhafte »sch« wird mit einem Oberbogen »*s̆ch*« veranschaulicht.

acht Kapitel. Nahe Liegendes erscheint zuerst (Geld & Papiere), Ausnahmesituationen (Notfall) zuletzt.

Pfündig: Der **Findex** auf den Seiten 4 und 5 hilft Ihnen, die passende Situation rasch zu finden. Oder Sie lassen sich gleich durch die auf dem Umschlag und an der Buchseite sichtbaren **Griffmarken** in das Kapitel führen.

Ihr **Satz-Baukasten:** Auf jeder Situationsdoppelseite stehen Ihnen die jeweils passenden reisetypischen Sätze und Fragen zur Verfügung. Durch die **Wort-für-Wort-Übersetzung** darunter können Sie die Struktur der fremden Sprache schnell erkennen – und einfach andere Wörter in die vorgegebenen Sätze einfügen.

Ihr Gegenüber redet munter drauflos und **Sie verstehen nur Bahnhof?** Dann lassen Sie sich einfach eine Antwort aus den grau hinterlegten Kästen zeigen! Sie können die Antwortsätze natürlich auch für sich ausschlachten.

Die **passenden Worte** für Ihren perönlichen Satz-Baukasten finden Sie jeweils in den Innenspalten auf derselben Doppelseite! Zusätzlich bietet Ihnen das Vokabular am Ende des Buches weit mehr als den Grundwortschatz einer Sprache: jeweils **über 5000 Stichworte,** das reicht fürs Erste!

Und nun: frisch drauf los und **Gute Reise!**
Haben Sie Anregungen oder Interesse an weiteren Produkten des Verlages, dann freuen wir uns auf Ihre Post!

- Das stimmlose »s« wird mit einem »ß« symbolisiert, das stimmhafte »s« dagegen mit einem gewöhnlichen »s«.
- Das stimmlose »z« wird mit »tß«, das stimmhafte mit »ds« dargestellt.

Wer es genauer wissen will, schlage auf Seite 140 nach.

Ihr **ABRAXAS**-Team
vom Verlag
Peter Meyer Reiseführer
Schopenhauerstraße 11
D-60316 Frankfurt am Main

■ Pass, Ein- & Ausreise
Il passaporto, l'entrata & l'espatrio
[il paßßaporto lentrata e leßpatrio]

Für die Einreise nach Italien reicht der Reisepass oder Personalausweis, **la carta d'identità** *[la karta didenntita]*. Nehmen Sie immer beide mit. Wenn Sie den Pass im Hotel abgeben, verfügen Sie so über einen zweiten Ausweis, z.B. um Geld zu wechseln. Kinder unter 16 Jahren müssen im Elternpass eingetragen sein oder einen Kinderausweis vorweisen. Hunde und Katzen benötigen ein tierärztliches Gesundheitszeugnis (max. 30 Tage) sowie eine Tollwutimpfung, **la vaccinazione contro la rabbia** *[la wattschinatßjone kontro la rabbja]*, die mindestens 20 Tage und höchstens 11 Monate vor Einreise ausgestellt sein darf.

Wann sind wir an der Grenze?
Quando arriviamo al confine?
[kuando arriwjamo al konfine]
Wann kommen wir an zur Grenze?

I documenti, per favore.
[i dokumenti, per fawore]
Die Papiere, bitte.
Ihre Papiere, bitte.

Quanto tempo rimane?
[kuanto temmpo rimane]
Wie viel Zeit Sie bleiben?
Wie lange bleiben Sie?

Ich bin nur auf der Durchreise.
Sono solo di passaggio.
[ßono ßolo di paßßaddscho]
Ich bin nur vorbeikommend.

Alter
Augenfarbe

ausgestellt in ...
Beruf
Botschaft

Familienstand

Formular
geschieden
Größe
Grüne Versicherungskarte

Gültigkeit
Konsulat
ledig

Nachname
Nationalität

Passnummer

Sichtvermerk
Tag der Abreise

Tag der Ankunft

Transit
verheiratet
Vorname
Vorschriften

Wohnort
Ziel

Zweck der Reise

l'età, f *[eta]*
il colore degli occhi
[kolore delji okki]
rilasciato/a *[rilaschato/a]*
il mestiere *[meßtjere]*
l'ambasciata, f
[ambaschata]
lo stato civile
[ßtato tschiwile]
il modulo *[modulo]*
divorziato *[diwortßjato]*
l'altezza, f *[altettßa]*
la carta verde
[karta werde]
la validità *[waliditá]*
il consolato *[konßolato]*
celibe (m), nubile (f)
[tschelibe, nubile]
il cognome *[konjome]*
la nazionalità
[natßjonalitá]
il numero di passaporto
[numero di paßßaporto]
il visto *[wißto]*
il giorno di partenza
[dschorno di partentßa]
il giorno d'arrivo
[dschorno darriwo]
il transito *[transito]*
sposato *[ßposato]*
il nome *[nome]*
la prescrizione
[preßkritßjone]
la residenza *[residenntßa]*
la destinazione
[deßtinatßjone]
lo scopo del viaggio
[ßkopo del wjaddscho]

Ich bin Tourist und bleibe ... Tage/Wochen.
Sono un turista e resto per ... giorni/
settimane.
*[ßono un turißta e reßto per dschorni/ßetti-
mane]*

Dove alloggerà?
[dowe allodscherá]
Wo werden Sie wohnen?

Meine Heimatadresse ist ...
Il mio indirizzo è ...
[il mio indiritßo ä]

Ich bin aus ...
Sono di ...
[ßono di]

Ich will nach ...
Vorrei andare a ...
[worräi andare a]
Ich würde wollen gehen nach ...

Ha bisogno di un visto.
[a bisonjo di un wißto]
Sie haben Bedarf an ein Visum.
Sie benötigen ein Visum.

Was bedeutet das?
Cosa vuol dire questo?
[kosa wuol dire kueßto]
Was will sagen das?

Il suo permesso d'entrata è scaduto.
[il ßuo permeßßo dentrata ä ßkaduto]
Ihre Einreiseerlaubnis ist abgelaufen.

→ *siehe auch unter: Woher & Wohin? Sich grüßen*

9

■ Zoll & Behörden
La dogana & l'amministrazione
[la dog̲a̲na e lammini̱ßtrat̲ß̲j̲one]

Innerhalb der EU können Sie unbegrenzt Waren zum eigenen Gebrauch einführen, doch maximal 800 Zigaretten oder 400 Zigarillos oder 200 Zigarren oder 1 kg Tabak, 10 l Spirituosen oder 20 l alkoholische Getränke mit max. 22 Vol.-% oder 90 l Wein oder 110 l Bier. In der italienischen Bürokratie können Sie so manche Warteschlange vermeiden, wenn Sie nötige Formulare bereits besorgt und ausgefüllt haben. Eventuell sind spezielle Steuermarken, **i bolli** *[i b̲olli]* erforderlich; Sie erhalten sie bei den **Tabacchi** *[tab̲a̲kki]*. Auch empfiehlt es sich, pünktlich zu den Öffnungszeiten zu erscheinen.

Ha qualcosa da dichiarare/notificare?
[a kualk̲o̲sa da dikjar̲a̲re/notifik̲a̲re]
Haben Sie etwas zu verzollen/anzumelden?

Ich habe nichts zu verzollen.
Non ho niente da sdoganare.
[nonn o̲ nj̲e̲ntä da sdogan̲a̲re]
Nicht ich haben nichts zu verzollen.

Per favore apra questa valigia/ questo zaino.
[per fa̲wo̲re a̲pra kue̲ßta wal̲i̲dS̲ha/ kue̲ßto ds̲a̲ino]
Bitte öffnen Sie diesen Koffer/Rucksack.
Öffnen Sie bitte diesen Koffer/Rucksack.

Muss ich das verzollen?
Lo devo sdoganare?
[lo d̲e̲wo sdogan̲a̲re]
Es muss ich verzollen?

l'etichetta (f) autoadesiva
[etichetta autoadesiwa]

fare attenzione
[fare attentßjone]

l'equipaggiamento, m
[ekuipaddßhamennto]

danneggiato/a
[danneddßhato]

la descrizione
[deßkritßjone]

la sostituzione
[ßoßtitutßjone]

la bicicletta *[bitshikletta]*

la borsa per la macchina
fotografica *[borßa per la
makkina fotografika]*

aperto/a *[apärto/a]*

deposito bagagli
[deposito bagalji]

lo scontrino *[ßkontrino]*

il facchino *[fakkino]*

il bagagliaio *[bagaljajo]*

il peso *[peso]*

il bagaglio a mano
[bagaljo a mano]

il contenuto *[kontenuto]*

i colli *[kolli]*

la valigia *[walidßha]*

la lista *[lißta]*

lo zaino *[dsaino]*

il sacco a pelo
[ßakko a pelo]

il deposito bagagli a
cassette *[deposito bagalji
a kaßßette]*

la serratura
[ßerratura]

la chiave *[kjawe]*

**Wo finde ich einen Gepäckwagen/
Gepäckträger?**
Dove trovo un carrello/un facchino?
[dowe trowo un karrello/un fakkino]

Kann ich mein Gepäck bis ... hierlassen?
Posso lasciare i miei bagagli fino a ...?
[poßßo lashare i mjäi bagalji fino a]
Kann ich lassen mein Gepäck bis ...?

Seesack	il sacco da marinaio
	[ßakko da marinajo]
Sportgeräte	gli articoli sportivi
	[artikoli ßportiwi]
Trageriemen	la cinghia *[tshingja]*
Umhängetasche	la borsa a tracolla
	[borßa a trakolla]
Wertsachen	gli oggetti di valore
	[oddßhetti di walore]
Versicherung	l'assicurazione, f
	[aßßikuratßjone]
Zeltsack	il sacco per la tenda
	[ßakko per la tenda]

→ *siehe auch unter: Kaufen & besorgen,
Diebstahl & Überfall*

13

■ Geldwechsel

Cambio *[kambjo]*

Geld wechseln können Sie in jeder Bank, in den Wechselstuben oder in Reisebüros (auch am Wochenende) mit dem Hinweis **Cambio.** Zum Geldwechseln oder Scheckeinlösen ist der Personalausweis notwendig. Mit Ihrer EC-Geheimnummer, **il codice segreto** *[il koditsche ßegreto]*, erhalten Sie an Geldautomaten, **il bancomat** *[il bankomat]*, mit dem internationalen EC-Zeichen bis zu 300.000 Lit. (**Lire italiane**). Nützlich und weit verbreitet sind Kreditkarten, insbesondere VISA. Euroschecks sind außerhalb der Banken weniger üblich. Es gibt Scheine, **le banconote** *[le bankonote]*, von 1000, 2000, 5000, 10.000, 50.000 und 100.000 Lit. Beim Zahlen entfallen in der Umgangssprache die Hunderterziffern oft, so sind z.B. mit **milledue** 1200 Lire gemeint.

Wo ist die nächste Bank/Wechselstube?
Dov'è la prossima banca/
il prossimo cambio?
*[dowä la proßßima bannka/
il proßßimo kambjo]*

Wechseln Sie Travellerschecks/DM?
Cambia gli traveller chèques/i marchi?
[kambja lji euro/träweller schäk/i marki]
Wechseln Sie die Euro/Travellerschecks/Mark?

Non cambiamo gli euro-chèques/
i traveller chèques.
*[nonn kambjamo lji euroschäk/
i träwellerschäk]*
Nicht wir wechseln die Euro-/Travellerschecks.
Wir wechseln keine Euro-/Travellerschecks.

Bargeld

Brieftasche
Euro
Gebühr, Provision

Geld
Geldanweisung
Inflation
Kauf, Verkauf

Konto
Kreditkarte

Münzen
Portemonnaie
Postsparbuch

Quittung
Reisescheck

Scheckkarte

Überweisung

Wechselkurs

(ein-, aus-)zahlen
Währung
Belgische Francs

Österreichische Schilling

Schweizer Franken

US-Dollar

il denaro contante
[denaro kontante]

il portafoglio *[portafoljo]*

l' euro, m *[euro]*

la tariffa, la provigione
[tariffa/la prowidschone]

i soldi *[ßoldi]*

il vaglia *[walja]*

l'inflazione, f *[inflatßjone]*

l'acquisto, m/la vendita
[akkuißto/wendita]

il conto *[konnto]*

la carta di credito
[karta di kredito]

i gettoni *[dschettoni]*

il borsellino *[borsellino]*

il libretto postale di
risparmio *[libretto poßtale
di rißparmjo]*

la ricevuta *[ritschewuta]*

il traveller cheque
[träweller schäk]

la carta di credito per gli
eurocheques *[karta di
kredito per lji euroschäk]*

il trasferimento
[trasferimennto]

il corso dei cambi
[korso dei kambi]

pagare *[pagare]*

la valuta *[waluta]*

i franchi belgi
[franki beldschi]

gli scellini austriaci
[schellini außtriatschi]

i franchi svizzeri
[franki ßwittßeri]

i dollari *[dollari]*

Zahlen Sie auf Kreditkarte/D-Mark aus?
Mi può dare il resto della carta di
credito/dei marchi in contanti?
*[mi puo dare il reßto della karta di kredito/
dei marki in kontanti]*
Mir können Sie geben den Rest der
Kreditkarte/der D-Mark in bar?

Wie viel ... bekomme ich für 100 D-Mark?
Quanti ... mi danno per cento marchi?
[kuanti ... mi danno per tschento marki]
Wie viel ... mir Sie geben für 100 Mark?

Ist Falschgeld im Umlauf?
C'è della moneta falsa in giro?
[tschä della moneta falßa in dschiro]
Gibt es Geld falsches im Umlauf?

Wie kann ich Falschgeld erkennen?
Come posso riconoscere la moneta falsa?
[kome poßßo rikonoschere la moneta falßa]
Wie kann ich erkennen das falsche Geld?

Wie lange dauert die Überprüfung?
Quanto tempo dura il controllo?
[kuanto temmpo dura il kontrollo]
Wie viel Zeit dauert die Kontrolle?

Können Sie mir dafür Kleingeld geben?
Mi può dare degli spiccioli?
[mi puo dare delji ßpittscholi]
Mir können Sie geben Kleingeld?

**Ich erwarte Geld aus ... Ist es schon
eingetroffen?**
Aspetto dei soldi da ... Sono già arrivati?
[aßpetto dei ßoldi da ... ßono dscha arrivati]

■ Auf dem Postamt
All'ufficio postale *[alluffitscho poßtale]*

Postämter, **gli uffici postali** *[lji uffitschi poßtali]*, schließen meist um 13.50 Uhr, samstags um 11.50 Uhr. Die roten Briefkästen, **le buche delle lettere** *[le buke delle lettere]*, haben getrennte Einwurfschlitze: für lokale Sendungen, **per la città** *[per la tschitta]*, und für andere Bestimmungsorte, **per tutte le altre destinazioni** *[per tutte le altre deßtinatßjoni]*. Briefmarken erhalten Sie auch in den Tabacchi, die durch ein T-Schild gekennzeichnet sind. Adressieren Sie postlagernde Briefe an: **fermo posta**, I-Postleitzahl Ort. Für die Abholung benötigen Sie einen Ausweis. Mit **C.P.**, **casella postale** *[kaßälla poßtale]* kennzeichnen Sie ein Postfach. Zum Telefonieren geht man in Italien nicht zur Post, sondern zur Telecom.

Wo finde ich ein Postamt/einen Briefkasten?
Dove trovo un ufficio postale/
una buca delle lettere?
[dowe trowo un uffitscho poßtale/
una buka delle lettere]

L'ufficio postale è aperto dalle ... alle ...
[luffitscho poßtale ä aperto dalle ... alle]
Das Postamt ist geöffnet von ... bis ...

Ich hätte gern Briefmarken für einen
Brief nach Deutschland.
Vorrei dei francobolli per spedire una
lettera in Germania.
[worräi dei frankobolli per ßpedire una
lettera in dSchermanja]
Ich würde wollen Briefmarken um zu schicken
einen Brief nach Deutschland.

ritirare, consegnare
[ritirare, konßenjare]
il mittente *[mittente]*
l'indirizzo, m *[indirittßo]*
l'aerogramma, m
[aerogramma]
l'estero, m *[eßtero]*
la busta *[bußta]*
urgente, importante
[urdSchente, importante]
il fattorino degli espressi
[fattorino delji eßprässi]
la raccomandata
[rakkomandata]
la tariffa *[tariffa]*
il peso *[peso]*
la posta centrale
[poßta tschentrale]
la cartolina *[kartolina]*
il pacchetto *[pakketto]*
la carta da pacchi
[karta da pakki]
il pacco *[pakko]*
la consegna dei pacchi
[konßenja dei pakki]
l'affrancatura, f
[affrankatura]
fermo posta *[fermo poßta]*
la ricevuta di ritorno
[ritschewuta di ritorno]
lo sportello *[ßportello]*
la via marittima
[wia marittima]
l'emissione (f) speciale
[emißßjone ßpetschale]
il telegramma
[telegramma]
la delega *[delega]*

Wann kommt der Brief an?
Quando arriverà la lettera?
[kuando arriwera la lettera]
Wann wird ankommen der Brief?

L'invio ci mette ... giorni per arrivare in
Germania.
*[linwio tschi mette ... dSchorni per
arriware in dSchermanja]*
Die Sendung braucht ... Tage um
anzukommen in Deutschland.
**Die Sendung benötigt ... Tage nach
Deutschland.**

Der Brief soll per Luftpost versandt werden.
La lettera va spedita per via aerea.
[la lettera wa ßpedita per wia aerea]
Der Brief ist zu verschicken per Luftpost.

**Wo kann ich postlagernde Sendungen
abholen?**
Dove vado a prendere gli invii fermo posta?
*[dowe wado a prenndere ljo inwii fermo
poßta]*
Wo gehe ich holen die Sendungen postlagernd?

Ist Post für mich da? Ich heiße ...
C'è della posta per me? Mi chiamo ...
[tschä della poßta per me? mi kjamo]

Hier ist mein Pass.
Ecco il mio passaporto.
[äkko il mio paßßaporto]

Non c'è posta per Lei.
[nonn tschä poßta per läi]
Nicht es gibt Post für Sie.
Es ist keine Post für Sie da.

17

■ Telefon, Fax & Computer
Telefono, fax & computer
[telefono, fakßy e kompjuter]

Alle Telefonzellen, **la cabina telefonica** *[la ka-bina telefonika]*, haben Schlitze für 100-, 200- und 500-Lire-Münzen sowie Telefonkarten, **la scheda telefonica** *[la ßkeda telefonika]*, zu 5000 oder 10.000 Lire im Tabakladen, auf der Post oder am Kiosk erhältlich. Vor dem Einführen müssen Sie eine Ecke abbrechen. Die Vorwahl nach Deutschland ist 0049, nach Österreich 0043, in die Schweiz 0041. In Italien meldet man sich nicht mit dem Namen, sondern mit **Pronto?** *[pronnto]*. Der Anrufer antwortet ebenfalls mit **pronto** und stellt sich dann erst vor.

Darf ich Ihr Telefon benutzen?
Posso usare il Suo telefono?
[poßßo usare il ßuo telefono]
Kann ich benutzen Ihr Telefon?

C'è una telefonata per Lei.
[tschä una telefonata per läi]
Da ist ein Anruf für Sie.

Haben Sie ein Telefonbuch von …?
Ha un elenco telefonico di …?
[a unelenko telefoniko di]

Ich benötige die Nummer von …
Ho bisogno del numero di …
[o bisonjo del numero di]
Ich habe Bedarf an Nummer von …

Verbinden Sie mich bitte mit …
Per favore mi metta in comunicazione con…
[per fawore mi metta in komunikatßjone konn]

---

abnehmen

Anruf
Anrufbeantworter

auflegen
Bildschirm
Diskette
Drucker
Durchwahl

eMail
Freizeichen

Gebühren
Gelbe Seiten

Gespräch

Kopie
Laptop

Maus
Modem
Nachricht hinterlassen

Ortsgespräch

Schnittstelle

Stecker
Tastatur
Telefonnummer

Voranmeldung

wählen (eine Nummer)

alz are la cornetta [altßare la kornetta]	**È occupato.** [ä okkupato] **Es ist besetzt.**
la telefonata [telefonata]	
la segreteria telefonica [ßegreteria telefonika]	**Ha sbagliato numero.**
mettere giù [mettere dschu]	[a sbaljato numero]
il monitor [monitor]	Sie haben sich in der Nummer geirrt.
il dischetto [dißketto]	**Sie sind falsch verbunden.**
la stampante [ßtampante]	
il numero diretto [numero diretto]	**Ich möchte mit ... sprechen.**
l'e-mail, m [imäil]	**Vorrei parlare con ...**
il segnale di libero [senjale di libero]	[worräi parlare konn] Ich würde wollen sprechen mit ...
le tariffe [tariffe]	**... non c'è.**
le pagine gialle [padschine dschalle]	[... nonn tschä] **... ist nicht da.**
la conversaione [konversatßjone]	**Posso lasciar detto qualcosa?**
la copia [kopja]	[posso laschar detto kualkosa]
il computer portatile [kompjuter portatile]	Kann ich lassen Gesagtes etwas? **Kann ich etwas ausrichten?**
il mouse [maus]	
il modem [modem]	**Wann soll ich es noch einmal probieren?**
lasciare un messaggio [laschare un meßßaddscho]	**A che ora conviene richiamare?** [a ke ora konwjene rikjamare]
la telefonata locale [telefonata lokale]	Zu welcher Stunden passt es wiederanzurufen?
l'interfaccia, f [interfattscha]	**Per favore riprovi più tardi.** [per fawore riprowi pju tardi]
la spina [ßpina]	**Bitte versuchen Sie es später noch einmal.**
la tastiera [taßtjera]	
il numero di telefono [numero di telefono]	**Ich benötige ein Telefax/Internetanschluss.** **Ho bisogno di un allacciamento fax/intenet.**
la prenotazione [prenotatßjone]	[o bisonjo di un allatschamennto fakß/internet]
selezionare (un numero) [ßeletßjonare (un numero)]	Ich habe Bedarf an ein Anschluss Fax/Internet.

■ Orientierung
L'orientamento *[lorientamennto]*

Il corso *[il korßo]* ist die prächtigste städtische Straße, der Platz wird la piazza *[la pjattßa]* genannt, die Allee heißt il viale *[il wjale]*, la via *[la wia]* ist eine normale Verkehrsstraße, als vicolo *[wikolo]* wird ein Fußpfad oder ein enges Gässchen bezeichnet. Mit Weg, la strada *[la ßtrada]*, oder Route, l'itinerario *[litinerarjo]*, ist der Weg zu einem festgelegten Ziel gemeint.

**Zeigen Sie mir bitte auf der Karte,
wo wir sind.**
Per favore, mi mostri sulla piantina
dove siamo.
*[per fawore mi moßtri ßulla pjantina
dowe ßjamo]*
Bitte mir zeigen Sie auf der Karte wo wir sind.

Si trova a ...
[ßi trowa a]
Sie befinden sich in ...

Wie heißt dieser ...?
Come si chiama questo ...?
[kome ßi kjama kueßto]

Wo geht es ins Stadtzentrum?
Dove si va per il centro?
[dowe ßi wa per il tßchenntro]
Wo man geht für das Zentrum?

Le indico la strada.
[le indiko la ßtrada]
Ihnen zeige ich den Weg.
Ich zeige Ihnen den Weg.

Bach
Bauernhof
Baum
Berg
Brücke
Brunnen
Dorf
Feld
Felsen
Fluss
Furt
Fußweg

Gasthof
Gebirge
Gipfel
Hauptstraße

Haus
Hügel
Kanal
Kirche
Landkarte

Marktplatz

Pass
Quelle
Rastplatz

Scheune
See
Tal
Touristeninformation

Turm
Wald
Wasserfall

il ruscello *[ruschello]*
la fattoria *[fattoria]*
l'albero, m *[albero]*
la montagna *[montanja]*
il ponte *[ponte]*
la fontana *[fontana]*
il paese *[paese]*
il campo *[kampo]*
la roccia *[rottscha]*
il fiume *[fiume]*
il guado *[guado]*
il marciapiede
[martschapiede]
la locanda *[lokanda]*
la montagna *[montanja]*
la cima *[tschima]*
la strada principale
[ßtrada printschipale]
la casa *[kasa]*
la collina *[kollina]*
il canale *[kanale]*
la chiesa *[kjesa]*
la carta geografica
[karta dscheografika]
la piazza del mercato
[pjattßa del merkato]
il passo *[paßßo]*
la sorgente *[ßordschente]*
il luogo di sosta
[luogo di ßoßta]
il granaio *[granajo]*
il lago *[lago]*
la valle *[walle]*
le informazioni turistiche
[informatzjoni turißtike]
la torre *[torre]*
la foresta *[foreßta]*
la cascata *[kaßkata]*

Là si va a …
[la ßi wa a]
Dort man geht nach …
Dort geht es nach …

Ich möchte zu … /nach …
Vorrei andare da … /a …
[worräi andare da … /a]
Ich würde wollen gehen zu … /nach …

Wie weit ist es nach …?
Quanto ci si mette per arrivare a …?
[kuanto tschi ßi mette per arriware a]
Wie viel braucht man um anzukommen in …?

Können Sie mich mitnehmen nach …?
Mi può dare un passaggio fino a …?
[mi può dare un paßßaddscho fino a]
Mir können Sie geben eine Fahrt bis …?

Wo kann ich ein Auto mieten?
Dove posso noleggiare una macchina?
[dowe poßßo noleddschare una makkina]
Wo kann ich mieten ein Auto?

Von wo fahren Busse/Bahnen/
Taxis in die Stadt?
Da dove partono gli autobus/i treni/
i taxi per il centro?
[da dowe partono lji autobus/i treni/
i takßi per il tschenntro]
Von wo fahren die Busse/Züge/
Taxis für das Zentrum?

Può pernottare in … /da …
[può pernottare in … /da]
Sie können übernachten in … /bei …
Sie können in/bei … übernachten.

■ Die Reise planen

I preparativi per il viaggio

[i preparati̱wi per il wja̱ddSҫho]

Einen Gesamtfahrplan, **orario** *[ora̱rjo]*, mit Haltestellen und Zoneneinteilungen vertreibt die städtische Busgesellschaft, **società di trasporti urbani** *[ßotsҫhe̱ta di traßpo̱rti urba̱ni]*. Die jeweiligen Haltestellen können von Ort zu Ort unterschiedlich aussehen. Kinder reisen bis zu vier Jahren gratis, bis zum 12. Lebensjahr für die Hälfte. Obwohl die Mehrzahl der Urlauber mit dem Auto nach Italien reist, kann es bei Städtereisen durchaus angenehmer sein, auf die nächtliche Zugverbindung, am besten im Schlafwagen, **vagone letto** *[wago̱ne lä̱tto]*, ohne Umsteigen zurückzugreifen und sich so manchen Fahr- und Parkplatzstress zu ersparen. Wenn Sie zudem im Sommer auf eine Insel wollen, empfiehlt es sich dringend, die jeweilige Fähre rechtzeitig von zu Hause aus zu buchen.

Ich möchte einen Fahrplan.

Vorrei un orario.

[worrä̱i un ora̱rjo]

Ich würde wollen einen Fahrplan.

Gibt es eine schnellere Verbindung?

C'è un collegamento più veloce?

[tschä un kollega̱mennto pju welo̱tsche]

Gibt es eine Verbindung mehr schnell?

Wie komme ich zum Bahnhof/Busbahnhof?

Come arrivo alla stazione/all'autostazione?

[ko̱me arri̱wo a̱lla ßtatßjo̱ne/ allautoßtatßjo̱ne]

le alternative *[alternatiwe]*
la stazione *[ßtatßjone]*
il traghetto *[tragetto]*
il volo *[wolo]*
l'aeroporto, m
[aeroporto]
l'aereo, m *[aereo]*
i bagagli *[bagalji]*
il porto *[porto]*
la fermata *[fermata]*
l'andata, f *[andata]*
il volo di andata
[wolo di andata]
le spese *[ßpese]*
lo scalo *[ßkalo]*
fare la valigia
[fare la walidscha]
puntuale *[puntuale]*
la meta del viaggio
[meta del wjaddscho]
rischioso/a *[rißkjoso/a]*
il viaggio di ritorno
[wjaddscho di ritorno]
il volo di ritorno
[wolo di ritorno]
la nave *[nawe]*
veloce *[welotsche]*
la funivia *[funiwia]*
sicuro/a *[ßikuro/a]*
la fermata *[fermata]*
il tram *[tram]*
la metropolitana
[metropolitana]
la traversata *[trawerßata]*
il ritardo *[ritardo]*
i preparativi *[preparatiwi]*
probabile *[probabile]*
il periodo *[periodo]*

**Wann fährt der nächste Bus/
die nächste Bahn?**
A che ora parte il prossimo autobus/treno?
[a ke ora parte il proßßimo autobus/treno]
Zu welcher Stunde fährt ab der nächste
Bus/Zug?

Ist die Abfahrt plangemäß?
La partenza è regolare?
[la partentßa ä regolare]
Die Abfahrt ist regulär?

La partenza è alle ...
[la partentßa ä alle]
Die Abfahrt ist um ...

Wann kommt der Bus/Zug an?
A che ora arriva l'autobus/il treno?
[a ke ora arriwa lautobus/il treno]
Um wie viel Uhr kommt an der Bus/Zug?

**Der Bahnsteig/der Wartesaal ist dort
drüben.**
Il binario/la sala d'attesa è lì.
[il binarjo/la ßala dattesa ä li]

I bagagli li può consegnare qui/là.
[i bagalji li puo konßenjare kui/la]
Das Gepäck es können Sie abgeben
hier/dort.
Ihr Gepäck können Sie hier/dort abgeben.

Muss ich reservieren?
Devo prenotare?
[dewo prenotare]

→ *siehe auch unter: Wetter & Klima*

■ Tickets & Reservierung
Biglietti & prenotazione
[biljetti e prenotatßjone]

Fahrkarten sind bei den **tabacchi** *[tabakki]* oder an Zeitungskiosken, **edicole** *[edikole]*, erhältlich, nicht jedoch beim Fahrer. Hinweise auf Reichweite, Umsteigen, zeitliche Begrenzung enthält die Ticket-Rückseite. Zehnertickets sind 10 % billiger. Vor der Zugfahrt müssen die Tickets an gelben Entwertern gestempelt werden, sonst sind sie ungültig. Auch empfiehlt es sich wegen häufiger Überfüllung der Züge, den Sitzplatz, **il posto a sedere** *[il poßto a ßedere]*, vorher zu reservieren. Der Pendolino, IC und EC sind zuschlagspflichtig.

Wann ist der Fahrkartenschalter geöffnet?
A che ora apre la biglietteria?
[a ke ora apre la biljetteria]
Zu welcher Stunde öffnet der Fahrkarenschalter?

Ich hätte gerne einen Fensterplatz/
Platz vorne.
Vorrei un posto vicino al finestrino/
sedermi davanti.
[worräi un poßto witschino al fineßtrino/
sederni dawanti]

Was kostet die einfache Fahrt pro Person?
Quanto costa l'andata a persona?
[kuanto koßta landata a perßona]

Sono ... lire.
[ßono ... lire]
Es sind ... Lire.
Die Fahrt kostet ... Lire.

Abfahrt(-szeit)

Ankunft(-szeit)

Anschluss

Aufenthalt
ausgebucht
Auskunft

bestätigen
buchen/reservieren
einfach
Fahrkartenschalter
Gepäckwagen

hin und zurück

informieren
(Tages)karte

(Wochen-/Monats-)Karte

(Rück)fahrkarte

erste/zweite Klasse

Liegewagen
(Nicht-)raucher

Reisebüro

Speisewagen

Verbindung

(l'ora di) partenza
[(ora di) partentßa]
(l'ora d') arrivo
[ora darriwo]
la coincidenza
[kointschidenntßa]
il soggiorno *[ßoddßchorno]*
esaurito/a *[esaurito]*
l'informazione, f
[informatßjone]
confermare *[konfermare]*
prenotare *[prenotare]*
andata *[andata]*
la biglietteria *[biljetteria]*
il vagone per bagagli
[wagone per bagalji]
andata e ritorno
[andata e ritorno]
informare *[informare]*
il biglietto (giornaliero)
[biljetto (dschornaljero)]
l'abbonamento
(settimanale/mensile)
*[abbonamennto
(ßettimanale/menßile)]*
il biglietto (di ritorno)
[biljetto di ritorno]
la prima/seconda classe
[prima/ßekonda klaßße]
la cuccetta *[kuttschetta]*
per (non-) fumatori
[per (nonn-) fumatori]
l'agenzia (f) di viaggio
[adschentßia di wjaddscho]
il vagone-ristorante
[wagone rißtorannte]
il collegamento
[kollegamennto]

Gibt es Ermäßigung für Studenten/ Senioren?
C'è uno sconto per gli studenti/ per gli anziani?
[tschä uno ßkonnto per lji ßtudennti/ per lji antßjani]

Non c'è nessuna riduzione.
[nonn tschä nessuna ridutßjone]
Nicht es gibt keine Ermäßigung.
Es gibt keine Ermäßigung.

Muss ich umsteigen? Wo? Wann?
Devo cambiare? Dove? A che ora?
[dewo kambjare? dowe? a ke ora]
Muss ich umsteigen? Wo? Zu welcher Stunde?

Wann muss ich hier sein?
A che ora devo essere qui?
[a ke ora dewo eßßere kui]
Zu welcher Stunde muss ich sein hier?

Bitte sagen Sie mir Bescheid, wenn wir da sind.
Per favore mi dica quando siamo arrivati.
[per fawore mi dika kuando ßjamo arriwati]
Bitte mir sagen Sie wann wir da sind.

Ich möchte an der nächsten Station aussteigen.
Vorrei scendere alla prossima fermata.
[worräi schendere alla proßßima fermata]
Ich würde wollen aussteigen an der nächsten Station.

→ siehe auch unter: Gepäck

UNTERWEGS

25

■ Zug, U-Bahn & Bus
Nei mezzi pubblici
[nei meddsi pubblitschi]

In den Bahnhöfen zu schlafen ist verboten, wird jedoch in großen Städten meist geduldet und ist in den Warteräumen, **le sale d'attesa** *[le ßale dattesa]*, angenehmer als auf den Bahnsteigen, **i binari** *[i binari]*. Auskünfte zu den verkehrenden Nachtlinien und den jeweiligen Strecken, **i tragitti** *[i tradSchitti]*, **le linee notturne** *[le linee notturne]*, erhalten Sie im Hauptbahnhof bei der Touristeninformation, **l'ufficio informazioni turistiche** *[luffitscho informatßjoni turißtike]*. Genaue Angaben zu Haltestellen und Abfahrtszeiten sind den Schildern nicht zu entnehmen, vergewissern Sie sich also, wann der letzte Bus fährt. Wer allein wartet, sollte ein Handzeichen zum Halten geben; außerhalb hält der Bus nur auf Aufforderung, **su richiesta** *[ßu rikjeßta]*. Eingestiegen wird vorne oder hinten an der letzten Tür, ausgestiegen in der Mitte und wird per Knopfdruck angekündigt. Mit einem Erlauben Sie?, **permesso** *[permeßßo]*, kommen Sie schneller vorwärts.

Wo ist die Haltestelle?
Dov'è la fermata?
[dowä la fermata]

Welcher Bus/welche Bahn fährt nach ...?
Quale autobus/quale treno va a ...?
[kuale autobus/quale treno wa a]

Ist dieser Platz frei?
È libero questo posto?
[ä libero kueßto poßto]
Ist frei dieser Platz?

Abteil
Aufenthalt
Ausgang
aussteigen
Bahnsteig
Berufsverkehr
besetzt
Eingang
einsteigen
Endstation
Fahrer
frei
Fundbüro
Linie
Notausgang
Schaffner
Sitzreihe
Station
Toiletten
umsteigen
Verspätung
Waggon
Wartesaal
Wartezeit
Zuschlag

lo scompartimento
[ßkompartimennto]

il soggiorno
[ßoddßchorno]

l'uscita, f *[ushita]*

scendere *[shendere]*

il binario *[binarjo]*

il traffico di punta
[traffiko di punta]

occupato/a *[okkupato/a]*

l'entrata, f *[entrata]*

salire *[ßalire]*

la stazione terminale
[ßtatßjone terminale]

l'autista, m *[autißta]*

libero/a *[libero/a]*

l'ufficio (m) oggetti
smarriti *[uffitscho
oddßchetti ßmarriti]*

la linea *[linea]*

l'uscita di emergenza
[ushita di emerdßchentßa]

il bigliettaio *[biljettajo]*

la fila di sedili
[fila di ßedili]

la fermata *[fermata]*

i servizi *[ßerwitßi]*

cambiare *[kambjare]*

il ritardo *[ritardo]*

il vagone *[wagone]*

la sala d'attesa
[ßala dattesa]

il tempo d'attesa
[temmpo dattesa]

il supplemento
[ßupplemennto]

Verzeihen Sie, aber das ist mein Platz.
Scusi, ma forse è il mio posto.
[ßkusi ma forse ä il mio poßto]
Entschuldigen Sie aber vielleicht ist mein Platz.

Deve pagare il supplemento.
[dewe pagare il ßupplemennto]
Sie müssen zahlen den Zuschlag.
Sie müssen einen Zuschlag bezahlen.

Muss ich umsteigen? Wo? Wann?
Devo cambiare? Dove? Quando?
[dewo kambjare? dowe? kuando]

Deve cambiare a ...
[dewe kambjare a]
Sie müssen umsteigen in ...
Sie müssen in ... umsteigen.

Wann komme ich in ... an?
Quando arriverò a ...?
[kuando arriwero a]
Wann werde ich ankommen in ...?

Il treno/l'autobus viaggia con ... minuti
di ritardo.
*[il treno/lautobus wjaddßcha konn ...
minuti di ritardo]*
Der Zug/Bus reist mit ... Minuten
Verspätung.
**Der Zug/der Bus hat ... Minuten
Verspätung.**

→ siehe auch unter: Orientierung, Gepäck,
Sehenswürdigkeiten

UNTERWEGS

■ Im Taxi

In taxi *[in takßi]*

Um unfreiwillige Stadtrundfahrten zu vermeiden, fragen Sie vorher nach der möglichen Fahrtdauer und dem ungefähren Preis. Nachts, von 19 bis 7 Uhr, an Sonn- und Feiertagen und außerhalb der Stadt sind Fahrten teurer. Gepäck kostet extra. Vorsicht bei Taxis ohne Dachschild – sie sind nicht zugelassen. Ein beleuchtetes Dachschild signalisiert »besetzt«.

Fahren Sie zu dieser Adresse/diesem Hotel.
Mi porti a quest'indirizzo/albergo.
[mi porti a kueßt indirittßo/albergo/]
Mich bringen Sie zu dieser Adresse/Hotel.

Wie viel kostet die Fahrt in die Stadt?
Quanto costa fino in centro?
[kuanto koßta fino in tschenntro]

Il viaggio costa in tutto/circa …
[il wjaddScho koßta in tutto/tschirka]
Die Fahrt kostet in allem/ungefähr …
Die Fahrt kostet pauschal/ungefähr …

Nein danke, das ist zu teuer.
No grazie, è troppo caro.
[no gratßje ä troppo karo]

Schalten Sie bitte die Uhr ein.
Metta in funzione l'orologio, per favore.
[metta in funtßjone lorolodScho, per fawore]
Setzen Sie in Funktion die Uhr, bitte.

Halten Sie sofort/an der Ecke/dort.
Si fermi subito/all'angolo/là.
[ßi fermi ßubito/allangolo/la]

l'indirizzo, m *[indirittßo]*
la stazione *[ßtatßjone]*
il bar *[bar]*
occupato/a *[okkupato/a]*
in diretta *[in diretta]*
la distanza *[dißtantßa]*
il passeggero
[paßßeddschero]
il percorso *[perkorso]*
il prezzo fiso *[prettßo fisso]*
l'aeroporto, m *[aeroporto]*
libero/a *[libero/a]*
i bagagli *[bagalji]*
il cinema *[tschinema]*
il locale *[lokale]*
il bagagliaio *[bagaljajo]*
lento/a *[lento/a]*
la tariffa notturna
[tariffa notturna]
vicino/a *[witschino/a]*
i (non-)fumatori
[(nonn-)fumatori]
senza fare un lungo giro
*[ßentßa fare un lungo
dschiro]*
veloce *[welotsche]*
le bellezze *[bellettße]*
il giro per la città
[dschiro per la tschitta]
il tassametro *[taßßametro]*
il/la tassista *[taßßißta]*
il posteggio di taxi
[poßteddscho di takßi]
il teatro *[teatro]*
la mancia *[mantscha]*
lontano/a *[lontano/a]*

Fahren Sie bitte schneller/langsamer.
Guidi più velocemente/lentamente,
per favore.
*[guidi pju welotscheménnte/lentaménnte,
per fawore]*
Fahren Sie mehr schnell/langsam, bitte.

Biegen Sie dort rechts/links ab.
Là giri a destra/sinistra.
[la dschiri a deßtra/ßinißtra]
Dort abbiegen Sie rechts/links.

Warten Sie bitte … Minuten.
Aspetti … minuti, per favore.
[aßpätti … minuti, per fawore]
Warten Sie … Minuten, bitte.

Geben Sie mir bitte eine Quittung.
Mi dia una ricevuta per favore.
[mi dia una ritschewuta per fawore]
Mir geben Sie eine Quittung bitte.

Der Rest ist für Sie.
Il resto è per Lei.
[il reßto ä per läi]

Tragen Sie mir bitte mein Gepäck.
Per favore prenda i miei bagagli.
[per fawore prenda i mjäi bagalji]
Bitte nehmen Sie mein Gepäck.

**Ich möchte ein Taxi bestellen für heute, …
Uhr.**
Vorrei prenotare un taxi per oggi, alle …
[worräi prenotare un takßi per oddschi, alle]
Ich würde wollen bestellen ein Taxi für heute, …

→ siehe auch unter: Sehenswürdigkeiten & Museen

UNTERWEGS

■ Im Straßenverkehr.

Sulla strada *[sulla ßträda]*

Autobahnfahren kostet nach Kilometer gestaffelte Maut, **pedaggio** *[pedaddSćho]*, Stadtautobahnen, **tangenziali** *[tandSćhentßiali]*, sind gratis. Man fährt schnell, Hupe und Bremse finden häufig Verwendung und Verkehrsregeln werden flexibel interpretiert. Bußgelder, **le contravvenzioni**, *[le kontrawwentßjoni]*, sind sehr hoch. Autos mit ausländischem Kennzeichen, die über einen längeren Zeitraum parken, werden beobachtet und streng kontrolliert. Trampen ist auf Autobahnen (außer an Mautstellen) verboten. Nur in Florenz und Rom gibt es Mitfahrzentralen. Im Stadtzentrum, **centro** *[tschenntro]*, gibt es kostenpflichtige Parkplätze, **parcheggi a pagamento** *[parkeddSćho a pagamennto]*.

Wo geht es hier nach ...?
Dove si va per arrivare a ...?
[dowe ßi wa per arriware a]
Wo man geht um anzukommen in ...?

Ist das die Straße nach ...?
È questa la via per ...?
[ä kueßta la wia per]
Ist diese die Straße für ...?

Wo ist die Autobahn/Ausfahrt nach ...?
Dov'è l'autostrada/l'uscita per ...?
[dowä lautoßtrada/luschita per]
Wo ist die Autobahn/Ausfahrt für ...?

Wie weit ist es nach ...?
Quanto ci si mette per arrivare a ...?
[kuanto tschi ßi mette per arriware a]
Wie viel man legt für ankommen in ...?

girare [dSchirare]
il semaforo [ßemaforo]
l'autostoppista
[autoßtoppißta]
il cantiere [kantjere]
frenare [frenare]
il ponte [ponte]
l'entrata [entrata]
guidare [guidare]
il/la pedone [pedone]
la pendenza [pendenntßa]
il marciapiede
[martschapjede]
fermare [fermare]
la targa [targa]
l'incrocio [inkrotscho]
la curva [kurwa]
la strada maestra
[ßtrada maeßtra]
il motociclista
[mototschiklißta]
la località [lokalita]
il divieto di parcheggio
[diwjeto di parkeddScho]
il/la ciclista
[tschiklißta]
la salita [ßalita]
la piantina [pjantina]
il limite di velocità
[limite di welotschita]
il tunnel [tunnel]
sorpassare [sorpaßßare]
il controllo del traffico
[kontrollo del traffiko]
l'indicatore (m)
stradale [indikatore
ßtradale]
voltare [woltare]

Zeigen Sie mir das bitte auf der Karte.
Per favore me lo mostri sulla piantina.
[per fawore me lo moßtri ßulla pjantina]
Bitte mir es zeigen auf der Karte.

Wo darf man hier parken?
Dove si può parcheggiare qui vicino?
[dowe ßi puo parkeddSchare kui witschino]
Wo man kann parken hier nah?

Ist der Parkplatz bewacht?
Il parcheggio è custodito?
[il parkeddScho ä kußtodito]
Der Parkplatz ist bewacht?

■ **VERKEHRSZEICHEN**

	il segnale stradale
	[senjale ßtradale]
Halten verboten	divieto di sosta
	[diwjeto di ßoßta]
Achtung	attenzione
	[attentßjone]
Stadtzentrum	centro [tschenntro]
Straßenarbeiten	a vori in corso
	[awori in korßo]
Gefahr	pericolo [perikolo]
Umleitung	deviazione
	[dewjatßjone]
Durchfahrt verboten	divieto di transito
	[diwjeto di tranßito]
Einbahnstraße	senso unico
	[ßenßo uniko]
Alle Richtungen	tutte le direzioni
	[tutte le diretßjoni]
Langsam fahren	rallentare [rallentare]
Vorfahrt	precedenza
	[pretschedenntßa]

UNTERWEGS

31

■ An der Tankstelle

Fare benzina *[fare bendsina]*

Tankstellen haben dieselben Öffnungszeiten wie Geschäfte. Inzwischen gibt es immer mehr Selbstbedienungsautomaten mit 24-Stunden-Service, an denen Sie mit 10.000-Lire-Scheinen zahlen.

Wo ist die nächste Tankstelle?
Dov'è il benzinaio più viciono?
[dowä il bendsinajo pju witschino]
Wo ist die Tankstelle mehr nah?

Ich brauche Benzin/Diesel/Öl/Wasser.
Ho bisogno di benzina/diesel/olio/acqua.
[o bisonjo di bendsina/disel/akkua]
Ich habe Bedarf von Benzin/Diesel/Wasser.

Ich möchte für ... Lire/voll tanken.
Vorrei fare benzina per ... lire/il pieno.
[worräi fare bendsina per ... lire/il pieno]
Ich würde wollen machen Benzin für ... Lire/voll.

Die Batterie ist leer.
La batteria è vuota.
[la batteria ä wuota]

Ich brauche einen neuen ...
Ho bisogno di un nuovo ...
[o bisonjo di un nuowo]
Ich brauche von einem neuen ...

Wo kann ich telefonieren?
Dove posso fare una telefonata?
[dowe poßßo fare una telefonata]
Wo kann ich machen einen Anruf?

Anhänger
Anhängerkupplung

Anlasser

Auto
Autoradio
Batterie
Benzinpumpe

Bremse
Ersatzrad

Erste-Hilfe-Kasten

Gang
Gangschaltung

Gepäckträger

Getriebe
Handbremse

Heizung

Kickstarter

Kofferraum

Kupplung
Lederkombi

Lenkung
Licht
Lichtmaschine

il rimorchio *[rimorkjo]*	Luft	l'aria, f *[arja]*
il gancio di traino *[gantscho di traino]*	Mautstelle	l'ufficio (m) del dazio *[uffitscho del datßjo]*
il dispositore d'avviatore *[dißpositore dawwjatore]*	Mitfahrzentrale	l'agenzia che procura un passaggio *[adschentßia ke prokura un paßßaddscho]*
la macchina *[makkina]*		
l'autoradio, f *[autoradjo]*		
la batteria *[batteria]*	Moped	il motorino *[motorino]*
la pompa della benzina *[pompa della bendsina]*	Motor	il motore *[motore]*
il freno *[freno]*	Motorrad	moto *[moto]*
la gomma di riserva *[gomma di rißerwa]*	Nummernschild	la targa *[targa]*
	Räder	le ruote *[ruote]*
la cassetta del pronto soccorso *[kaßßetta del pronnto ßokkorßo]*	Reifen	la gomma *[gomma]*
	Rücksitz	il sedile posteriore *[sedile poßterjore]*
la marcia *[martscha]*	Rückspiegel	lo specchietto retrovisore *[ßpekkjetto retrowisore]*
il cambio di marcia *[kambjo di martscha]*	Rückwärtsgang	la marcia indietro *[martscha indjetro]*
il portabagagli *[portabagalji]*		
il rotismo *[rotißmo]*	Scheibe	il finestrino *[fineßtrino]*
il freno a mano *[freno a mano]*	Scheinwerfer	il faro *[faro]*
	Sitzbank	la panchina *[pankina]*
il riscaldamento *[rißkaldamennto]*	Trampen	fare l'autostop *[fare lautoßtop]*
il pedale di avviamento *[pedale di awwjamennto]*	Türschloss	la serratura della porta *[ßerratura della porta]*
il portabagagli *[portabagalji]*	Wagenheber	il crico *[kriko]*
	Warndreieck	il triangolo *[triangolo]*
la frizione *[fritßjone]*	Waschstraße	l'autolavaggio *[autolawaddscho]*
la tuta di cuoio per motociclisti *[tuta di kuojo per mototschiklißti]*	Windschutzscheibe	il parabrezza *[parabrettßa]*
il volante *[wolante]*	Wohnwagen	la roulotte *[rulott]*
la luce *[lutsche]*	Zündung	l'accensione, f *[attschenßjone]*
il dinamo *[dinamo]*		

→ *siehe auch unter: Werkstatt & Ersatzteile*

33

■ Ein Fahrzeug mieten
Autonoleggio *[autonoleddSho]*

Der Mieter eines Autos muss seinen Führerschein mindestens ein Jahr besitzen und mindestens 21 Jahre alt sein. Vorbestellungen aus Deutschland sind oft günstiger. Autoverleiher, **agenzie di autonoleggio** *[adSchentßie di autonoleddSho]* finden Sie an Bahnhöfen und Flughäfen, Kreditkarten ersparen die Kaution.

Wo kann ich ein Auto/Motorrad mieten?
Dove posso noleggiare una macchina/moto?
[dowe poßßo noleddSchare una makkina/moto]
Wo kann ich mieten ein Auto/Motorrad?

Ich möchte einen kleinen Wagen/einen Geländewagen.
Vorrei una piccola macchina/Jeep.
[worräi una pikkola makkina/dSchip]

Ich benötige den Wagen ... Tage/Wochen.
La macchina mi serve per ... giorni/settimane.
[la makkina mi ßerwe per ... dSchorni/ßettimane]
Das Auto mir dient für ... Tage/Wochen.

Wie viel kostet es pro Tag/Woche?
Quanto costa al giorno/alla settimana?
[kuanto koßta al dSchorno/alla ßettimana]

Il noleggio costa ...
[il noleddSho koßta]
Die Miete kostet ...

la benzina *[bendsina]*
le istruzioni per l'uso
[ißtrutßjoni per luso]
senza piombo
[ßendsa pjombo]
diesel *[disel]*
la patente *[patente]*
il garage *[garasch]*
la cauzione *[kautßjone]*
la carta di circolazione
[karta di tschirkolatßjone]
l'indennità per chilometro
[indennità per kilometro]
l'acqua del radiatore
[akkua del radjatore]
il contratto d'affitto
[kontratto daffitto]
l'olio (m) lubrificante
[oljo lubrifikante]
la benzina normale
[bendsina normale]
il parcheggio
[parkeddScho]
la pressione delle gomme
[preßßjone delle gomme]
il profilo delle gomme
[profilo delle gomme]
la ruggine *[ruddSchine]*
la chiave *[kjawe]*
super *[super]*
il distributore
[dißtributore]
il tappo del serbatoio
[tappo del ßerbatojo]
l'assicurazione, f
[aßßikuratßjone]
il casco totale
[kaßko totale]

Gibt es zusätzliche Kosten?
Ci sono ulteriori spese?
[tschi ßono ulterjori ßpese]

E poi c'è l'assicurazione/l'indennità per
chilomentro da pagare.
*[e poi tschä lassikuratßjone/lindennità per
kilometro da pagare]*
Und dann sind Versicherung/Kilometergeld
zu zahlen.
**Hinzu kommen Versicherung/Kilometer-
geld.**

Kann ich den Wagen in ... zurückgeben?
Posso riconsegnare la macchina a ...?
[poßßo rikonßenjare la makkina a]
Kann ich abgeben das Auto in ...?

Posso vedere la Sua patente, per favore?
[posso wedere la ßua patente per fawore]
Kann ich sehen Ihren Führerschein bitte?
Kann ich bitte Ihren Führerschein sehen?

→ siehe auch unter: Reinigen & reparieren

UNTERWEGS

35

■ Fahrrad

Bicicletta *[bitschikletta]*

Radsport, (**il Giro d'Italia**) *[dSchiro ditalja]*, ist sehr populär, doch im Alltag wird das Rad wenig genutzt. Radwege und spezielle Hinweise für Radfahrer, **i ciclisti** *[i tschikliſti]*, fehlen fast überall. Es gibt jedoch viele kaum befahrene, kleine Landstraßen. Gut geeignet sind die offiziellen Karten des **Touring Club Italiano** (TCI) mit deutschsprachiger Legende.

Ist diese Straße für Fahrräder geeignet?
Questa strada è adatta per le biciclette?
[kueſta ſtrada ä adatta per le bitschiklette]
Diese Strasse ist geeignet für Fahrräder?

Gibt es auch eine wenig befahrene Straße nach ...?
C'è anche una strada con meno traffico per ...?
[tschä anke una ſtrada konn meno traffiko per]
Gibt es auch eine Straße mit weniger Verkehr nach ...?

Wie lange fährt man mit dem Fahrrad bis dort?
Quanto ci vuole per arrivarci in bicicletta?
[kuanto tschi wuole per arriwartschi in bitschikletta]
Wie viel braucht man um dort anzukommen im Fahrrad?

Ha sbagliato strada.
[a sbaljato ſtrada]
Sie haben geirrt Straße.
Sie sind hier falsch.

Bremszug

Felge
Felgenbremse

Flickmaterial

Freilauf

Gabel
Gangschaltung

gebrochen
Gepäckträger

gerissen
Helm
Kette
Kettenschutz
Kugellager

Lenker
Licht
Luftpumpe

Mantel
Nabenbremse

Pedale
Radnabe

Rahmen
Rücklicht

Rücktritt

Sattel

il cavo di comando del freno *[kawo di komando del freno]*
il cerchione *[tscherkjone]*
il freno sul cerchione *[freno sul tscherkjone]*
il corredo per riparazioni *[korredo per riparatßjoni]*
la ruota libera *[ruota libera]*
la forcella *[fortschella]*
il cambio delle marcie *[kambjo delle martsche]*
rotto/a *[rotto/a]*
il portabagagli *[portabagalji]*
strappato/a *[ßtrappato]*
il casco *[kaßko]*
la catena *[katena]*
il copricatene *[koprikatene]*
il cuscinetto a sfere *[kuschinetto a sfere]*
il manubrio *[manubrio]*
la luce *[lutsche]*
la pompa della bicicletta *[pompa della bitschikletta]*
il copertone *[kopertone]*
il freno al mozzo *[freno al moddso]*
il pedale *[pedale]*
il mozzo della ruota *[moddso della ruota]*
il telaio *[telajo]*
la luce posteriore *[lutsche poßterjore]*
il freno a contropedale *[freno a kontropedale]*
la sella *[ßella]*

Deve tornare indietro fino a …
[dewe tornare indjetro fino a]
Sie müssen zurückfahren bis …

Gibt es hier ein Fahrradgeschäft?
C'è un negozio di bicicletttte qui vicino?
[tschä un negotßjo di bitschiklette kui witschino]
Gibt es ein Fahrradgeschäft hier in der Nähe?

Wo kann ich Ersatzteile kriegen?
Dove posso comprare dei pezzi di ricambio?
[dowe poßßo kommprare dei pettßi di rikambjo]
Wo kann ich kaufen Ersatzteile?

Ich habe ein Loch im Fahrradschlauch.
La gomma è bucata.
[la gomma ä bukata]
Der Schlauch ist gelocht.

Die Bremse ist kaputt.
Si è rotto il freno.
[ßi ä rotto il freno]
Ist kaputt die Bremse.

Schlauch	la gomma *[gomma]*
Schloss	la serratura *[serratura]*
Schraube	la vite *[wite]*
Schraubenmutter	la madrevite *[madrewite]*
Speiche	il raggio *[raddscho]*
Tretkurbel	la pedivella *[pediwella]*
Trinkwasser	l'acqua potabile, f *[akkua potabile]*
Ventil	la valvola *[walwola]*
verbogen	piegato *[pjegato]*
Zahnkranz	la corona dentata *[korona denntata]*

■ Ankunft im Hotel
L'arrivo in albergo *[arriwo in albergo]*

Pensionen, **le pensioni** *[le penßjoni]*, sind nicht generell billiger als Hotels, **gli alberghi** *[lji albärgi]* – Einzelreisende zahlen fast immer den vollen Preis eines Doppelzimmers. Einzelzimmer gibt es kaum. **Residence** *[residäns]*, eine exklusive möblierte Appartement-Anlage, **il motel** *[motäl]*, ein Motel, und **le camere private** *[le kamere priwate]*, privat vermietete Zimmer, bezeichnen andere Unterkünfte. Es empfiehlt sich wegen der hohen Nachfrage, gleich bei der Ankunft an den örtlichen Touristenämtern eine Liste der möglichen Unterkünfte zu erfragen und direkt anzurufen. Übernachtungen sind in Italien eine eher teure Angelegenheit. **L'agriturismo, m** *[lagriturißmo]* als Ferien auf dem Bauernhof, erfreut sich zunehmender Beliebtheit und bietet alles von der Schönheitsfarm bis zu Reitkursen. Genauere Informationen erhält man über die regionalen Fremdenverkehrsämter. Die Übernachtung in einer Jugendherberge, **l'ostello della gioventù, m** *[loßtällo della dSchowentu]*, erfordert den internationalen Jugendherbergsausweis und ist rechtzeitig zu buchen. Zahlreiche Jugendherbergen finden sich in den Städten; besonders attraktiv ist Verona.

**Können Sie mir ein billiges/
ein zentral gelegenes Hotel empfehlen?**
**Mi può raccomandare un albergo
economico/in centro?**
*[mi puo rakkomandare un albergo
ekonomiko/tschenntro]*
Mir können Sie empfehlen ein Hotel billig/
im Zentrum?

Anmeldeformular
Aufzug
ausgebucht
Aussicht
Bett (quietscht)
Doppelzimmer
Dusche
Einzelzimmer
frei
Halbpension
Jugendherberge
Kost und Logis
Parkplatz
reservieren
Rezeption
Rückseite
ruhig
Stockwerk
geht zur Straße
Treppe
übernachten
Unterkunft
Vollpension
Wanne
Zimmermädchen
Zimmer(nummer)

il modulo *[modulo]*
l'ascensore, m *[aschenßore]*
completo/a *[kompleto/a]*
la vista *[wißta]*
il letto (cigola) *[lätto (tschigola)]*
la camera doppia *[kamera doppia]*
la doccia *[dottscha]*
la singola *[ßingola]*
libero/a *[libero/a]*
la mezza pensione *[meddsa penßjone]*
l'ostello (m) della gioventù *[oßtello della dschowentu]*
vitto e alloggio *[witto e alloddscho]*
il parcheggio *[parkeddscho]*
prenotare *[prenotare]*
la recezione *[retschetßjone]*
il retro *[retro]*
tranquillo/a *[trankuillo]*
il piano *[pjano]*
dà sulla strada *[da sulla ßtrada]*
la scala *[ßkala]*
pernottare *[pernottare]*
l'alloggio, m *[alloddscho]*
la pensione completa *[penßjone kompleta]*
la vasca *[waßka]*
la cameriera *[kamerjera]*
(il numero della) camera *[(numero della) kamera]*

Gibt es ein ruhiges/nach hinten gelegenes/helles Zimmer?
C'è una camera silenziosa/che dà sul retro/luminosa?
[tschä una kamera ßilentßjosa/ke da sul retro/luminosa]
Gibt es da ein Zimmer ruhig/das gibt auf Rückseite/hell?

E' tutto completo.
[ä tutto kompleto]
Es ist ganz belegt.
Es ist alles belegt.

Wie viel kostet ein Zimmer mit ...?
Quanto costa una camera con ...?
[Kuanto koßta una kamera konn]

Ist das Frühstück im Preis inbegriffen?
La colazione è compresa?
[la kolatßjone ä kommpresa]
Das Frühstück ist inbegriffen?

Was kostet das zusätzlich?
Quanto costa in più?
[Kuanto koßta in pju]

La camera è libera solo per ... notti.
[la kamera ä libera ßolo per ... notti]
Das Zimmer ist frei nur für ... Nächte.
Das Zimmer ist nur ... Nächte frei.

Könnte ich das Zimmer sehen?
È possibile vedere la camera?
[ä poßßibile wedere la kamera]
Ist es möglich zu sehen das Zimmer?

→ *siehe auch unter: Pass, Ein- & Ausreise*

■ Aufenthalt im Hotel

In albergo *[in albärgo]*

Elektrische Geräte ohne den flachen Eurostecker benötigen meist einen Adapter mit einem zusätzlichen Mittelstift. Spannung (220 V) und Frequenz (50 Hz) entsprechen dem gewohnten Standard. Bei Übernachtungen im Doppelzimmer können Sie wählen zwischen einer **camera doppia** *[kamera doppja]* mit zwei Einzelbetten und einer **camera matrimoniale** *[kamera matrimonjale]* mit einem großem Ehebett.

Hat das Zimmer ...?
La camera ha ...?
[la kamera a]
Das Zimmer hat ...?

Fino a quando rimane?
[fino a kuando rimane]
Bis wann bleiben Sie?
Wie lange bleiben Sie?

Können Sie meine Wertsachen bitte ins Schließfach legen?
Per favore, può depositare i miei oggetti di valore nella cassetta di sicurezza?
[per fawore puo depositare i mjäi oddSchetti di walore nella kaßßetta di ßikurettßa]
Bitte können Sie ablegen meine Wertsachen ins Schließfach?

Meine Zimmerschlüssel, bitte.
Vorrei le chiavi della mia camera, p.f.
[worräi le kjawi della mia kamera, per fawore]
Ich hätte gern die Schlüssel von meinem Zimmer, bitte.

Abendessen
Aschenbecher

Bettdecke
Briefumschlag
Bettwäsche
Fenster
Frühstück
(Trink)glas
Handtuch

Kleiderbügel

Kopfkissen
Laken
Matratze
Mittagessen
Mückenmittel

Nachttisch
Portier
Schließfach

Schlafsaal
Schreibpapier

ein Stück Seife

Speisesaal

Swimming-Pool
Telefon
Trinkwasser

warmes Wasser

wiederkommen
wohnen

la cena *[tschena]*
il portacenere
[portatschenere]
la coperta *[koperta]*
la copertina *[kopertina]*
la biancheria *[bjankeria]*
la finestra *[fineßtra]*
la colazione *[kolatßjone]*
il bicchiere *[bikkjere]*
l'asciugamano, m
[aschugamano]
l'attaccapanni, m
[atakkapanni]
il cuscino *[kuschino]*
il lenzuolo *[lentßuolo]*
il materasso *[materaßßo]*
il pranzo *[pranntßo]*
l'antizanzare, m
[antidsandsare]
il comodino *[komodino]*
il portiere *[portjere]*
la cassetta di sicurezza
[kaßßetta di ßikurettßa]
il dormitorio *[dormitorjo]*
la carta da scrivere
[karta da ßkriwere]
un pezzo di sapone
[un pettßo di sapone]
la sala da pranzo
[ßala da pranntßo]
la piscina *[pischina]*
il telefono *[telefono]*
l'acqua potabile, f
[akkua potabile]
l'acqua calda
[akkua kalda]
tornare *[tornare]*
abitare *[abitare]*

Können Sie mir etwas zu essen/zu trinken bringen?
Mi può portare qualcosa da mangiare/bere?
[mi puo portare kualkosa da mandschare/ bere]
Mir können Sie bringen etwas zu essen/trinken?

Können Sie ein Taxi rufen?
Può chiamare un taxi?
[puo kjamare un takßi]
Können Sie rufen ein Taxi?

Können Sie mich um (6:00 Uhr) wecken?
Mi può svegliare alle (sei)?
[mi puo ßweljare alle (säi)]
Mich können Sie wecken um Uhr (sechs)?

Deve lasciare la camera prima delle ...
[dewe laschare la kamera prima del-le]
Sie müssen verlassen das Zimmer vor Uhr ...
Sie müssen das Zimmer bis ... Uhr räumen.

Kann ich hier (D-Mark) wechseln?
Posso cambiare (i marchi)?
[poßßo kambjare (i marki)]
Kann ich wechseln (D-Mark)?

Ich möchte bitte zahlen.
Vorrei pagare.
[worräi pagare]
Ich würde zahlen wollen.

Akzeptieren Sie Kreditkarten?
Accetta le carte di credito?
[attschetta le karte di kredito]
Akzeptieren Sie die Kreditkarte?

■ Der Service
Le servizio *[le ßerwitßjo]*

Es gefällt uns nicht. Bitte zeigen Sie uns ein anderes Zimmer.
Non ci piace. Per cortesia ci faccia vedere un'altra camera.
[nonn tschi pjatsche. per kortesia tschi fattscha wedere unaltra kamera]
Nicht uns es gefällt. Bitte Sie uns sehen lassen ein anderes Zimmer.

Ist das Hotel die ganze Nacht geöffnet?
È aperto tutta la notte l'albergo?
[ä apärto tutta la notte lalbergo]
Ist offen ganze die Nacht das Hotel?

Gibt es ein Fernsehzimmer?
C'è una sala con televisione?
[tschä una ßala konn telewisjone]
Da ist ein Raum mit Fernseher?

Kann ich mein Gepäck für ... Tage bei Ihnen stehen lassen?
Posso lasciare i miei bagagli per ... giorni da Lei?
[poßßo laschare i mjäi bagalji per ... dschorni da läi]
Kann ich lassen mein Gepäck für ... Tage bei Ihnen?

Ich möchte heute/morgen abreisen.
Vorrei partire oggi/domani.
[worräi partire oddschi/domani]
Ich würde wollen abreisen heute/morgen.

Abfluss
Fernseher
funktioniert nicht

Geruch
Glühbirne (ist kaputt)

Heizung (ist kalt)

Klimaanlage

Kühlschrank
Lampe
Lärm
Licht
Nachbarzimmer

passt (nicht)

quietschen
reparieren
sauber
. Schalter
schmutzig
Sicherung
Spiegel
Stecker
stinkt
Steckdose
(kein) Strom

Toilette (ist schmutzig)

Wasserhahn (tropft)

wecken
Wecker

lo scarico *[ßkariko]*
il televisore *[televisore]*
non funziona
[nonn funtßjona]
l'odore *[odore]*
la lampadina (si è rotta)
[lampadina (ßi ä rotta)]
il riscaldamento (è freddo)
[rißkaldamennto
(ä freddo)]
l'aria condizionata
[arja konditßjonata]
il frigo *[frigo]*
la lampada *[lampada]*
il rumore *[rumore]*
la luce *[lutsche]*
la camera vicina
[kamera witschina]
(non) va bene
[(nonn) wa bene]
cigolare *[tschigolare]*
riparare *[riparare]*
pulito/a *[pulito/a]*
il pulsante *[pulßante]*
sporco/a *[ßporko/a]*
la valvola *[walwola]*
lo specchio *[ßpekkjo]*
la spina *[ßpina]*
puzza *[puttßa]*
la presa *[presa]*
(non c'è) corrente
[(nonn tschä) korrente]
la toilette (è sporca)
[tualät (ä ßporka)]
il rubinetto (gocciola)
[rubinetto (gottschola)]
svegliare *[ßweljare]*
la sveglia *[ßwelja]*

Ich glaube, Sie haben sich verrechnet.
Credo che ci sia un errore.
[kredo ke tschi ßia un errore]
Ich glaube dass hier sei ein Fehler.

Kann ich von hier aus telefonieren?
Posso fare una telefonata da qui?
[poßßo fare una telefonata da kui]
Kann ich machen einen Anruf von hier?

Das Bett ist noch nicht frisch bezogen.
Le lenzuola non sono ancora cambiate.
[le lentßuola nonn ßono ankora kambjate]
Die Laken nicht sind noch gewechselt.

Das Wasser läuft nicht.
L'acqua non scorre.
[lakkua nonn ßkorre]
Das Wasser nicht fließt.

Das Fenster klemmt.
La finestra non chiude bene.
[la finäßtra nonn kjude bene]
Das Fenster nicht schließt gut.

Der Abfluss ist verstopft.
Si è otturato lo scarico.
[ßi ä otturato lo ßkariko]
Ist verstopft der Abfluss.

Können Sie das reparieren?
Me lo può riparare?
[me lo puo riparare]
Mir das können Sie reparieren?

Va bene.
[wa bene]
Geht klar.

■ Ferienwohnungen und -häuser

La casa in affitto & l'appartamento
[la kasa in affitto e lappartamennto]

Ferienwohnungen werden entweder über diverse Reiseveranstalter von zu Hause aus oder bei italienischen Immobilienagenturen, **agenzie immobiliari** *[adSchentßie immobiljari]* gebucht.

Wie funktioniert das?
Come funziona?
[kome funtßiona]

Gibt es eine Inventarliste?
C'è l'inventario degli oggetti di casa?
[tschä linwentarjo delji oddSchetti di kasa]
Gibt es eine Inventarliste der Hausobjekte?

Ist das Haus in der Nähe von einem Ort?
La casa è vicina a un paese?
[la kasa ä witschina a un paese]
Das Haus ist nah an einem Ort?

Wo kann man einkaufen?
Dove si può fare la spesa?
[dowe ßi puo fare la ßpesa]
Wo man kann machen den Einkauf?

Wo kann man in der Nähe baden?
Dove si può fare il bagno nelle vicinanze?
[dowe ßi puo fare il bannjo nelle witschinantße]
Wo man kann machen das Bad in der Nähe?

Wer macht die Verwaltung?
Chi fa l'amministrazione?
[ki fa lamminißtratßjone]

partire *[partire]*	Küche	la cucina *[kutschina]*
l'acqua di scarico *[akkua di ßkariko]*	Kühlschrank	il frigo *[frigo]*
l'adattatore, m *[adattatore]*	Müll	l'immondizia, f *[immonditßja]*
iscrivere *[ißkrivere]*	Nachbar	il vicino *[witschino]*
il forno *[forno]*	privat	privato/a *[privato/a]*
il bagno *[bannjo]*	Radio	la radio *[radjo]*
il balcone *[balkone]*	Kochnische	il cucinino *[kutschinino]*
il proprietario *[proprietarjo]*	Schlafzimmer	la camera da letto *[kamera da lätto]*
le lenzuola *[lentßuola]*	Schlüssel	la chiave *[kjawe]*
l'ingresso, m *[ingreßßo]*	Schrank	l'armadio, m *[armadjo]*
il secchio *[ßekkjo]*	Schraubenzieher	il cacciavite *[kattschawite]*
l'entrata, f *[entrata]*	Sessel	la poltrona *[poltrona]*
il centro commerciale *[tschenntro kommertschale]*	Spannung	il voltaggio *[woltaddscho]*
l'elettricità, f *[elettritschita]*	Stromanschluss	l'attacco di corrente, m *[attakko di korrente]*
le posate *[posate]*	Stromzähler	il contatore della corrente *[kontatore della korrente]*
il televisore *[televisore]*		
la pulizia finale *[pulitßia finale]*	Spülmittel	il detersivo *[deterßiwo]*
il letto a castello *[letto a kaßtello]*	Stecker	la spina *[ßpina]*
il padrone di casa *[padrone di kasa]*	Stromversorgung	l'erogazione (f) di energia elettrica *[erogatßjone di enerdschia]*
(lavare) le stoviglie *[(lavare) le ßtovilje]*		
la macchina per il caffè *[makkina per il kaffä]*	Stuhl	la sedia *[ßedja]*
lo scarafaggio *[ßkarafaddscho]*	Terrasse	la terrazza *[terrattßa]*
la candela *[kandela]*	Toilette	il gabinetto *[gabinetto]*
	Ventilator	il ventilatore *[wentilatore]*
il campo da gioco per bambini *[kampo da dschoko per bambini]*	waschen	lavare *[laware]*
	Waschbecken	il lavandino *[lawandino]*

■ Campingplatz

Campeggio *[kampeddScho]*

Zum Campen, **fare campeggio** *[fare kampeddScho]*, stehen über 2000 Campingplätze zur Verfügung, die mit ein bis vier Sternen bewertet sind. Die besseren Campingplätze sind in Norditalien zu finden. Wildes Campen, **campeggio libero** *[kampeddScho libero]*, ist nur mit Genehmigung des Grundbesitzers erlaubt, ansonsten ist mit hohen Bußgeldern zu rechnen. Gerade an der Küste sind die Plätze im Sommer oft überfüllt, also rechtzeitig buchen! Weitere Informationen erhalten Sie bei den Fremdenverkehrsämtern, **ufficio informazini turistiche** *[uffitscho informatßjoni turißtike]*, oder in der Broschüre **Campeggi e villagggi turistici** des **Touring Club Italiano (TCI)**. Waldbrandgefahr, **pericolo d'incendio boschivo** *[perikolo intschendjo boßkiwo]*, beachten! Kein offenes Feuer in Waldnähe, in Trockenzeiten und auf trockenen und humusreichen Böden. Funkenflug vermeiden.

Können wir unser Zelt hier aufstellen?
Possiamo montare qui la nostra tenda?
[poßßjamo montare kui la noßtra tenda]
Können wir aufstellen hier unser Zelt?

Wo kann ich einkaufen?
Dove posso fare la spesa?
[dowe poßßo fare la ßpesa]
Wo kann ich machen den Einkauf?

Wie viel kostet eine Nacht?
Quanto costa una notte?
[kuanto koßta una notte]

Abfall

Ameisen
Axt
bewacht
Feuerzeug

Hammer
Hängematte
Kerze
Klappstuhl

Klapptisch

Kühltasche

Lagerfeuer

Luftmatratze

Mücke
Schatten
Schlafsack

Schnur/Seil
Stellplatz
Streichhölzer
Taschenlampe

Thermosflasche
Verlängerungsschnur
Wäscherei
Waschraum
Wohnwagen
Zange
Zelt(-stange)

Zelthering

l'immondizia, f *[immondittßja]*	**Wir sind ... Personen, mit ... Zelten und ... Auto.**
le formiche *[formike]*	Siamo ... persone, con ... tende
l'ascia, f *[aßcha]*	e ... macchine.
custodito/a *[kußtodito]*	*[ßjamo ... perßone, konn ... tende*
l'accendino, m *[attschendino]*	*e ... makkine]*
il martello *[martello]*	**Dürfen wir auf Ihrem Grundstück zelten, ...**
l'amaca, f *[amaka]*	**Feuer machen?**
la candela *[kandela]*	Possiamo campeggiare, ... accendere
la sedia pieghevole *[ßedja pjegewole]*	il fuoco nella Sua proprietà?
il tavolo pieghevole *[tawolo pjegewole]*	*[poßßjamo kampeddschare, ... attschendere*
la borsa termica *[borßa termika]*	*il fuoko nella ßua proprieta]*
	Können wir zelten, ... anmachen
il fuoco da campo *[fuoko da kampo]*	das Feuer auf Ihrem Grundstück?
il materassino *[materaßßino]*	**Wo gibt es hier Trink-/Waschwasser?**
la zanzara *[dsandsara]*	Dove trovo dell'acqua potabile/per lavarsi?
l'ombra, f *[ombra]*	*[dowe trovo dellakkua potabile/*
il sacco a pelo *[ßakko a pelo]*	*per lawarßi]*
la corda *[korda]*	Wo finde ich Trinkwasser/um sich zu waschen?
il posto *[poßto]*	
i cerini *[tscherini]*	**Kann ich ... leihen?**
la lampadina tascabile *[lampadina taßkabile]*	Posso noleggiare ...?
	[poßßo noleddschare]
il thermos *[termos]*	Kann ich ... leihen?
la prolunga *[prolunga]*	
la lavanderia *[lawanderia]*	**Gibt es einen Stromanschluss?**
il lavatoio *[lawatojo]*	C'è una presa di corrente?
la roulotte *[rulot]*	*[tschä una presa di korrente]*
la pinza *[pintßa]*	
il paletto da tenda *[paletto da tenda]*	
il picchetto *[pikketto]*	→ *siehe auch unter: Reinigen & reparieren*

■ Selbstversorgung & Frühstück

Il proprio vitto & la colazione
[il proprio witto e la kolatßjone]

Das italienische Frühstück, **la colazione** *[la kolatßjone]* ist für deutsche Begriffe dürftig. Im Hotel gibt es oft nur Weißbrot mit Butter und Marmelade oder Honig, in der Bar finden Sie vor allem süße Teilchen, **paste** *[paßte]*, die von den Italienern schnell und fast wie im Vorbeigehen auf dem Weg zur Arbeit verzehrt werden. Dazu trinken Sie einen **Capuccino** *[kaputtschino]* (nur morgens!) oder einen **caffè** *[kaffä]*, der dem Espresso bei uns entspricht! Ein **caffè ristretto** *[kaffä rißtretto]* ist noch stärker, der **caffè lungo** *[kaffä lungo]* ist mit Wasser gestreckt, der **macchiato** *[makkjato]* wird mit ein wenig Milch serviert. Bestellen Sie an der Bar, dann müssen Sie vorher an der Kasse zahlen, erhalten dann einen Bon, den Sie wiederum an der Theke abgeben. Wurst und Käse kaufen Sie in der **salumeria** *[ßalumeria]*, Müsli und Orangensaft in Lebensmittelgeschäften, **alimentari** *[alimentari]*.

Was gibt es zum Frühstück?
Com'è la colazione?
[komä la kolatßjone]
Wie ist das Frühstück?

Wo kann ich ... kaufen?
Dovo posso komprare ...?
[dowe poßßo komprare]

Gibt es hier ...?
C'è ...?
[tschä]

Bäckerei
Benzin
Brennspiritus

Gas, Butan-, Propan-

Holz(-kohle)

Kocher
Lebensmittelladen

Markt
Metzger
Pfanne
Streichhölzer
Topf
Brot, Toast
Brötchen
Butter
Cornflakes
Dosenöffner

Ei
Haferflocken

Honig
Jogurt
Kaffee
Kakao
Käse
Marmelade
Milch
Saft
Salami
Schinken
Tee
Wasser
Wurst

la panetteria *[panetteria]*
la benzina *[bendsina]*
lo spirito da ardere
[ßpirito da ardere]
il butano, il propano
[butano, propano]
(il carbone) di legno
[(karbone) di lenjo]
il fornello *[fornello]*
il negozio di alimentari
[negotßjo di alimentari]
il mercato *[merkato]*
il macellaio *[matschellajo]*
la padella *[padella]*
i cerini *[tscherini]*
la pentola *[pentola]*
il pane, toast *[pane, toßt]*
i panini *[panini]*
il burro *[burro]*
i cornflakes *[kornfleiks]*
l'apriscatole, m
[aprißkatole]
l'uovo, m *[uowo]*
i fiocchi d'avena
[fjokki dawena]
il miele *[mjele]*
lo yoghurt *[jogurt]*
il caffè *[kaffä]*
il cacao *[kakao]*
il formaggio *[formaddScho]*
la marmellata *[marmellata]*
il latte *[latte]*
il succo *[ßukko]*
il salame *[ßalame]*
il prosciutto *[proschutto]*
tè *[tä]*
l'acqua, f *[akkua]*
la salsiccia *[ßalsittscha]*

Non ce l'abbiamo.
[nonn tsche labbjamo]
Nicht es wir haben.
Das führen wir nicht.

È svenduto.
[ä ßwenduto]
Es ist ausverkauft.
Das ist ausverkauft.

Ist das frisch?
È fresco?
[ä freßko]
Ist es frisch?

Geben Sie mir … g/kg/Stück.
Mi dia … grammi/chili/pezzi.
[mi dia … grammi/kili/pättßi]
Mir geben Sie … g/kg/Stück.

Geben Sie mir die beste/billigste Sorte.
Mi dia la migliore/quella meno cara.
[mi dia kuella miljore/kuella meno kara]
Mir geben Sie die beste/jene weniger teuer.

Haben Sie eine Tüte?
Ha un sacchetto?
[a un ßakketto]

ÜBERNACHTEN

→ siehe auch unter: Geschäfte, Einkaufen

49

■ Wohin zum Essen?

Dove mangiare? *[dowe mandSchare]*

Restaurants sind zum Mittagessen, **pranzo** *[pranntßo]*, zwischen 12.30 und 15 Uhr gut besucht, zum Abendessen, **cena** *[tschena]*, ab 20 Uhr. Wer ein aufwendiges Menü – jedoch lieber kein **menù turistico** *[menu turißtiko]* – bestellen will, geht ins **Ristorante** *[rißtorannte]*. Die **Trattorìa** *[trattoria]* bietet italienische Hausmannskost und viel Atmosphäre, während sich die **Rosticceria** *[roßtischeria]* auf Schnellgebratenes und Fleischgerichte vom Grill spezialisiert hat. In der **Pizzeria** *[pittßeria]* wird fast nur Pizza serviert, die **Osteria** *[oßteria]* ist mit einer Kneipe zu vergleichen. Die **Paninoteca** *[paninoteka]* mit ihren vielfältig belegten Sandwiches, **panini** *[panini]*, und Selbstbedienungsrestaurants, **Self-Service** *[ßälf ßärwiß]*, bieten die billigsten Verpflegungsmöglichkeiten.

Wo ist das nächste Restaurant?
Dov'è il ristorante più vicino?
[dowä il rißtorannte pju witschino]
Wo ist das Restaurant mehr nah?

Wo kann man gut/preiswert essen?
Dove si può mangiare bene/
senza spendere troppe?
*[dowe ßi puo mandSchare bene/
ßentßa ßpendere troppo]*
Wo man kann essen gut/
ohne ausgeben zu viel?

Apriamo alle ...
[apriamo alle]
Wir öffnen um ... Uhr.
Wir haben erst um ... Uhr geöffnet.

Abendessen
Bedienung
Besteck
Durst
Feinschmecker

Gabel
Garderobe
Gaststätte
Glas
Hunger
Imbiss
Kantine
(gehobene) Kategorie

Kellner
Kerze
Koch
(regionale) Küche

Löffel
Messer
Mittagessen
(sonniger) Platz

(schattiger) Platz

regionale Spezialitäten

Selbstbedienung
Serviette
Speisekarte
Stuhl
Teller
Toilette
Weinkarte

Wirt

la cena *[tschena]*
il servizio *[ßerwitßjo]*
le posate *[posate]*
la sete *[ßete]*
il buongustaio
[buongußtajo]
la forchetta *[forketta]*
il guardaroba *[guardaroba]*
la trattoria *[trattoria]*
il bicchiere *[bikkjere]*
la fame *[fame]*
lo spuntino *[ßpuntino]*
la mensa *[menßa]*
la categoria (superiore)
[kategoria (ßuperjore)]
il cameriere *[kamerjere]*
la candela *[kandela]*
il cuoco *[kuoko]*
la cucina (regionale)
[kutschina (redSchonale)]
il cucchiaio *[kukkjajo]*
il coltello *[koltello]*
il pranzo *[pranntßo]*
il posto (al sole)
[poßto (al ßole)]
il posto (all'ombra)
[poßto (allombra)]
specialità regionali
[ßpetschalita redSchonali]
il self-service *[ßelf ßärwiß]*
il tovagliolo *[towaljolo]*
il menù *[menu]*
la sedia *[ßedja]*
il piatto *[pjatto]*
i servizi *[ßerwitßi]*
la lista dei vini
[lißta dei wini]
l'oste, m *[oßte]*

Ich hätte gern einen Tisch für … Personen.
Vorrei un tavolo per … persone.
[worräi un tawolo per … perßone]

Il tavolo è riservato.
[il tawolo ä rißerwato]
Der Tisch ist reserviert.

Tutti i tavoli sono occupati.
[tutti tawoli ßono okkupati]
Alle Tische sind besetzt.

Bringen Sie bitte die Speisekarte.
Ci porti il menu, per favore.
[tschi porti il menu, per fawore]
Uns bringen Sie die Speisekarte, bitte.

Was gibt es nicht mehr?
Cosa è finito?
[kosa ä finito]
Was ist zu Ende?

Abbiamo tutto tranne …
[abbjamo tutto tranne]
Wir haben alles außer …

Welche Spezialitäten können Sie anbieten?
Cosa c'è come specialità?
[kosa tschä kome ßpetschalita]
Was gibt es als Spezialität?

→ siehe auch unter: Selbstversorger, Kneipe & Disco

■ Im Restaurant
Al ristorante *[al rißtorannte]*

Essen Sie dort, wo viele Einheimische verkehren und haben Sie Mut, Neues zu probieren. Beilagen müssen extra bestellt werden, Brot wird selbstverständlich zu jedem Essen gereicht. Eine Vorspeise leitet die Mahlzeit ein. Auf das Hauptgericht folgen Käse und Dessert. Das Trinkgeld wird in Form des **coperto** *[kopärto]*, ein Unkostenbeitrag für Geschirr-, Besteck- und Tischdeckenbenutzung, erhoben. Sie wird für jeden Gast auf die Gesamtsumme aufgeschlagen. In Italien wird meist **alla romana** *[alla romana]* gezahlt, d.h. die Summe der Rechnung wird einfach durch die Zahl der Esser geteilt und ein bisschen Trinkgeld zusätzlich schadet nicht.

Können wir die Speisekarte haben?
Possiamo avere il menù?
[poßßjamo awere il menu]
Können wir haben die Karte?

Bringen Sie mir bitte ...
Mi porti ..., per favore.
[mi porti ..., per fawore]
Mir bringen Sie ..., bitte.

Wir würden gern bestellen.
Vorremmo ordinare.
[worremmo ordinare]

Als Vor-/Hauptspeise hätten wir gern ...
Per antipasto/secondo vorremmo ...
[per antipaßto/ßekondo worremmo]

Auflauf
Beilage
Brot
Dessert
Eierspeisen
Eintopf

warmes/kaltes Essen

Fisch
Fleisch
Geflügel
Gemüse
Hauptspeise
Käse
Kleinigkeit
Kräuter
Milchspeisen

Obst
Pfeffer
Pilzgericht
Reisgericht
Salat
Salz
sättigend
Sandwich
Schalentiere
Spezialitäten
Spieß
Tagesmenü

Teigwaren
Tellergericht

Vorspeise
Wildgerichte

lo sformato *[sformato]*
il contorno *[konntorno]*
il pane *[pane]*
il dessert *[deßßärt]*
le uova *[uowa]*
il piatto unico
[pjatto uniko]
il pasto caldo/freddo
[paßto kaldo/freddo]
il pesce *[pesche]*
la carne *[karne]*
i volatili *[wolatili]*
le verdure *[werdure]*
il secondo *[ßekondo]*
il formaggio *[formaddScho]*
lo spuntino *[ßpuntino]*
le erbe *[ärbe]*
i cibi a base di latte
[tschibi a base di latte]
la frutta *[frutta]*
il pepe *[pepe]*
i funghi *[fungi]*
il risotto *[risotto]*
l'insalata, f *[inßalata]*
il sale *[ßale]*
saziante *[ßatßjante]*
il panino *[panino]*
i crostacei *[kroßtatschei]*
le specialità *[ßpetschalita]*
lo spiedo *[ßpjedo]*
il menù del giorno
[menu del dSchorno]
i farinacei *[farinatschi]*
il piatto con contorno
[pjatto konn konntorno]
l'antipasto, m *[antipaßto]*
la selvaggina
[ßelwaddSchina]

Noch einmal das Gleiche, bitte.
Un'altra porzione, per favore.
[unaltra portßjone, per fawore]
Eine andere Portion, bitte.

Danke, das ist genug.
Grazie, va bene così.
[gratßje, wa bene kosii]
Danke, das geht gut so.

Haben Sie frisches Obst?
C'è della frutta fresca?
[tschä della frutta freßka]
Gibt es von dem Obst frisch?

Die Rechnung, bitte.
Il conto, per favore.
[il konnto, per fawore]

Wir zahlen zusammen/getrennt.
Paghiamo insieme/separatamente.
[pagjamo inßjeme/ßeparatamennte]

Nehmen Sie D-Mark/Schecks/Kreditkarten?
Accetta i marchi/gli chèques/
le carte di credito?
*[attschetta i marki/lji schäk/
le karte di kredito]*

Das kann nicht stimmen.
Questo calcolo non può essere giusto.
[kueßto kalkolo nonn puo eßßere dSchußto]
Diese Zählung nicht kann sein richtig.

Desideri particolari & critiche
[desideri partikolari e kritike]

Fragen Sie vor dem Bestellen, wie sich das Ge-
richt zusammensetzt. Oft lassen sich Sonder-
wünsche leicht erfüllen und ersparen unnötigen
Verdruss. Sollten Sie unzufrieden sein, empfiehlt es sich, die Kritik höflich zu begründen und
nicht zu sehr auf das eigene Recht zu pochen,
denn das kann schnell allergische Reaktionen
auslösen.

Desidera altro?
[desidera altro]
Wünschen Sie anderes?
Haben Sie noch einen Wunsch?

Es fehlt noch ...
Manca ancora ...
[manka ankora]

Das ist ...
Questo è ...
[kueßto ä]

Ich vertrage kein ...
Sono allergico/a a ...
[ßono allerdSchiko/a a]
Ich bin allergisch auf ...

Das habe ich nicht bestellt.
Io non ho ordinato questo.
[io nonn o ordinato kueßto]
Ich nicht habe bestellt das.

---

angebrannt
abgehangen
bitter
fade
faulig
fein
fett
frisch
gar
grob

hart
leicht
mager
mehlig
reif
roh
salzarm

sauber
saftig
sauer (unreif)
salzig
schmutzig
schwach
stark
trocken
überreif

überwürzt

unreif
verschimmelt

weich
zäh
Zahnstocher

bruciato/a *[brutschato/a]*

maturato/a *[maturato/a]*

amaro/a *[amaro/a]*

insipido/a *[inßipido/a]*

marcio/a *[martscho/a]*

fine *[fine]*

grasso/a *[graßo/a]*

fresco/a *[freßko/a]*

cotto/a *[kotto/a]*

grossolano/a
[großßolano/a]

duro/a *[duro/a]*

leggero/a *[leddSchero/a]*

magro/a *[magro/a]*

farinoso/a *[farinoso/a]*

maturo/a *[maturo/a]*

crudo/a *[krudo/a]*

con poco sale
[konn poko ßale]

pulito/a *[pulito/a]*

succoso/a *[ßukkoso/a]*

acerbo/a *[atscherbo/a]*

salato/a *[ßalato/a]*

sporco/a *[ßporko/a]*

debole *[debole]*

forte *[forte]*

secco/a *[ßekko/a]*

troppo maturo/a
[troppo maturo/a]

troppo speziato/a
[troppo ßpetßjato/a]

immaturo/a *[immaturo/a]*

ammuffito/a
[ammuffito/a]

morbido/a *[morbido/a]*

duro/a *[duro/a]*

lo stuzzicadenti
[ßtuttßikadennti]

Hat der Fisch Gräten?
Ci sono delle spine?
[tschi ßono delle ßpine]
Gibt es Gräten?

**Ich möchte ein Stück zartes Fleisch
ohne Fett.**
Vorrei un pezzo di carne tenera
senza grasso.
*[worräi un pettßo di karne tenera
ßentßa graßßo]*

Bringen Sie mir bitte etwas anderes.
Mi porti un'altra cosa, per favore.
[mi porti unaltra kosa, per fawore]
Mir bringen Sie eine andere Sache, bitte.

Wann bekommen wir unser Essen?
Quando arriva il nostro piatto?
[kuando arriwa il noßtro pjatto]
Wann kommt das unsrige Essen?

Das war eine sehr leckere Mahlzeit.
Era un pasto squisito.
[era un paßto ßkuisito]
Es war eine Mahlzeit exquisit.

Das Essen war nicht gut.
Il pasto non era buono.
[il paßto nonn era buono]
Die Mahlzeit nicht war gut.

■ Zubereitungsarten & Geschmack

Preparazione & sapore
[preparatßjone e ßapore]

Backofen	**il forno** *[forno]*	gegrillt
blutig/medium/durch	**al sangue/media** **/ben cotto** *[al ßangue/ midja/ben kotto]*	korkig
in Buttersoße	**al burro** *[al burro]*	mariniert
cremig	**cremoso/a** *[kremoso/a]*	mild
eingelegt in Öl/Essig	**sott'olio/sott'aceto** *[sottoljo/sottatscheto]*	paniert
in Folie	**al cartoccio** *[al kartottscho]*	in der Pfanne
frittiert	**fritto/a** *[fritto/a]*	scharf
fruchtig	**che sa di frutta** *[ke ßa di frutta]*	schwefelig
gebraten	**arrostito/a** *[arroßtito/a]*	am Spieß
gedämpft	**cotto/a a vapore** *[kotto/a a wapore]*	süß
gedünstet	**stufato/a** *[ßtufato/a]*	süß-sauer
gefroren	**surgelato/a** *[ßurdSchelato/a]*	überbacken
gefüllt	**ripieno/a** *[ripjeno/a]*	ungezuckert
gehackt	**tritato/a** *[tritato/a]*	vegetarisch
gekocht	**lesso/a** *[leßßo/a]*	würzig
gemahlen	**macinato/a** *[matschinato/a]*	
gepökelt	**in salamoia** *[in ßalamoja]*	

■ Kräuter & Gewürze

geräuchert	**affumicato/a** *[affumikato/a]*	Anis
geschält	**sbucciato/a** *[sbuttschato/a]*	Basilikum
		Bohnenkraut
geschmort	**brasato/a** *[brasato/a]*	Chillisoße
Grill	**la griglia** *[grilja]*	Curry
		Dill
		Essig
		Ingwer
		Kapern

alla griglia *[alla grilja]*
il gusto di tappo
[gußto di tappo]
marinato/a
[marinato/a]
dolce *[doltsche]*
impanato/a *[impanato/a]*
in padella *[in padella]*
piccante *[pikkante]*
solforoso/a *[ßolforoso/a]*
allo spiedo *[allo ßpjedo]*
dolce *[doltsche]*
agrodolce *[agrodoltsche]*
gratinato/a
[gratinato/a]
senza zucchero
[ßendsa dsukkero]
vegetariano/a
[wedSchetarjano/a]
saporito/a *[ßaporito/a]*

Erbe & aromi
[erbe e aromi]

l'anice, m *[anitsche]*
il basilico *[basiliko]*
la santoreggia
[ßantoreddscha]
la salsa con peperoncino
[ßalßa konn peperontschino]
il curry *[kärri]*
l'aneto, m *[aneto]*
l'aceto, m *[atscheto]*
lo zenzero *[dsendsero]*
i capperi *[kapperi]*

Knoblauch	l'aglio, m *[aljo]*
Koreander	il coriandolo
	[koriandolo]
Kresse	il lepidio *[lepidjo]*
Kümmel	il cumino *[kumino]*
Kurkuma	la curcuma *[kurkuma]*
Lorbeer	l'alloro, m *[alloro]*
Meerrettich	il rafano *[rafano]*
Muskat	la noce moscata
	[notsche moßkata]
Nelken	i chiodi di garofano
	[kjodi di garofano]
Oregano	l'origano, m *[origano]*
Paprika	il peperone *[peperone]*
Peperoni	il peperoncino
	[peperontschino]
Petersilie	il prezzemolo
	[prettßemolo]
Pfeffer	il pepe *[pepe]*
Pfefferminze	la mentuccia
	[mentuttscha]
Rosmarin	il rosmarino
	[roßmarino]
Safran	lo zafferano
	[dsafferano]
Salbei	la salvia *[ßalwia]*
Salz	il sale *[ßale]*
Senf	la senape *[ßenape]*
Thymian	il timo *[timo]*
Vanille	la vaniglia *[wanilja]*
Wacholder	il ginepro *[dSchinepro]*
Zimt	la cannella *[kannella]*

■ Vorspeisen, Suppen & Salate
Antipasti & insalata
[antipaβti e inβalata]

1. Gang	il primo *[primo]*
2. Gang	il secondo *[βekondo]*
(gemischter) Aufschnitt	l'affettato (misto) *[affettato (miβto)]*
Blattsalat	la lattuga *[lattuga]*
Bohnensuppe	la minestra di fagioli *[mineβtra di fadScholi]*
Brot	il pane *[pane]*
Butter	il burro *[burro]*
Ei	l'uovo, m *[uowo]*
Fleischbrühe	il brodo di carne *[brodo di karne]*
Entenleber	il fegato d'oca *[fegato doka]*
Gemüsebrei aus ...	il brodo di ... *[brodo di ...]*
Gemüsesuppe	la minestra di verdure *[mineβtra di werdure]*
Kopfsalat	la lattuga *[lattuga]*
Reissuppe	la minestra di riso *[mineβtra di riso]*
Löwenzahn	il dente di leone *[dennte di leone]*
Meeresfrüchtesalat	l'insalata ai frutti di mare *[inβalata ai frutti di mare]*
Melone mit Schinken	prosciutto e melone *[proSchutto e melone]*
Olivenöl	l'olio d'oliva *[oljo doliwa]*
Oliven	le olive *[oliwe]*
Omelett	l'omelette, m *[omlätt]*
Eierpfannkuchen	la frittata *[frittata]*

Rührei
Rohkost
Salami
Schinken
Schnecken
Sonnenblumenöl
Spiegelei

Suppe
Tomaten
(gemischter) Salat

(gemischte) Vorspeisen

Wurst
Wurstaufschnitt

■ Beilagen, Mehl- & Milchprodukte

Brei aus ...
Gemüsesoße

Hirse
Kartoffeln
Kartoffelpüree

Kartoffelauflauf

Knödel
Mais
Maniok

le uova strapazzate *[uowa ßtrapattßate]*	Mehl	la farina *[farina]*
le crudità *[kruditá]*	Nudeln	la pasta *[paßta]*
il salame *[ßalame]*	Pfannkuchen	la frittata *[frittata]*
il prosciutto *[proschutto]*	Pommes frites	le patatine fritte *[patatine fritte]*
le lumache *[lumake]*		
l'olio di semi *[oljo di ßemi]*	Milchreis	il riso al latte *[riso al latte]*
le uova al tegamino *[uowa al tegamino]*	Reis, ungeschälter/ weißer	il riso vestito/bianco *[riso weßtito/bjanko]*
la zuppa *[dßuppa]*	glasierter Reis	il riso brillato *[riso brillato]*
i pomodori *[pomodori]*		
l'insalata (mista) *[inßalata (mißta)]*	Risotto	il risotto *[risotto]*
l'antipasto (misto) *[antipaßto (mißto)]*	Sauce	la salsa *[ßalßa]*
la salsiccia *[ßalßittscha]*	Spagetti	gli spaghetti *[ßpagetti]*
il salume *[ßalume]*	Weizen	il grano *[grano]*
	Buttermilch	il latticello *[lattitschello]*

la salsiccia *[ßalßittscha]*
il salume *[ßalume]*

	Jogurt	lo yoghurt *[jogurt]*
	Kefir	il kefir *[kefir]*
	Kuhkäse	il formaggio di vacca *[formaddScho di wakka]*

Contorni, farinaci & latticini
[konntorni, farinatschi e lattitschini]

il brodo di... *[brodo di]*	Milch	il latte *[latte]*
il brodo della verdura *[brodo della werdura]*	Quark	la ricotta *[rikotta]*
il miglio *[miljo]*	Sauermilchkäse	il formaggio di latte acido *[formaddScho di latte atschido]*
le patate *[patate]*		
il purè di patate *[purá di patate]*	Sahne	la panna *[panna]*
lo sformato di patate *[sformato di patate]*	Sauermilch	il latte acido *[latte atschido]*
lo gnocco *[njokko]*	Schafskäse	il pecorino *[pekorino]*
il mais *[mais]*	Schimmelkäse	il gorgonzola *[gorgondsola]*
la manioca *[manioka]*	Ziegenkäse	il formaggio di capra *[formaddScho di kapra]*

■ Gemüse & Pilze
Verdure & funghi *[werdure e fungi]*

■ Obst & Nüsse

Artischocken	i carciofi *[kartschofi]*	Ananas
Aubergine	le melanzane	Apfel
	[melandsane]	Apfelsine
Avocado	l'avocado *[awokado]*	Aprikose
Blumenkohl	il cavolfiore	Banane
	[kawolfjore]	Birne
Bohnen	i fagioli *[fadscholi]*	Brombeere
grüne Bohnen	i fagiolini *[fadscholini]*	Dattel
Brokkoli	i broccoli *[brokkoli]*	Erdbeere
Chicoree	la cicoria *[tschikorja]*	Erdnuss
Erbsen	i piselli *[piselli]*	Feige
Fenchel	i finocchi *[finokki]*	Grapefruit
Gurke	il cetriolo *[tschetriolo]*	Haselnuss
Karotten	le carote *[karote]*	Himbeere
Kichererbsen	i ceci *[tschetschi]*	Johannesbeere
Linsen	le lenticchie *[lentikkje]*	Kastanie
Radieschen	i ravanelli *[rawanelli]*	Kirsche
Kürbis	la zucca *[dsukka]*	Kokosnuss
Sauerkraut	il crauti *[krauti]*	
Sellerie	il sedano *[ßedano]*	Limone
Spargel	gli asparagi	Mandarine
	[aßparadschi]	Mandel
Spinat	gli spinaci *[ßpinatschi]*	Mango
Mangold	la bietola *[bjetola]*	Maulbeere
Okra	l'ibisco, m *[ibißko]*	
Tomaten	i pomodori *[pomodori]*	Melone
Kartoffeln	le patate *[patate]*	Pampelmuse
Wirsing	la verza *[werdsa]*	Pfirsich
Zucchini	gli zucchini *[dsukkini]*	Pflaume
Champignons	i funghi *[fungi]*	Pistazien
Morcheln	le morchelle *[morkelle]*	Quitte
Pfifferlinge	i gallinacci	Rosine
	[gallinattschi]	Trauben
Steinpilze	i porcini *[portschini]*	Walnuss
Trüffeln	i tartufi *[tartufi]*	Zitrone

Frutta & noci
[frutta e notschi]

l'ananas, f *[ananas]*
la mela *[mela]*
l'arancia, f *[arantscha]*
l'albicocca, f *[albikokka]*
la banana *[banana]*
la pera *[pera]*
la mora *[mora]*
il dattero *[dattero]*
la fragola *[fragola]*
l'arachide, f *[arakide]*
il fico *[fiko]*
il pompelmo *[pompelmo]*
la nocciola *[nottschola]*
il lampone *[lampone]*
il ribes *[ribes]*
la castagna *[kaßtanja]*
la ciliegia *[tschiljedScha]*
la noce di cocco
[notsche di kokko]
il limone *[limone]*
il mandarino *[mandarino]*
la mandorla *[mandorla]*
il mango *[mango]*
la mora di gelso
[mora di dSchelßo]
il melone *[melone]*
il pompelmo *[pompelmo]*
la pesca *[peßka]*
la prugna *[prunja]*
i pistaci *[pißtatschi]*
la cotogna *[kotonja]*
l'uva passa *[uwa paßßa]*
l'uva, f *[uwa]*
la noce *[notsche]*
il limone *[limone]*

■ Dessert & Süßes
Dessert & dolci *[deßßärt e doltschi]*

Biskuit	il biscotto *[bißkotto]*
Blätterteig	la pasta sfoglia *[paßta sfolja]*
Buttercremetorte	la torta di panna *[torta di panna]*
Creme, Sauce	la crema *[krema]*
Eis	il gelato *[dSchelato]*
Gebäck	le paste *[paßte]*
Gelee	la gelatina *[dSchelatina]*
Hefe	il lievito *[ljewito]*
Kekse	i biscotti *[bißkotti]*
Kompott	la frutta cotta *[frutta kotta]*
Konfekt	i dolci *[doltschi]*
Krapfen	la ciambella *[tschambella]*
Kuchen	la torta *[torta]*
Marzipan	il marzapane *[martßapane]*
Nougat	il torrone *[torrone]*
Obsttorte	la torta alla frutta *[torta alla frutta]*
Pfannkuchen	la frittata *[frittata]*
Pralinen	i cioccolatini *[tschokkolatini]*
Pudding	il budino *[budino]*
Sahne	la panna *[panna]*
Sahnekuchen	il dolce alla panna *[doltsche alla panna]*
Schokolade	la cioccolata *[tschokkolata]*
Soufflé	il soufflé *[ßufflä]*
Torte	la torta *[torta]*
Waffel	la cialda *[tschalda]*
Weinschaumcreme	lo zabaione *[tßabajone]*

ESSEN & TRINKEN

61

■ Fleisch & Geflügel

Carne & volatili
[karne e volatili]

Ferkel	la porchetta *[porchetta]*
Gemse	il camoscio *[kamoscho]*
Hammel	il montone *[montone]*
Hase	la lepre *[lepre]*
Hirsch	il cervo *[tscherwo]*
Kalb	il vitello *[witello]*
Pferd	il cavallo *[kawallo]*
Kaninchen	il coniglio *[koniljo]*
Lamm	l'agnello, m *[anjello]*
Ochse	il bue *[bue]*
Reh	il capriolo *[kapriolo]*
Rind	il manzo *[mandso]*
Schwein	il maiale *[majale]*
Spanferkel	la porchetta *[porchetta]*
Wildschwein	il cinghiale *[tschingiale]*
Ziege	la capra *[kapra]*
Ente	l'anatra, f *[anatra]*
Fasan	il fagiano *[fadschano]*
Gans	l'oca, f *[oka]*
Huhn	il pollo *[pollo]*
Hähnchen	il galletto *[galletto]*
Masthuhn	il pollo da ingrasso
	[pollo da ingraßßo]
Perlhuhn	la faraona *[faraona]*
Zicklein	il capretto *[kapretto]*
Rebhuhn	la starna *[ßtarna]*
Schnepfe	la pernice *[pernitsche]*
Taube	il piccione *[pittschone]*
Truthahn	il tacchino *[takkino]*
Wachteln	le quaglie *[kualje]*

■ Fleischteile

Bratwurst

Brust
Darm
Fleischspieß

Fleischklößchen
Filet
Flügel
Füße
Hals
Haxe
Hirn
Hoden
Innereien
Keule
Kopf
Kotelett
Leber
Lunge
Mark
Maul
Nieren
Pansen
Rippchen
Rücken
Schinkenspeck
Schnitzel
Schulter
Schwanz
Seite
Vorderläufe

Zunge

Tipi di carne *[tipi di karne]*	■ **Fische & Schalentiere** Pesci & corstacei *[peschi e kroßtatschei]*

la salsiccia arrostita *[ßalßittscha arroßtita]*	Aal	l'anguilla, m *[anguilla]*
	Anchovis	la triglia *[trilja]*
il petto *[petto]*	Seebarsch	il branzino *[brandsino]*
l'intestino, m *[inteßtino]*	Forelle	la trota *[trota]*
lo spiedino di carne	Hai	lo squalo *[ßkualo]*
[ßpjedino di karne]	Hecht	il luccio *[luttscho]*
la polpettina *[polpettina]*	Hering	l'aringa, f *[aringa]*
il filetto *[filetto]*	Kabeljau	il merluzzo *[merluttßo]*
l'ala, f *[ala]*	Lachs	il salmone *[ßalmone]*
la zampa *[tßampa]*	Makrele	gli sgombri *[sgombri]*
il collo *[kollo]*	Dorade	l'orata, f *[orata]*
lo stinco *[ßtinko]*	Sardelle	l'acciuga, f *[attschuga]*
il cervello *[tscherwello]*	Stör	lo storione *[ßtorjone]*
il testicolo *[teßtikolo]*	Schwertfisch	il pesce spada *[pesche ßpada]*
le interiora *[interjora]*		
la coscia *[koscha]*	Scholle	la passera di mare *[paßßera di mare]*
la testa *[teßta]*		
la cotoletta *[kotoletta]*	Riesenscampi	i gamberoni *[gamberoni]*
il fegato *[fegato]*		
il polmone *[polmone]*	Seezunge	la sogliola *[ßoljola]*
il midollo *[midollo]*	Steinbutt	il rombo *[rombo]*
il muso *[muso]*	Stockfisch	il baccalà *[bakkala]*
i rognoni *[ronjoni]*	Tunfisch	il tonno *[tonno]*
il rumine *[rumine]*	Tintenfische	i calamari *[kalamari]*
la costoletta *[koßtoletta]*	Zahnbrasse	il dentice *[denntitsche]*
l'arista, f *[arißta]*	Austern	le ostriche *[oßtrike]*
la pancetta *[pantschetta]*	Garnelen	i gamberetti *[gamberetti]*
la cotoletta *[kotoletta]*		
la spalla *[ßpalla]*	Hummer	il gambero di mare *[gambero di mare]*
la coda *[koda]*		
la parte *[parte]*	Krebs	il granchio *[grankjo]*
le zampe anteriori *[tßampe anterjori]*	Krabben	il gambero *[gambero]*
	Languste	l'aragosta, f *[aragoßta]*
la lingua *[lingua]*	Miesmuscheln	le cozze, f *[kottße]*
	Venusmuschel	le vongole *[wongole]*

■ Italienische Spezialitäten
Specialità italiane *[ßpetschalitta italjane]*

■ VORSPEISEN

la pasta e fagioli	*[paßta e fadScholi]* dicke Suppe mit Bohnen und Nudeln
la stracciatella	*[ßtrattschatella]* Brühe mit Rührei und Parmesankäse
la zuppa pavese	*[dsuppa pawese]* Fleischbrühe mit Toast und Ei
la cotoletta alla milanese	*[kotoletta alla milanese]* Wiener Schnitzel
il saltimbocca alla romana	*[ßaltimbokka alla romana]* kleine Kalbsschnitzel mit Schinken und Salbei
il minestrone	*[mineßtrone]* dicke Gemüsesuppe
lo zampone	*[dsampone]* gefüllter Schweinsfuß
l'insalata caprese, f	*[inßalata kaprese]* Tomatenscheiben, Mozzarella und Basilikum
l'affettato, m	*[affettato]* Aufschnitt aus Parma- schinken und Mortadella
le cipolle in agro-dolce	*[tschipolle in agrodoltsche]* süß-sauer eingelegte Zwiebeln
i pomodori secchi sott'olio	*[pomodori ßekki ßottoljo]* in Öl eingelegte getrocknete Tomaten

le melanzane

la peperonata

il vitello tonnato

il carpaccio

■ PASTA-SORTEN

le fettuccine

le tagliatelle

i maccheroni

le pappardelle

le penne

i tortelloni

i fusilli, le eliche

le farfalle

le orecchiette
la paglia e fieno

[melandsane]
gedünstete Auberginen
[peperonata]
gedünstete, in Öl und
Zitronensaft eingelegte
Paprika
[witello tonnato]
Roastbeef mit Tunfisch-
creme und Kapern
[karpattscho]
hauchdünnes rohes Rind-
fleisch mit Öl und Essig und
geraspeltem Parmesankäse

		Bibite [bibite]
	Alkohol	l'alcol [alkol]
	alkoholische Getränke	bibite alkoliche [bibite alkolike]
	Aperitif	l'aperitivo [aperitiwo]
	Bier	la birra [birra]
	Eiswürfel	i cubi di ghiaccio [kubi di gjattscho]
	Fass	la spina [ßpina]
	Flasche	la bottiglia [bottilja]
	Flaschenöffner	l'apribottiglie, m [apribottilje]
	Gas	il gas [gas]
	gemischt	misto/a [mißto/a]
	geschüttelt	mescolato/a [meßkolato/a]
	Kaffee	il caffè [kaffä]
[fettuttschine]	Kakao	il cacao [kakao]
breite Bandnudeln	Krug	la brocca [brokka]
[taljatelle]	Likör	il liquore [likuore]
schmale Bandnudeln	Limonade	la limonata [limonata]
[makkeroni]	Milch	il latte [latte]
Nudeln wie kleine Röhrche	Mineralwasser	l'acqua minerale, f [akkua minerale]
[pappardelle]		
sehr breite Bandnudeln	pur	puro/a [puro/a]
[penne]	Saft	il succo [ßukko]
abgeschrägte Maccheroni	Schnaps	l'acquavite, f [akkuawite]
[tortelloni]		
gefüllte Teigtaschen	Sekt	lo spumante [ßpumante]
[fusilli, le eliche]		
Spiralnudeln	Sherry	il sherry [schärri]
[farfalle]	Soda	la soda [ßoda]
Schmetterlingsnudeln	Tee	il tè [tä]
[orekkjette] Öhrchen	Tonic	l'acqua brillante, f [akkua brillante]
[palja e fjeno]		
grüne und weiße Nudeln	Weinbrand	il brandy [brändi]

ESSEN & TRINKEN

■ Wein

Vini *[wini]*

Italienische Weine werden eingeteilt in Tafelwein, **il vino sfuso** *[il wino sfuso]* – Weinverschnitte unterschiedlicher Herkunft und Jahrgänge; in Landwein, **il vino locale** *[il wino lokale]*, bestimmter Regionen; in sortenreinen Wein, **il vino di vitigno** *[il wino di witinjo]*, aus einer Rebsorte; in Wein kontrollierter Herkunft, **di origine controllata, DOC** *[di oridschine kontrollata]*. Eine Weinprobe, **la degustazione** *[la degußtatßjone]*, findet im Weingeschäft, in der **l'enoteca** *[lenoteka]*, oder beim Winzer, **il viticoltore** *[il witikoltore]*, statt. Dem **Aperitivo** *[aperitiwo]* – **Cinzano, Campari, Prosecco** – folgen zwei zur Mahlzeit passende Weinsorten, den Abschluss der Mahlzeit bildet ein **Grappa**, ein **Sambuca** oder ein **amaro digestivo** *[amaro digeßtiwo]* – **Averna, Ramazzotti** oder **Cynar** – zusammen mit einem Espresso, dem **caffè** *[kaffä]*.

E da bere?
[e da bere]
Und zu trinken?
Und was trinken Sie?

Ich hätte gern ein warmes/kaltes Getränk.
Vorrei una bibita calda/fredda.
[worräi una bibita kalda/fredda]
Ich würde wollen ein Getränk warm/fredda.

Ich hätte gerne einen Tee, aber mit Teebeutel.
Vorrei un tè, però con la bustina.
[worräi un tä, però konn la bußtina]

Abgang

alt, jung

Aroma
ausgewogen

Bukett
Korken

Korkenzieher
Lage
Land-/Tischwein

lieblich
Madeira
perlend

Portwein
Rebstock
Roséwein
Rot-/Weißwein

Säure
schwer
Substanz
süffig

trocken
vollmundig
Weinprobe

Winzer
wuchtig

la diminuzione
[diminutßjone]

invecchiato, giovane
[inwekkjato, dschowane]

l'aroma, m *[aroma]*

armonioso/a
[armonjoso/a]

il bouquet *[bukä]*

il tappo di sughero
[tappo di ßugero]

il cavatappi *[kawatappi]*

la posizione *[positßjone]*

il vino locale/da tavola
[wino lokale/da tawola]

amabile *[amabile]*

madera, m *[madera]*

spumeggiante
[ßpumeddschante]

il porto *[porto]*

la vite *[wite]*

il rosato *[rosato]*

il vino rosso/bianco
[wino rosso/bjanko]

l'acidità, f *[atschidita]*

forte *[forte]*

la sostanza *[ßoßtandsa]*

abboccato/a
[abbokkato]

secco/a *[ßekko]*

corposo/a *[korposo/a]*

la degustazione
[degußtatßjone]

il viticoltore *[witikoltore]*

pesante *[pesante]*

**Ich hätte gern Mineralwasser
mit/ohne Kohlensäure.**
Vorrei un'acqua minerale con/senza gas.
[worräi unakkua minerale konn/ßendsa gas]

Bitte bringen Sie den/die ... mit/ohne ...
Per favore porti il/la ... con/senza ...
[per fawore porti il/la ... konn/ßendsa]

Noch ein Bier (vom Fass), bitte.
Un'altra birra (alla spina), per favore.
[unaltra birra (alla ßpina), per fawore]
Ein anderes Bier (vom Fass), bitte.

C'è solo in bottiglia.
[tschä ßolo in bottilja]
Das gibt es nur in der Flasche.

Welchen Wein empfehlen Sie?
Che vino ci consiglia?
[ke wino tschi konßilja]
Was für einen Wein uns empfehlen Sie?

Le raccomando ...
[le rakkomando]
Ihnen empfehle ich ...
Ich empfehle Ihnen ...

Ich hätte gern einen offenen Wein.
Vorrei del vino sfuso.
[worräi del wino sfuso]
Ich würde wollen vom Wein offen.

Non ce l'abbiamo.
[nonn tsche labbjamo]
Nicht es wir haben.
Das haben wir nicht.

■ Bar & Disco

Bar & discoteca
[bar e dißko̱teka]

Eine **Piano Bar** ist eine gehobenere Bar mit Cocktails und Bier. Die Diskothek, **la discoteca** *[la dißko̱teka]* bietet neueste Hits und kostet immer Eintrittsgeld. **Il bar** ist ein Ort für den morgendlichen Kaffee, den mittäglichen Aperitif und um einen trinken zu gehen; an der Theke, **il banco** *[il banko]*, lässt sich leicht Kontakt finden. Thekenpreise sind immer erheblich niedriger als am Tisch oder gar draußen. Nichtraucherbereiche in Kneipen etc. haben sich in Italien nicht durchsetzen können.

Wo finde ich ein Nachtlokal?
Dove trovo un locale notturno?
[do̱we tro̱wo un lokale nottu̱rno]

Wann ist ... geöffnet/geschlossen?
A che ora apre/chiude ...?
[a ke o̱ra a̱pre/kju̱de]
Zu welcher Stunde öffnet/schließt ...?

Wo kann man tanzen?
Dove si può ballare?
[do̱we ßi puo̱ balla̱re]

Wo kann man Musik hören?
Dove si può ascoltare della musica?
[do̱we ßi puo̱ aßkolta̱re della mu̱sika]
Wo man kann hören von der Musik?

Wie viel kostet der Eintritt?
Quanto costa l'entrata?
[kua̱nto ko̱ßta lentra̱ta]

alkoholfrei
Club
Durst
Eintrittspreis
Eisdiele
feiern
Getränkekarte

laut
leise
Musik
Platz
Rechnung
Spiel
Toilette
trinken
unterhalten
Volksfest

Volkstanz

Aschenbecher

Feuerzeug

Nichtraucher

rauchen
Streichhölzer

analcolico/a *[analkoliko]*
il club *[kläb]*
la sete *[ßete]*
l'entrata, f *[entrata]*
la gelateria *[dSchelateria]*
festeggiare *[feßteddSchare]*
la lista delle bevande
[lißta delle bewande]
forte *[forte]*
silenzioso *[ßilentßioso]*
la musica *[musika]*
il posto *[poßto]*
il conto *[konnto]*
il gioco *[dSchoko]*
i servizi *[ßerwitßi]*
bere *[bere]*
intrattenere *[intrattenere]*
la festa del paese
[feßta del paese]
il ballo popolare
[ballo popolare]
il portacenere
[portatschenere]
l'accendino, m
[attschendino]
i non fumatori
[nonn fumatori]
fumare *[fumare]*
i cerini *[tscherini]*

Ist ein Getränk dabei?
È compresa la consumazione?
[ä kommpresa la konßumatßjone]
Ist inbegriffen die Konsumierung?

Ich möchte einen Tisch für ... Personen (bestellen).
Vorrei (prenotare) un tavolo per ... persone.
[worräi (prenotare) un tawolo per ... perßone]
Ich würde wollen (reservieren) ein Tisch für ... Personen.

Darf man hier rauchen?
Si può fumare?
[ßi puo fumare]
Man kann rauchen?

Wo gibt es hier Zigaretten?
Dove trovo delle sigarette?
[dowe trowo delle ßigarette]
Wo finde ich Zigaretten?

ESSEN & TRINKEN

Ingresso solo per i soci/con invito.
[ingresso ßolo per i ßotschi/konn inwito]
Einlass nur für Mitglieder/mit Einladung.

■ Geschäfte

Negozi *[negotßi]*

Viele Geschäfte haben nach der langen Mittagspause bis 19.30 Uhr geöffnet, Lebensmittelläden, **alimentari** *[alimentari]*, und Supermärkte, **supermercati** *[ßupermerkati]*, noch länger. Konditoreien, **pasticcerie** *[paßtittscherie]*, öffnen auch sonntags. Große Supermärkte, **ipermercati** *[ipermerkati]*, liegen in Gewerbegebieten am Stadtrand. Der Einkaufswagen, **carrello** *[karrello]*, erfordert ein 500-Lire-Stück, **moneta da cinquecento** *[moneta da tschinkuetschento]*. Fleisch gibt es beim **macellaio** *[matschellaio]*, Wurst in der **salumeria** *[ßalumeria]*, Meeresfrüchte in der **pesceria** *[pescheria]*. Mindestens einmal wöchentlich findet in jeder Stadt ein Markt, **mercato** *[merkato]*, statt, auf dem Sie vom heißesten Schnäppchen bis zum billigsten Krusch nahezu alles finden.

Wo ist ein/eine gute/billige ...?
Dove trovo un/una buona/economica ...?
[dowe trowo un/una buona/ekonomika...]
Wo finde ich ein/eine gute/billige ...?

Wo gibt es ein Computergeschäft?
Dove c'è un negozio di computer?
[dowe tschä un negotßjo di kompjuter]

Adesso è chiuso.
[adesso ä kjuso]
Das ist jetzt geschlossen.
Jetzt ist es zu.

→ *siehe auch unter: Selbstversorger & Frühstück*

Antiquitäten
Autozubehör

Bekleidungsgeschäft

Blumen(laden)

Buchhandlung
Campingbedarf

Einkaufszone

Elektrowaren

Flohmarkt

Haushaltswaren

Juwelier
Kosmetiksalon
Optiker
Fotogeschäft

Schuhgeschäft

Spielwarengeschäft

Sportgeschäft

Uhrmacher

Waschsalon
Zeitungsstand

le antichità *[antikità]*
gli accessori per la
macchina *[attscheßßori
per la makkina]*
il negozio di
abbigliamento
[negotßjo di abbiljamennto]
(il negozio di) fiori
[(negotßjo di) fjori]
la libreria *[libreria]*
gli accessori per
campeggio *[attscheßßori
per kampeddScho]*
il centro commerciale
[tschenntro kommertschale]
gli elettrodomestici
[elettrodomeßtitschi]
il mercato delle pulci
[merkato delle pultschi]
gli articoli per la casa
[artikoli per la kasa]
il gioielliere *[dSchojelljere]*
l'estetista, m *[eßtetißta]*
l'ottico, m *[ottiko]*
il negozio di articoli
fotografici *[negotßjo di
artikoli fotografiki]*
il negozio di scarpe
[negotßjo di ßkarpe]
il negozio di giocattoli
[negotßjo di dSchokattoli]
il negozio di articoli
sportivi *[negotßjo di
artikoli ßportiwi]*
l'orologiaio, m
[orolodSchajo]
la lavanderia *[lawanderia]*
l'edicola, f *[edikola]*

Im Tabakladen, tabaccheria *[tabakkeria]:* Zigaretten und Streichhölzer sind Staatsmonopol. Es gibt sie nur in Zigarettengeschäften, **tabacchi** *[tabakki]*, nicht in Automaten. Selbstgedrehte Zigaretten sind weniger üblich, der Tabak ist teurer und die Auswahl kleiner.

Geben Sie mir bitte eine Schachtel (milde) Zigaretten (ohne Filter).
Mi dia un pacchetto di sigarette
(leggere/senza filtro), per favore.
*[mi dia un pakketto di ßigarette
(leddSchere/ßentßa filtro), per fawore]*
Mir geben Sie eine Schachtel Zigaretten
(leicht/ohne Filter) bitte.

Feuerzeug	l'accendino, m *[attschendino]*
Filter	il filtro *[filtro]*
Packung	il pacchetto *[pakketto]*
Pfeife	la pipa *[pipa]*
Pfeifenreiniger, -filter	lo scovolino, il filtro *[ßkowolino, filtro]*
rauchen	fumare *[fumare]*
Streichhölzer	i cerini *[tscherini]*
Tabak	il tabacco *[tabakko]*
Zigarette	le sigarette *[ßigarette]*
Zigarillo	il sigarillo *[ßigarillo]*
Zigarre	il sigaro *[ßigaro]*

■ Einkaufen & Verpackungen
Comprare & imballaggi
[komm<u>pra</u>re e imbal<u>laddſchi</u>]

Bewahren Sie nach dem Einkauf den Kassenbon auf. Die Finanzpolizei darf die Abrechnung der Einnahmen kontrollieren. Können Sie den Kassenbon in 100 m Entfernung nicht vorweisen, zahlen Sie Strafgeld.

Ich sehe mich nur um.
Vorrei solo dare un'occhiata.
[wor<u>rä</u>i <u>ß</u>olo <u>dare</u> unok<u>kjata</u>]
Ich würde wollen nur geben einen Blick.

Non ce l'abbiamo.
[nonn tſche lab<u>bjamo</u>]
Nicht es wir haben.
Das gibt es hier nicht.

Können Sie es bestellen?
Lo può ordinare?
[lo pu<u>o</u> ordi<u>nare</u>]l
Es Sie können bestellen?

Das gefällt mir nicht.
Non mi piace.
[nonn mi <u>pjat</u>ſche]
Nicht mir es gefällt.

Haben Sie noch etwas anderes?
C'è alro?
[tſch<u>ä altro</u>]
Gibt es anderes?

Ich nehme das.
Lo prendo. *[lo <u>prendo</u>]*
Es ich nehme.

Muster
kariert
körnig
gemustert
gestreift
langweilig
dunkel-...
glänzend
blass
grell
hell
Ton in Ton
einfarbig
bunt
golden
silbrig
beige
wasserdicht
winddicht
Beutel
Dose
Flasche
Fläschchen
Glas
Handeln
Kiste
Korb
Packung
Schale
Tragetasche
Tube

il disegno [diṣenjo]

a quadri [a kuadri]

granuloso/a
[granuloṣo/a]

a disegni [a diṣenji]

a righe [a riġe]

noioso/a [nojoṣo/a]

... scuro [... ßkuro]

luccicante [luttſchikante]

pallido/a [pallido/a]

stridente [ßtridennte]

chiaro/a [kjaro/a]

tono su tono
[tono ßu tono]

in tinta unita
[in tinta unita]

colorato/a [kolorato/a]

d'oro [doro]

d'argento [dardſchento]

beige [bäsch]

impermeabile
[impermeabile]

impermeabile
[impermeabile]

la borsa [borßa]

la scatola [ßkatola]

la bottiglia [bottilja]

la bottiglietta
[bottiljetta]

il bicchiere [bikkjere]

contrattare [kontrattare]

la cassa [kaßßa]

il cesto [tscheßto]

il pacchetto [pakketto]

la buccia [buttſcha]

il sacchetto [ßakketto]

il tubetto [tubetto]

Was kostet das?
Quanto costa?
[kuanto koßta]
Wie viel kostet es?

Costa ...
[koßta]
Es kostet ...

Nein danke, das ist zu teuer.
No grazie, è troppo caro.
[no gratßje ä troppo karo]

Akzeptieren Sie Schecks/Kreditkarten?
Accetta gli chèques/le carte di credito?
[attſchetta lji schäk/le karte di kredito]

Haben Sie eine Tüte?
Ha un sacchetto?
[a un ßakketto]

Eine kleine Packung genügt.
Basta una confezione piccola.
[baßta una konfetßjone pikkola]
Es reicht eine Packung kleine.

Kann ich es später abholen?
Lo posso venire a prendere più tardi?
[lo poßßo wenire a prenndere pju tardi]
Es kann ich kommen zu holen mehr spät?

Lo può venire a prendere fra ... giorni.
[lo puo wenire a prenndere fra ... dſchorni]
Es Sie können kommen zu holen in ... Tagen.
Sie können es in ... Tagen abholen.

→ *siehe auch unter: Selbstversorger & Frühstück,*
Geschmack

KAUFEN & BESORGEN

■ Kleidung & Stoffe
Abbigliamento & stoffe
[abbiljamenti e ßtoffe]

Konfektionsgrößen sind immer zwei Nummern größer, die deutsche Größe 38 entspricht der italienischen Größe 42.

Ich benötige ein ... für mich/in Größe ...
Ho bisogno di un ... per me/la taglia è la ...
[o bisonjo di un ... per me/la talja ä la]

Es soll diese Farbe haben.
In questo colore.
[in kueßto kolore]
In dieser Farbe.

Was für ein Material ist das?
Che materiale è?
[ke materjale ä]

È di ...
[ä di]
Es ist aus ...
Es besteht aus ...

Ich möchte kein Synthetikmaterial.
Non vorrei della sintetica.
[nonn worräi della ßintetika]
Nicht ich würde wollen von Synthetik.

Haben Sie eine bessere Qualität?
Ha una qualità migliore?
[a una kualita miljore]
Haben Sie eine Qualität bessere?

Badeanzug

Badehose
Bademantel
Baumwolle
Bikini
Büstenhalter
Druckknopf

Gürtel
Hals-/Kopftuch
Handschuhe
Hemd
Hose
Hut
Jacke
Jeans
Kleid
Klettverschluss

Knopf
Leinen
Mantel
Mütze
Pullover
Regenschirm
Reißverschluss

Rock
Schal
Seide
Schneider
Shorts

Unterhemd
Unterhose
Wolle

il costume intero
[koßtume intero]
il costume *[koßtume]*
l'accappatoio *[akkapatojo]*
il cotone *[kotone]*
il bikini *[bikini]*
il reggiseno *[reddSchißeno]*
il bottone automatico
[bottone automatiko]
la cintura *[tschintura]*
il foulard *[fulard]*
i guanti *[guanti]*
la camicia *[kamitscha]*
i pantaloni *[pantaloni]*
il cappello *[kappello]*
la giacca *[dSchakka]*
i jeans *[dSchins]*
il vestito *[weßtito]*
la chiusura a strappo
[kjusura a ßtrappo]
il bottone *[bottone]*
il lino *[lino]*
il cappotto *[kappotto]*
il berretto *[berretto]*
il pullover *[pullower]*
l'ombrello *[ombrello]*
la chiusura lampo
[kjusura lampo]
la gonna *[gonna]*
la sciarpa *[scharpa]*
la seta *[ßeta]*
il sarto *[ßarto]*
i pantaloncini
[pantalontschini]
la maglietta *[maljetta]*
la mutanda *[mutanda]*
la lana *[lana]*

Non abbiamo nient'altro.
[nonn abbjamo nientaltro]
Nicht wir haben nichts anderes.
Wir haben nichts anderes.

Kann ich es anprobieren?
Posso provarlo?
[poßßo provarlo]
Kann ich probieren es?

Können Sie es ändern?
Lo può aggiustare?
[lo puo addSchußtare]
Es können Sie ändern?

Lo possiamo aggiustare.
[lo poßßjamo addSchußtare]
Es können wir ändern.
Wir können es ändern.

Ich möchte das umtauschen.
Vorrei cambiarlo.
[worräi kambjarlo]
Ich würde wollen wechseln das.

→ siehe auch unter: Reinigen & reparieren

■ Schuhe & Strümpfe

Scarpe & calze *[ßkarpe e kalltße]*

In Schuhgeschäften stehen häufig nur Muster-
stücke, **modelli** *[modelli]*, anzuprobierende
Schuhe werden gebracht.

Ich möchte ein Paar ...
Vorrei un paio di ...
[worräi un pajo di]
Ich würde wollen ein Paar ...

Genau das suche ich.
È proprio quello che cercavo.
[ä proprio kuello ke tscherkawo]
Es ist genau jenes was ich suchte.

Sie passen gut/schlecht.
Vanno bene/male.
[wanno bene/male]

Sie drücken vorne/hinten, links/
rechts/am Spann.
Schiacciano davanti/dietro/a sinistra/
a destra/al dorso.
[ßkjattschano dawanti/dietro/a ßinißtra/
a deßtra/al dorßo]

Können Sie den Schuh dehnen?
Può allargare la scarpa?
[puo allargare la ßkarpa]
Können Sie breiter machen den Schuh?

Können Sie den Schuh reparieren?
Mi può aggiustare la scarpa?
[mi puo addschußtare la ßkarpa]
Mir können Sie reparieren den Schuh?

Absatz
barfuß
Bergschuhe

Blasen
Druck
Einlage
Fußpflege
Fußpilz
Gummi
handgemacht

Hornhaut
Kletterschuhe

Knöchel
Kunststoff
Leder
Lederfett

Pumps

Sandalen
Schmerzen
Schnürsenkel
Schuhcreme

Schuhgröße
Socken
Sohle
Stiefel
Stiefeletten
Strümpfe
Turnschuhe

Wildleder
Zeh

il tacco *[takko]*
a piedi nudi *[a pjedi nudi]*
le scarpe da montagna
[ßkarpe da montanja]
la vescica *[weschika]*
la pressione *[preßßione]*
il supporto *[ßupporto]*
il pedicure *[pedikür]*
il fungo *[fungo]*
l'elastico, m *[elaßtico]*
fatto a mano
[fatto a mano]
il durone *[durone]*
le scarpe da roccia
[ßkarpe da rottscha]
la caviglia *[kawilja]*
la plastica *[plaßtika]*
la pelle *[pelle]*
il grasso per cuoio
[graßßo per kuojo]
la scarpa scollata
[ßkarpa ßkollata]
i sandali *[ßandali]*
i dolori *[dolori]*
i lacci *[lattschi]*
il lucido da scarpe
[lutschido da ßkarpe]
la misura *[misura]*
i calzini *[kaltßini]*
la suola *[ßuola]*
gli stivali *[ßtiwali]*
gli stivaletti *[ßtiwaletti]*
le calze *[kalltße]*
le scarpe da ginnastica
[ßkarpe da dschinnaßtika]
il camoscio *[kamoscho]*
il dito del piede
[dito del pjede]

Possiamo aggiustare la scarpa.
[poßßjamo addschußtare la ßkarpa]
Wir können reparieren den Schuh.
Wir können den Schuh reparieren.

Ist der Schuh wasserdicht?
La scarpa è impermeabile?
[la ßkarpa ä impermeabile]
Der Schuh ist wasserdicht?

Haben Sie Schnürsenkel?
Ha dei lacci per le scarpe?
[a dei lattschi per le ßkarpe]

**Haben Sie einen höheren/niedrigeren
Absatz?**
Ha dei tacchi più alti/bassi?
[a dei takki pju alti/baßßi]
Haben Sie Absätze mehr hoch/niedrig?

→ *siehe auch unter: Berge & wandern*

■ Reinigen & reparieren
Pulire & aggiustare *[pulire e addSchußtare]*

Während des Urlaubs ist häufig Improvisationstalent gefragt. Nehmen Sie schon von zu Hause mit: Leukoplast, Klebstoff, Draht, Bindfaden, Nadel und Faden, Reparaturset für Zelt und Luftmatratze, Spanngurt, Handwaschmittel, Vielzwecktaschenmesser o.ä.

Wo ist die nächste Reinigung?
Dov'è la lavanderia più vicina?
[dowä la lavanderia pju witschina]
Wo ist die Reinigung mehr nah?

Können Sie das reinigen/reparieren?
Me lo può lavare/aggiustare?
[me lo puo laware/addSchußtare]
Mir es Sie können waschen/reparieren?

Das muss schonend gereinigt werden.
Questo va lavato con cura.
[kueßto wa lawato konn kura]
Dieses muss gewaschen werden mit Pflege.

Können Sie das nähen/flicken?
Me lo può cucire/rattoppare?
[me lo puo kutschire/rattoppare]
Mir es können Sie nähen/flicken?

Könnten Sie das Leder imprägnieren?
Mi può impregnare la pelle?
[mi puo imprenjare la pälle]
Mir können Sie imprägnieren das Leder?

Wie lange muss ich warten?
Quanto tempo devo aspettare?
[kuanto temmpo dewo aßpettare]

Bindfaden
Bohrer
bügeln
Draht

Feile
Fleck
flicken
Hammer
Kabel
Klebeband

kleben
kürzen
Loch
Meißel
Messer
nähen
Nadel
Nähgarn
Niete
Riss
Säge
Schmirgelpapier

Schraube
Schraubenzieher
Schraubenmutter
Schraubenschlüssel

Schraubstock
stopfen
Wäsche
waschen
Werkzeug
Zange

lo spago *[ßpago]*	**Brauche ich einen Termin?**
il trapano *[trapano]*	Devo fissare un appuntamento?
stirare *[ßtirare]*	*[dewo fißßare un appuntamennto]*
il filo metallico	Muss ich festmachen eine Verabredung?
[filo metalliko]	
la lima *[lima]*	**Haben Sie Ersatzteile?**
la macchia *[makkja]*	Ha dei pezzi di ricambio?
rattoppare *[rattoppare]*	*[a dei pettßi di rikambjo]*
il martello *[martello]*	
il cavo *[kawo]*	**Machen Sie es so gut wie möglich.**
il nastro adesivo	Lo faccia come può.
[naßtro adesiwo]	*[lo fattscha kome puo]*
incollare *[inkollare]*	Es machen Sie wie Sie können.
accorciare *[akkortschare]*	
il buco *[buko]*	**Lohnt es sich, es zu reparieren?**
lo scalpello *[ßkalpello]*	Ne vale la pena di farlo riparare?
il coltello *[koltello]*	*[ne wale la pena di farlo riparare]*
cucire *[kutschire]*	Lohnt es sich die Mühe zu machen es
l'ago, m *[ago]*	reparieren?
il filo *[filo]*	
il chiodo *[kjodo]*	**Muss ich was Neues kaufen?**
lo strappo *[ßtrappo]*	Devo comprare qualcosa di nuovo?
la sega *[ßega]*	*[dewo kommprare kualkosa di nuowo]*
la carta smerigliata	Muss ich kaufen etwas von neu?
[karta ßmeriljata]	
la vite *[wite]*	**Bis wann sind die Sachen fertig?**
il cacciavite *[kattschawite]*	Quando saranno pronti?
la madrevite *[madrewite]*	*[kuando ßaranno pronti]*
la chiave per dadi	Wann werden sie sein bereit?
[kjawe per dadi]	
la morsa *[morsa]*	Lo può venire a prendere fra ... giorni.
imbottire *[imbottire]*	*[lo puo wenire a prenndere fra ... dschorni]*
la biancheria *[bjankeria]*	Es Sie können kommen zu holen in ... Tagen.
lavare *[laware]*	**Sie können es in ... Tagen abholen.**
gli attrezzi *[attrettßi]*	
la pinza *[pintßa]*	

→ siehe auch unter: Einkaufen, Werkstatt

KAUFEN & BESORGEN

■ Frisörsalon & Drogerie
Parrucchiere & profumeria
[parrukkjere e profumeria]

Ein Besuch beim Damenfrisör ist auch in Italien nicht billig. Männer können sich beim **barbiere** *[barbjere]* vergleichsweise günstig die Haare, **i capelli** *[i kapelli]*, schneiden lassen. Mit Trinkgeld wird gerechnet.

Hygieneartikel und Produkte für die Babypflege finden Sie in Apotheken, **la farmacìa** *[la farmatschia]*, Kosmetik, **la cosmetica** *[la koßmetika]*, und Seife, **il sapone** *[il ßapone]*, in Parfümerien, **la profumeria** *[la profumeria]*.

Ich hätte gern ein ... das nach ... riecht.
Vorrei un ... che profuma di ...
[worräi un ... ke profuma di]
Ich würde wollen ein ... das riecht von ...

Schneiden/Waschen/Färben/Fönen, bitte.
Taglio/Lavaggio/Colore/Piega, per favore.
[taljo/lawaddsscho/kolore/pjega, per fawore]

Rasieren, bitte.
Fare la barba, per favore.
[fare la barba, per fawore]

Schneiden Sie nur an den Spitzen ... cm.
Mi tagli le punte di ... centimetri.
[mi talji le punte di ... tschentimetri]
Mir schneiden Sie die Spitzen von ... cm.

Schneiden Sie die Haare ganz kurz.
Me li tagli corti corti.
[me li talji korti korti]
Mir Sie schneiden sie kurz kurz.

an den Seiten
Bart
Binde
Bürste
Creme
Dauerwelle

Hygiene

Kamm
Lippenstift
Locken
Lockenwickler
Massageöl

im Nacken
* Nagellack
Nagelschere
Puder
Rasierklingen, -apparat

Rasierseife

• Rasierwasser
Schwamm
Shampoo
Spiegel
Strähnen
Tampon

Taschentücher
Toilettenpapier

trocknen
Waschpulver
Watte
Zahnbürste
Zahnpaste

ai lati *[ai lati]*
la barba *[barba]*
il pannolino *[pannolino]*
la spazzola *[ßpattßola]*
la crema *[krema]*
la permanente
[permanente]
l'igiene personale, f
[idSchene perßonale]
il pettine *[pettine]*
il rossetto *[roßßetto]*
i ricci *[rittschi]*
i bigodini *[bigodini]*
l'olio per massaggio, m
[oljo per maßßaddScho]
alla nuca *[alla nuka]*
lo smalto *[ßmalto]*
la forbicina *[forbitschina]*
la cipria *[tschipria]*
la lametta, il rasoio
[lametta, rasojo]
il sapone da barba
[ßapone da barba]
la lozione *[lotßjone]*
la spugna *[ßpunja]*
lo shampoo *[schampu]*
lo specchio *[ßpekkjo]*
i colpi di sole *[kolpi di ßole]*
l'assorbente, m
[aßßorbente]
i fazzoletti *[fattßoletti]*
la carta igienica
[karta idSchenika]
asciugare *[aschugare]*
il detersivo *[deterßiwo]*
il cotone *[kotone]*
lo spazzolino *[ßpattßolino]*
il dentifricio *[denntifritscho]*

**Ich hätte gern einen Stufenschnitt
mit/ohne Pony.**
Vorrei un taglio scalato con/senza frangia.
*[worräi un taljo ßkalato konn/ßentßa
frandScha]*

Hier müssen Sie noch ein wenig kürzen.
Qui deve accorciare un'altro po'.
[kui dewe aßpettare unaltro po]
Muss ich festmachen eine Verabredung?

Das genügt.
Basta.
[baßta]

Das ist für Sie.
Questo è per Lei.
[kueßto ä per läi]

→ *siehe auch unter: Apotheke*

KAUFEN & BESORGEN

■ Bücher & Karten, Hören & Sehen

Libri & carta, ascoltare & vedere
[libri e karta, aßkoltará e wederä]

Die wichtigsten überregionalen Zeitungen sind **La Repubblica** (Rom), **Il Corriere** (Mailand), **La Stampa** (Turin), **Il Messaggero** (Rom) und **La Nazione** (Florenz). Die Zeitungskioske haben auch sonntags bis 13 Uhr geöffnet.

Offizielle Briefe beginnen mit der Anrede **Gentile signor/signora Rossi** – Abkürzungen (**sig. sig. a sig. na., Mme., Mlle.**) sind gebräuchlich. Nach einem Komma beginnt der Brieftext. Die Verabschiedung lautet **Distinti saluti**. Für das Datum werden die Kardinalzahlen, z. B. **due, tre** etc., verwendet, hinter der Zahl steht kein Punkt. Nur beim Ersten des Monats sagt man **primo** *[primo]*.

Ich würde gern die Nachrichten im Radio hören.

Vorrei sentire il notiziario alla radio.
[worräi ßentire il notitißjario alla radjo]
Ich würde wollen hören die Nachrichten im Radio.

Könnten Sie mir diese CD/Platte auflegen?

Mi può mettere su questo compact/disco?
[mi puo mettere ßu kueßto kompakt/dißko]
Mir können Sie legen auf diese CD/Platte?

Haben Sie die neueste Kassette von ...?

Ha l'ultima cassetta di ...?
[a lultima kaßßetta di]
Haben Sie die letzte Kassette von ...?

aus-, einschalten

Bibliothek
Buch
CD (Musik)
CD-Player

Fernsehen
Gedichte
hören
Jazz
Kassetten
Kassettenrekorder

Katalog
Kinderbuch

klassische Musik

Krimi
Landeskunde
Landkarte

Nachrichten
Prospekt
Radiergummi
Radio
Reiseführer
Rockmusik

Roman
Schreibpapier

Schreibstift
Sender
singen
Stadtplan

accendere, spegnere
[attshendere, ßpenjere]

la biblioteca *[biblioteka]*

il libro *[libro]*

il compact *[kompakt]*

il lettore CD
[lettore tschidi]

la televisione *[televisjone]*

le poesie *[poesie]*

ascoltare *[aßkoltare]*

il jazz *[dSchäß]*

le cassette *[kaßßette]*

il mangia-cassette
[mandScha-kaßßette]

il catalogo *[katalogo]*

il libro per bambini
[libro per bambini]

la musica classica
[musika klaßßika]

il giallo *[dSchallo]*

la corografia *[korografia]*

la carta geografica
[karta dSeheografika]

le notizie *[notitßje]*

il prospetto *[proßpetto]*

la gomma *[gomma]*

la radio *[radjo]*

la guida *[guida]*

la musica rock
[musika rok]

il romanzo *[romandso]*

la carta da scrivere
[karta da ßkrivere]

la matita *[matita]*

il canale *[kanale]*

cantare *[kantare]*

la pianta della città
[pjanta della tschitta]

Welche ausländischen Zeitungen haben Sie?

Di riviste straniere cosa c'è?

[di riwißte ßtranjere kosa tschä]

Von Zeitschriften ausländischen was gibt es?

Haben Sie eine Karte mit größerem Maßstab?

Ha una carta con scala più vasta?

[a una karta konn ßkala pju waßta]

Haben Sie eine Karte mit Maßstab größer?

Ich habe meine Kontaktlinsen verloren.

Ho perso le mie lenti.

[o perßo le mie lennti]

Ich habe verloren meine Linsen.

Tagebuch	il diario *[djario]*
Volksmusik	la musica popolare *[musika popolare]*
Werbung	la pubblicità *[pubblitschita]*
Wörterbuch	il dizionario *[dißjonario]*
Zeitung	il giornale *[dSchornale]*
Zeitschrift	la rivista *[riwißta]*
Brille	l'occhiali *[okkjali]*
Dioptrien	la diottria *[dottria]*
Gestell	il supporto *[ßupporto]*
Kontaktlinsen	le lenti a contatto *[lennti a kontatto]*
kurzsichtig	miope *[mjope]*
Reinigungsflüssigkeit	il detergente *[deterdSchente]*
Sonnenbrille	gli occhiali da sole *[okkjali da ßole]*
Wanderkarte	la carta per camminare *[karta per kamminare]*
weitsichtig	presbite *[presbite]*

■ Foto & Uhr

Fotografie & orologio
[fotografie e orolodScho]

Film- und Fotozubehör kann man in den **Ta-bacchi** *[tabakki]*, in Schreibwarengeschäften, **cartolerie** *[kartolerie]*, oder in den zahlreichen Fotofachgeschäften kaufen. Das Entwickeln geht schnell und ist von guter Qualität.

Ich möchte diesen Film entwickeln lassen.
Vorrei fare sviluppare questa pellicola.
[worräi fare ßwiluppare kueßta pellikola]
Ich würde wollen machen entwickeln diesen Film.

Bitte machen Sie Abzüge in ... x ... cm.
Per favore faccia ... copie in ... per ... centimetri.
[per fawore fattscha ... kopje in ... per ... tschentimetri]

Vergrößern Sie diese Bildern bitte auf ... mal ... cm.
Per favore mi ingrandisca queste foto a ... per ... centimetri.
[per fawore mi ingrandißka kueßte foto a ... per ... tschentimetri]
Bitte mir vergrößern Sie diese Fotos auf ... für ... cm.

Ich brauche ein Zubehörteil: ...
Ho bisogno di un accessorio: ...
[o bisonjo di un attscheßßorjo]

Abzüge
Aufnahme (Foto)
Aufnahme (Film)
Batterie
Blende
Blitzgerät, -lampe

Diapositivbild
Empfindlichkeit
entwickeln
Farbfilm

Filter
Fotolabor

Linse
Motor
Objektiv
rahmen

Spiegelreflexkamera

Stativ
Sucher
Teleobjektiv

Vergrößerung

Verschluss

Videokamera

Weitwinkelobjektiv

Zeiger
Zoomobjektiv

le copie *[kopje]*
la fotografia *[fotografía]*
la ripresa *[ripresa]*
la batteria *[batteria]*
il diaframma *[diaframma]*
la lampada al flash
[lampada al fläsch]
la diapositiva *[diapositiva]*
la sensibilità *[ßenßibilita]*
sviluppare *[ßsviluppare]*
la pellicola a colori
[pellikola a kolori]
il filtro *[filtro]*
il laboratorio fotografico
[laboratorio fotografico]
la lente *[lente]*
il motore *[motore]*
l'obiettivo, m *[obiettiwo]*
mettere in cornice
[mettere in kornitsche]
la macchina fotografica
reflex *[makkina
fotografika reflekß]*
il treppiedi *[treppjedi]*
il mirino *[mirino]*
il teleobiettivo
[tele objettiwo]
l'ingrandimento
[ingrandimennto]
l'otturatore, m
[otturatore]
la videocamera
[wideokamera]
l'obiettivo (m)
grandangolare
[objettiwo grandangolare]
la lancetta *[lantschetta]*
lo zoom *[dsuum]*

Ich benötige einen Film.
Ho bisogno di una pellicola.
[o bisonjo di una pellikola]

Die Kamera funktioniert nicht.
La macchina fotografica non funziona.
[la makkina fotografika nonn funtßjona]
Die Kamera nicht funktionieren.

Sie löst nicht aus./Der Film klemmt.
Non scatta./La pellicola è incastrata.
[nonn ßkatta/la pellikola ä inkaßtrata]
Nicht sie löst aus./Der Film klemmt.

Die Uhr geht vor/nach/nicht mehr.
L'orologio è avanti/indietro/fermo.
[lorolodscho ä awanti/indjetro/fermo]
Die Uhr ist vorne/hinten/statisch.

Non ci sono pezzi di ricambio.
[nonn tschi ßono pettßi di rikambjo]
Nicht es gibt Ersatzteile.
Dafür gibt es hier keine Ersatzteile.

Provi da …
[prowi da]
Versuchen Sie es bei …

Wie lange wird es dauern?
Quanto tempo ci vorrà?
[kuanto temmpo tschi worra]
Wie viel kostet es machen es reparieren?

Darf ich ein Foto von Ihnen machen?
Le posso fare una foto?
[le poßßo fare una foto]
Ihnen kann ich machen ein Foto?

■ Sich grüßen & vorstellen
Salutare & presentarsi
[ßalutare e presentarßi]

| | Alles Gute |
| | Auf Wiedersehen |

Sprechen Sie Unbekannte höflich mit Entschuldigen Sie, **scusi** *[ßkusi]*, an. Fragen oder Wünschen werden von bitte, **per favore** *[per fawore]*, und Entschuldigung, **scusa** *[ßkusa]*, begleitet. Bitte als Antwort auf Danke, **grazie** *[gratßje]*, heißt **prego** *[prego]*. Steht Ihnen jemand im Weg, so sagen Sie **permesso** *[permeßßo]*, was so viel wie »Sie erlauben« bedeutet. Klar! heißt im Italienischen **chiaro** *[kjaro]*, ein Moment **un momento** *[un momennto]*. Guten Abend sagt man schon ab 16 Uhr, Guten Morgen gar nicht, denn Guten Tag erfüllt den gleichen Zweck. Auf Wie geht's, **come va?** *[kome wa]*, antwortet man in Italien immer positiv.

Bis bald!

Bis morgen!

Bis nachher, ... morgen

Ehefrau

Ehemann

Frau

Fräulein

Freund/-in

Herr

Gespräch

Gleichfalls!

kennenlernen

küssen

Küsschen

Scherz

Spaziergang

Guten Tag. Guten Abend.
Buongiorno. Buonasera.
[buondSchorno. buonaßera]

Wie geht es Ihnen/dir?
Come sta/stai?
[kome ßta/ßtai]

Termin

treffen

Treffpunkt

Sto bene/poco bene.
[ßto bene/poko bene]
Ich stehe gut/wenig gut.
Mir geht es gut/schlecht.

umarmen

Vergnügen

Viel Glück!

Viel Spaß!

Ich bin Deutscher/Österreicher/Schweizer.
Sono tedesco/austriaco/svizzero.
[ßono tedeßko/außtriako/ßwitßero]
Ich bin deutsch/österreichisch/schweizerisch.

verabreden

warten

wieder sehen

tanti auguri *[tanti auguri]*
arrivederci/la
*[arrivedertschi/
arrivederla]*
a presto! *[a preßto]*
a domani! *[a domani]*
a più tardi, a domani
[a pju tardi, a domani]
la moglie *[molje]*
il marito *[marito]*
la donna *[donna]*
la signorina *[ßinjorina]*
l'amico/a *[amiko/a]*
il signore *[ßinjore]*
la conversazione
[konwerßatßjone]
altrettanto! *[altrettanto]*
conoscersi *[konoscherßi]*
baciare *[batschare]*
il bacino *[batschino]*
lo scherzo *[ßkertßo]*
la passeggiata
[paßßeddschata]
l'appuntamento, m
[appuntamennto]
incontrare *[inkontrare]*
il luogo d'incontro
[luogo dinkontro]
abbracciare *[abbrattschare]*
il divertimento
[diwertimennto]
auguri! *[auguri]*
buon divertimento!
[buon diwertimennto]
fissare un appuntamento
[fißßare un appuntamennto]
aspettare *[aßpettare]*
rivedere *[riwedere]*

Wie heißen Sie? Wie heißt du?
Come si chiama? Come ti chiami?
[kome ßi kjama. dhome ti kjami]
Wie sich Sie nennen? Wie du dich nennst?

Mi chiamo …
[mi kjamo]
Mich ich nenne …
Ich heiße …

**Das ist mein Freund/Mann,
meine Freundin/Frau,**
Questo/a è il mio ragazzo/mio marito,
la mia ragazza/mia moglie.
*[kueßto/a è il mio ragattßo/marito,
la mia ragattßa/mia molje]*

Wo wohnen Sie?
Dove abita?
[dowe abita]

Abito/abitiamo a …
[abito/abitjamo a]
Ich wohne/Wir wohnen in …

→ *siehe auch unter: Orientierung, Die Reise planen*

■ Woher & Wohin

Di dove & Dove
[di dowe e dowe]

Flechten Sie ins Gespräch öfter die Anrede **signore** bzw. **signora** *[ßinjore, ßinjora]* ein. Ein größeres Missgeschick kann mit Bestürzung, **mi dispiace** *[mi dißpjatsche]*, zu deutsch: Es tut mir leid, kommentiert werden.

La posso aiutare?
[la posso ajutare]
Ihnen ich kann helfen?
Kann ich Ihnen helfen?

Wie komme ich nach …/dorthin?
Come ci/arrivo a …?
[kome tschi/arriwo a]
Wie dort/komme ich nach …?

In questa direzione … minuti a piedi.
[in kueßta diretßjone … minuti a pjedi]
In dieser Richtung … Minuten zu Fuß.

E poi a destra/sinistra … minuti a piedi
[e poi a deßtra/ßinißtra … minuti a pjedi]
Dann rechts/links … Minuten zu Fuß

Vielen Dank für Ihre Hilfe.
Grazie per l'aiuto.
[gratßje per lajuto]
Danke für die Hilfe.

È la prima volta che viene/vieni qui?
[ä la prima wolta ke wjene/wjeni kui]
Ist es das erste Mal dass Sie kommen/du kommst hier?
Sind Sie/bist du zum ersten Mal hier?

Geschäftsreise

Reiseplan

Reiseziel

Tourist
Urlaub

■ NACHBARLÄNDER & -INSELN

Deutschland

Elba
Frankreich
Griechenland
Großbritannien

Italien
Korsika
Kroatien
Österreich
Sardinien
Schweiz
Sizilien
Slowenien
Tunesien

il viaggio d'affari
[wjaddScho daffari]
l'itinerario, m
[itinerarjo]
la meta del viaggio
[meta del wjaddScho]
il/la turista *[turiSta]*
la vacanza *[wakantßa]*

Da quanto tempo è/sei qui?
[da kuanto temmpo ä/ßäi kui]
Seit wie viel Zeit sind Sie/bist du hier?
Wie lange sind Sie/bist du schon hier?

Ich bin seit ... Tagen/Wochen hier.
Sono qui da ... giorni/settimane.
[ßono kui da ... dSchorni/settimane]
Ich bin hier seit ... Tagen/Wochen.

i paesi confinanti
[i paesi konfinanti]

Le piace ...?
[le pjatsche]
Ihnen gefällt ...?
Gefällt Ihnen ...?

la Germania
[dSchermanja]
l'Elba *[älba]*
la Francia *[frantscha]*
la Grecia *[gretscha]*
l'Inghilterra, f
[ingilterra]
l'Italia, f *[italja]*
la Corsica *[korßika]*
la Croazia *[kroatßja]*
l'Austria, f *[außtria]*
la Sardegna *[ßardenja]*
la Svizzera *[ßwittßera]*
la Sicilia *[ßitschilja]*
la Slovenia *[slowenja]*
la Tunisia *[tunisia]*

Die Stadt/Das Land gefällt mir gut.
La città/il paese mi piace molto.
[la tschitta/il paese mi pjatsche molto]

**Quando continua il suo viaggio/continui
il tuo viaggio?**
*[kuando kontinua il ßuo wjaddScho/conti-
nui il tuo wjaddScho]*
Wann fortfahren Sie/du Ihre/deine Reise?
Wann fahren Sie/fährst du weiter?

Qual è la Sua/tua prossima meta?
[kualä la ßua/tua prossima meta]
Was ist Ihr/dein nächstes Ziel?

In ... Tagen/Wochen reise ich nach ...
Fra ... giorni/settimane vado a ...
[fra ... dSchorni/ßettimane wado a]

DU & ICH

→ siehe auch unter: Pass, Ein- & Ausreise

■ Sich kennenlernen
Conoscersi *[konoscherßi]*

Sta/stai aspettando qualcuno?
[ßta/ßtai aßpettando kualkuno]
Sind Sie dabei warten auf jemanden?
Warten Sie/Wartest du auf jemanden?

È/sei solo/a qui?
[ä/ßäi ßolo/a kui]
Sind Sie/Bist du allein hier?

Haben Sie noch etwas Zeit?
Ha ancora un po' di tempo?
[a ankora un po di temmpo]

Desidera qualcosa da bere/una sigaretta?
[desidera kualkosa da bere/una ßigaretta]
Möchten Sie etwas zu trinken/
eine Zigarette?

Darf ich mich zu Ihnen/zu dir setzen?
Mi posso sedere accanto a Lei?
[mi poßßo ßedere akkanto a läi]
Mich ich kann sitzen neben Ihnen?

La/ti posso invitare (per domani)?
[la/ti posso inwitare (per domani)]
Sie/dich kann ich einladen (für morgen)?
Darf ich Sie/dich (morgen) einladen?

Wo treffen wir uns?
Dove ci incontriamo?
[dowe tschi inkontriamo]
Wo uns treffen wir?

abholen

Bekannte/-r

Ehefrau
Ehemann
flirten
Frau
Fräulein
sich freuen

Freund/-in
Freunde
Herr
hübsch
Junge
Mädchen
müde
nett
Partner/-in

Pech
schlafen
Sternzeichen

Telefonnummer

übernachten
Uhrzeit
verspätet

venire a prendere
[wenire a prenndere]
il/la conoscente
[konoschente]
la moglie *[molje]*
il marito *[marito]*
flirtare *[flirtare]*
la donna *[donna]*
la signorina *[ßinjorina]*
essere contento/a
[eßßere kontento/a]
l'amico/a *[amiko/a]*
gli amici *[amitschi]*
il signore *[ßinjore]*
carino/a *[karino/a]*
il bambino *[bambino]*
la ragazza *[bambina]*
stanco/a *[ßtanko/a]*
simpatico/a *[ßimpatiko/a]*
il/la compagno/a
[kompanjo/a]
la sfortuna *[sfortuna]*
dormire *[dormire]*
il segno zodiacale
[ßenjo dsodiakale]
il numero di telefono
[numero di telefono]
pernottare *[pernottare]*
l'ora, f *[ora]*
in ritardo *[in ritardo]*

Per arrivare a casa mia/tua ci mettiamo ... minuti.
[per arriware a kasa mia/tua tschi mettjamo ... minuti]
Bis zu mir/dir brauchen wir ... Minuten.

Gehen wir zusammen ins Kino/zum Strand?
Andiamo al cinema/alla spiaggia?
[andjamo al tschinema/alla ßpjaddScha]

Es war schön, Sie/dich kennenzulernen.
È stato un piacere conoscerla/conoscerti.
[ä ßtato un pjatschere konoscherla/konoscherti]
Es ist gewesen eine Freude kennen Sie/dich.

Vorrei rivederla/rivederti.
[worräi riwederla/riwederti]
Ich würde wollen wieder sehen dich/Sie.
Ich würde Sie/dich gerne wieder sehen.

Vuole ballare?
[wuole ballare]
Möchten Sie tanzen?

■ Familie & Kinder

Famiglia & bambini
[família e bambini]

Öffentliche Wickelräume für die ganz Kleinen wird man in Italien vergeblich suchen. Die Babypflege wird in den Alltag integriert; die Utensilien zur Kinderpflege sind in Apotheken (siehe auch Seite 134) erhältlich. Kinder zwischen 4 und 12 Jahren zahlen in Museen nur die Hälfte.

Guarda che dolce!
[guarda ke doltsche]
Schau mal, wie süß!

Das ist ein Mädchen/ein Junge.
È una femmina/un maschio.
[ä una femmina/un maßkjo]
Es ist ein Mädchen/ein Junge.

Come si chiama il bebè?
[kome ßi kjama il bebä]
Wie heißt das Baby?

Es ist ... Monate/Jahre alt.
Ha ... mesi/anni.
[a ... mesi/anni]
Es hat ... Monate/Jahre.

Haben Sie einen Babysitter-Service?
Ha un servizio di baby-sitter?
[a un ßerwitßjo di bebißitter]

Haben Sie einen Kinderhochstuhl?
Ha un seggiolone per il bambino?
[a un ßeddScholone per il bambino]
Haben Sie einen Hochsitz für das Kind?

Angst
Baby
Babysitter
Bett
Bilderbuch

Brei
Fläschchen
in die Hose machen

Kinderwagen
Kleinkind
Märchen
Milch
Öl
Puder
Puppe
Schnuller
Spielzeug
Strampelhose
weinen
zahnen

Eltern
Cousin/e

Großmutter
Großvater
Mutter
Neffe, Nichte
Onkel
Schwager
Sohn
Tante
Tochter
Vater

la paura *[paura]*
il bebè *[bebä]*
la bambinaia *[bambinaja]*
il letto *[lätto]*
il libro illustrato
[libro illußtrato]
la pappa *[pappa]*
il biberon *[biberon]*
fare la pipì addosso
[fare la pipi addoßo]
la carrozzina *[karrottßina]*
il bimbo *[bimbo]*
la favola *[fawola]*
il latte *[latte]*
l'olio, m *[oljo]*
la cipria *[tschipria]*
la bambola *[bambola]*
il succhiotto *[ßukkjotto]*
il giocattolo *[dschokattolo]*
il pagliacetto *[paljatschetto]*
piangere *[pjandschere]*
mettere i denti
[mettere i dennti]

i genitori *[dschenitori]*
il cugino, la cugina
[kudschino, kudschina]
la nonna *[nonna]*
il nonno *[nonno]*
la madre *[madre]*
il/la nipote *[nipote]*
lo zio *[tßio]*
lo suocero *[ßuotschero]*
il figlio *[filjo]*
la zia *[tßia]*
la figlia *[filja]*
il padre *[padre]*

Könnten Sie mir mit dem Kinderwagen helfen?
Mi potrebbe aiutare con il carrozzino?
[mi potrebbe ajutare konn il karrottßino]
Mir würden Sie können helfen mit dem Kinderwagen?

Gibt es einen Kinderspielplatz in der Nähe?
C'è un parco da gioco per bambini qui
vicino?
*[tschä un parko da dschoko per bambini kui
witschino]*
Gibt es einen Kinderspielplatz hier nah?

Wo finde ich einen ruhigen Platz?
Dove trovo un posto tranquillo?
[dowe trowo un poßto trankuillo]
Wo finde ich einen Platz ruhig?

Kann ich hier die Windeln wechseln?
Posso cambiare i pannolini qui?
[poßßo kambjare i pannolini kui]
Kann ich wechseln die Windeln hier?

Ich muss mein Kind stillen.
Devo allattare il mio bambino.
[dewo allattare il mio bambino]
Ich muss stillen mein Kind.

Ich brauche ... für mein Kind.
Ho bisogno di ... per il mio bambino.
[o bisonjo di ... per il mio bambino]
Ich benötige ... für mein Kind.

Gibt es Ermäßigung für Kinder?
C'è la riduzione per bambini?
[tschä la ridutßjone per bambini]
Gibt es die Ermäßigung für Kinder?

DU & ICH

■ Schule & Berufe

Scuola & lavoro
[ßkuola e lavoro]

Titel sind im formalen Umgang sehr wichtig, so wird bei an ein Guten Tag, **buongiorno** *[buon-dSchorno]*, bei jemand mit einem akademischen Abschluss ein **dottore** *[dottore]* oder **dottoressa** *[dottoressa]* angefügt. Eine Promotion wie in Deutschland gibt es in Italien nicht.

Che lavoro fa/fai?
[ke lavoro fa/fai]
Welche Arbeit machen Sie/machst du?
Welchen Beruf haben Sie/hast du?

Mein Beruf ist ...
La mia professione è ...
[la mia profeßßione ä]
Der mein Beruf ist ...

Ich studiere ...
Studio ...
[ßtudjo]

Ich bin arbeitslos.
Sono disoccupato/a
[ßono dißokkupato/a]

la maturità *[maturità]*
l'impiegato, m *[impiegato]*
lavorare *[lavorare]*
l'operaio, m *[operajo]*
la formazione
professionale
*[formatßjone
profeßßjonale]*
il funzionario
[funtßionarjo]
l'istituto professionale, m
[ißtituto profeßßjonale]
le scienze umane
[schentße umane]
la scuola media unificata
[ßkuola medja unifikata]
il liceo *[litscheo]*
l'operaio, m *[operajo]*
la casalinga *[kasalinga]*
la patria *[patria]*
l'hobby, m *[obbi]*
l'ingegnere, m
[indSchenjere]
il mercante *[merkannte]*
l'insegnante, m
[insenjante]
lettere *[lettere]*
l'arte, f *[arte]*
l'apprendista *[apprendißta]*
imparare *[imparare]*
la scienza *[schentßa]*
il pensionato *[penßjonato]*
lo scolaro *[ßkolaro]*
il libero professionista
[libero profeßßjonißta]
la sociologia
[ßotscholodSchia]
le lingue *[lingue]*

Student	lo studente *[ßtudennte]*
Studienfach	la materia di studio *[materja di ßtudjo]*
Universität	l'università, f *[uniwerßita]*
Unterricht	la lezione *[letßjone]*
Vorlesung	la lezione *[letßjone]*
Wirtschaftswissen-schaften	economia e commercio *[ekonomia e kommertscho]*

■ Einladen & besuchen
Invitare & visitare
[inwitare e wisitare]

Die Einladung nach Hause ist ein besonderer Beweis der Freundschaft. In der Privatsphäre ist der Handschlag eher unter Männern üblich, sonst gibt es Küsschen auf die Wange, **bacini** *[batschini]*. Geschenke spielen in Italien eine große Rolle. Blumen werden selten verschenkt, Chrysanthemen gelten als typische Friedhofsblumen. Süße Köstlichkeiten vom Konditor oder deutsche Mitbringsel sind immer willkommen. Geschenke und Komplimente werden als Rituale gefeiert, Kritik dagegen wird selten positiv gesehen.

Danke, ich komme sehr gerne.
Grazie, vengo molto volentieri.
[gratßje, wengo molto wolentjeri]

Porti anche Sua moglie/Suo marito.
[porti anke ßua molje/ßuo marito]
Bringen Sie auch Ihre Frau/Mann.
Bringen Sie Ihre Frau/Ihren Mann mit.

Um wie viel Uhr soll ich kommen?
A che ora devo venire?
[a ke ora dewo wenire]
Zu welcher Stunde muss ich kommen?

Wie komme ich dorthin?
Come ci arrivo?
[kome tschi arriwo]
Wie dort ich ankomme?

tanti auguri *[tanti auguri]*
l'indirizzo, m *[indirittßo]*
la visita *[wisita]*
i fiori *[fjori]*
il mazzo di fiori
[mattßo di fjori]
la festa in famiglia
[feßta in familja]
la festa *[feßta]*
l'ospite *[oßpite]*
la camera degli ospiti
[kamera delji oßpiti]
il compleanno
[compleanno]
il regalo *[regalo]*
tanti auguri! *[tanti auguri]*
altrettanto! *[altrettanto]*
la pasticceria
[paßtittscheria]
i cioccolatini
[tschokkolatini]
puntuale *[puntuale]*
il numero di telefono
[numero di telefono]
l'ora, f *[ora]*
in ritardo *[in ritardo]*
auguri! *[auguri]*
buon divertimento!
[buon diwertimennto]
la predilezione
[prediletßjone]
la descrizione della strada
[deßkritßjone della ßtrada]
l'appartamento, m
[appartamennto]

Ci arriva con l'autobus/in treno/
in taxi/a piedi.
*[tschi arriwa konn lautobus/in treno/
in takßi/a pjedi]*
**Dorthin kommen Sie mit dem Bus/ der
Bahn/dem Taxi/zu Fuß.**

Schreiben Sie mir bitte die Adresse auf.
Mi scrivi l'indirizzo, per favore.
[mi ßkriwi lindirittßo, per fawore]
Mir schreiben Sie die Adresse bitte.

Das Essen war sehr gut.
Il pasto era squisito.
[il paßto era ßkuisito]

Vielen Dank für den schönen Abend.
Molte grazie per la bella serata.
[molte gratßje per la bella ßerata]

Es war sehr schön.
È stato molto bello.
[ä ßtato molto bello]

Leider muss ich jetzt gehen.
Purtroppo adesso devo andare.
[purtroppo adeßßo dewo andare]
Leider jetzt muss ich gehen.

DU & ICH

→ siehe auch unter: Kino & Theater,
Kneipe, Bar, & Disco

■ Intimes

Intimità *[intimità]*

Kondome, **il preservativo** *[il preßerwatiwo]*, als Schutz gegen Aids *[a i di ässe/sida]* finden Sie in Automaten, Supermärkten und Drogerien. Der Freund oder die Freundin heißt **il mio ragazzo/la mia ragazza** *[mio ragattßo/la mia ragattßa]*, **amico/amica** *[amiko/amika]* bezeichnet die platonische Freundschaft.

Ich habe einen Freund/Freundin.
Ho il ragazzo/la ragazza.
[o il ragattßo/la ragattßßa]
Ich habe den Freund/die Freundin.

Du siehst schön/aufregend aus.
Come sei bello/a!
[kome ßäi bello/a]
Wie du bist schön.

Mi piaci.
[mi pjatschi]
Mir du gefällst.
Du gefällst mir.

Ich möchte dir gerne näher sein.
Vorrei esserti più vicino/a.
[worräi eßßerti pju witschino/a]
Ich würde wollen sein dir mehr nah.

Gehen wir zu dir/zu mir?
Andiamo da te/da me?
[andjamo da te/da me]

Andiamo a fare una passeggiata/al bar.
[andjamo a fare una passeddschata/al bar]
Wir gehen spazieren/in die Bar.

Aids
Antibabypille
Augen
betrügen
Brüste
Diaphragma
eifersüchtig
Geschlechtskrankheit

Haare
Hand
Haut
Lippen
kuscheln

lieb
Liebe auf den ersten Blick

Menstruation

nah sein

Penis
schlafen (miteinander)
Schluss machen
schwanger werden

Sex
Sperma
streicheln
treu
untreu
Verhütungsmittel

Vulva
zärtlich

l'aids *[a i di ässe]*
la pillola *[pillola]*
gli occhi *[okki]*
tradire *[tradire]*
i seni *[ßeni]*
il diafragma *[diafragma]*
geloso/a *[dscheloso/a]*
la malattia venerea
[malattia wenerea]
i capelli *[kapelli]*
la mano *[mano]*
la pelle *[pelle]*
le labbra *[labbra]*
stringersi a
[ßtrindscherßsi a]
caro/a *[karo/a]*
l'amore a prima vista
[amore a prima wißta]
la mestruazione
[meßtruatßjone]
sentirsi vicino/a
[ßentirßi witschino/a]
il pene *[pene]*
fare l'amore *[fare lamore]*
farla finita *[farla finita]*
rimanere incinta
[rimanere intschinta]
il sesso *[ßeßßo]*
lo sperma *[ßperma]*
carezzare *[karettßare]*
fedele *[fedele]*
infedele *[infedele]*
il contraccettivo
[kontrattschettiwo]
la vulva *[wulwa]*
affettuoso/a *[affettuoso/a]*

Ti posso baciare?
[ti posso batschare]
Dich kann ich küssen?
Darf ich dich küssen?

Ich bin schwul/lesbisch
Sono omosessuale/lesbia.
[ßono omoseßßuale/läsbia]
Ich bin homosexuell/lesbisch.

Du riechst gut.
Che buon odore!
[ke buon odore]
Was guter Geruch!

Ich habe meine Monatsblutung.
Ho le mie cose.
[o le mie kose]
Ich habe meine Sachen.

Ich bin schwanger.
Sono incinta.
[ßono intschinta]

Hast du ein Kondom?
Hai un preservativo?
[ai un preßerwatiwo]

Nimmst du die Pille?
Prendi la pillola?
[prendi la pillola]

Ti voglio bene/amo.
[ti woljo bene/amo]
Dich ich mag/liebe.
Ich mag/liebe dich.

DU & ICH

■ Abschied & Abwehr
Addio & difesa *[addio e difesa]*

Unangenehme Anmacher sollten schroff, nicht höflich zurückgewiesen werden, eine Schimpfkanonade mit entsprechender Gestik und Mimik wird überall verstanden. Die Polizeinotrufnummer ist in Italien 112.

A domani.
[a domani]
Bis morgen.

A più tardi.
[a pju tardi]
Bis später!

**Ich warte auf jemanden/
meinen Freund/meine Freundin.**
Sto aspettando qualcuno/il mio ragazzo/
la mia ragazza.
*[ßto aßpettando kualkuno/il mio ragattßo/
la mia ragattßa]*

Ti telefono.
[ti telefono]
Dich ich rufe an.
Ich rufe dich an.

Ich möchte allein sein.
Voglio stare da solo/a.
[woljo ßtare da ßolo/a]
Ich will sein allein.

Torno.
[torno]
Ich komme wieder.

Brieffreundschaft

einsam
Gute Reise!

Kontakt
Kuss
Schreib mal!
Armer Wicht

Arschloch

Belästigung
beschissen
Blödmann
Du kotzt mich an!

Drecksau/Schwein
Gans (dumme)
Grobian (wörtl. Bär)
Halt den Schnabel.

hässlich
Hau ab!
Helfen Sie mir!
Hilfe
Hure
Idiot
Kerl
langweilig
Mir langt es.

nerven
primitiv anmachen
Scheiße
Spinner/in
Vollidiot

l'amicizia epistolare, f
[amitschitßja epißtolare]

solo/a *[ßolo/a]*

buon viaggio
[buon wjaddScho]

il contatto *[kontatto]*

il bacio *[batscho]*

scrivimi *[ßkriwimi]*

povero cretino
[powero kretino]

la faccia da culo
[fattscha da kulo]

il disturbo *[dißturbo]*

schifoso *[ßkifoso]*

il cretino *[kretino]*

Mi fai venire il vomito!
[mi fai venire il womito]

il porco *[porko]*

l'oca *[oka]*

l'orso, m *[orßo]*

chiudi il becco
[kjudi il bekko]

brutto/a *[brutto/a]*

vattene *[wattene]*

Mi aiuti! *[mi ajuti]*

l'aiuto, m *[ajuto]*

la puttana *[puttana]*

deficiente *[defitschente]*

il tipo *[tipo]*

noioso/a *[nojoso/a]*

Ne ho abbastanza.
[ne o abbaßtantßa]

dare fastidio *[dare faßtidjo]*

abbordare *[abbordare]*

la merda *[merda]*

pazzo/a *[pattßo/a]*

l'imbecille *[imbetschille]*

Lassen Sie mich in Ruhe.
Mi lasci in pace.
[mi laschi in patsche]
Mich lassen Sie in Ruhe.

Verpiss dich.
Vattene via.
[wattene wia]
Geh weg.

Ich habe keine Zeit für dich.
Non ho tempo per te.
[nonn o temmpo per te]
Nicht ich habe Zeit für dich.

Du gefällst mir nicht.
Non mi piaci.
[nonn mi pjatschi]
Nicht mir gefällst.

Jetzt reicht's aber.
Adesso basta.
[adeßßo baßta]

Mi lasci in pace!
[mi laschi in patsche]
Mich lassen Sie in Frieden!
Lassen Sie mich in Ruhe!

Hilfe! Dieser Mann belästigt mich!
Aiuto! Quest'uomo mi molesta!
[ajuto! kueßtuomo mi moläßta]
Hilfe! Dieser Mann mich belästigt!

→ siehe auch unter: Not & Hilfe, Diebstahl & Überfall

DU & ICH

■ Sehenswürdigkeiten & Museen

Le bellezze & i musei
[le belletʃʃe e i musei]

Die Museen sind meist nur vormittags geöffnet und sonntags ganz geschlossen. Eine Ausnahme bilden die großen Wanderausstellungen, dafür muss dort jedoch mit langen Wartezeiten gerechnet werden.

Wo befindet sich ...?
Dove si trova ...?
[dowe ßi trowa]

Ich möchte mir gerne ... ansehen.
Vorrei vedere ...
[worräi wedere]
Ich würde wollen sehen ...

Wo ist der Eingang/der Ausgang?
Dov'è l'entrata/l'uscita?
[dowä lentrata/luschita]
[dowe ßi trowa]

Was kostet der Eintritt/die Führung?
Quanto costa l'entrata/la guida?
[kuanto koßta lentrata/la guida]

Ingresso libero/vietato.
[ingrässo libero/wjetato]
Eintritt frei/verboten.

Gibt es Ermäßigung für Kinder/Senioren?
C'è una riduzione per bambini/anziani?
[tschä una ridutßjone per bambini/antßjani]
Gibt es eine Ermäßigung für Kinder/Senioren?

il centro storico	**Wann wird geöffnet/geschlossen?**
[tschenntro ßtoriko]	A che ora aprono/chiudono?
gli scavi _[ßkawi]_	_[a ke ora aprono/kjudono]_
la mostra _[moßtra]_	Zu welcher Stunden öffnen/schließen Sie?
la visita _[wisita]_	
il castello _[kaßtello]_	**Ich möchte eine Eintrittskarte.**
il monumento	Vorrei un biglietto.
[monumennto]	_[worräi un biljetto]_
la guida _[guida]_	Ich würde wollen ein Ticket.
la galleria _[galleria]_	
il giardino _[dSchardino]_	**Haben Sie einen Katalog/einen Führer?**
l'edificio, m _[edifitscho]_	Ha un catalogo/una guida?
la volta _[wolta]_	_[a un katalogo/una guida]_
la caverna _[kawerna]_	
il secolo _[ßekolo]_	**Gibt es eine deutschsprachige Führung?**
le catacombe _[katakombe]_	La guida parla anche tedesco?
il paesaggio _[paesaddScho]_	_[la guida parla anke tedeßko]_
il mercato _[merkato]_	Die Führung spricht auch deutsch?
il museo _[museo]_	
la zona protetta	**Was kostet die Rundfahrt?**
[dsona protetta]	Quanto costa il giro?
il palazzo _[palattßo]_	_[kuanto koßta il dSchiro]_
il parco _[parko]_	Wie viel kostet die Rundfahrt?
il municipio _[munitschipjo]_	
la guida _[guida]_	**Was für ein Gebäude ist das?**
la rovina _[rowina]_	Che edificio è questo?
il giro _[dSchiro]_	_[ke edifitscho ä kueßto]_
il castello _[kaßtello]_	
lo stadio _[ßtadjo]_	**Wann wurde es gebaut?**
la statua _[ßtatua]_	Quando è stato costruito?
lo stile _[ßtile]_	_[kuando ä ßtato koßtruito]_
il tempio _[tempjo]_	Wann ist gewesen gebaut?
l'ufficio informazioni	
[uffitscho informatßjoni]	Vietato/permesso fotografare.
la periferia _[periferia]_	_[wjetato/permesso fotografare]_
	Verboten/erlaubt fotografieren.
	Fotografieren verboten/erlaubt.

■ Handwerk & Kunst
Artigianato & arte
[artidSchanato e arte]

Der Studentenausweis verhilft nicht zu reduzierten Eintrittspreisen in Museen. Bei geschichtlichen Zeitangaben wird in Italien »das 20. Jahrhundert«, **Novecento** *[nowetschento]*, also 1900, genannt.

Wo kann ich ... kaufen/besichtigen?
Dove posso comprare/visitare ...?
[dowe poßßo kommprare/wisitare]

Von wem stammt dieses ...?
Di chi è ...?
[di ki ä]
Von wem ist ...?

Von welcher Epoche ist ...?
A che epoca risale ...?
[a ke epoka rißale]
Auf welche Epoche geht ... zurück?

Wer hat das gemalt/errichtet?
Chi l'ha dipinto/costruito?
[ki la dipinnto/koßtruito]

Können Sie mir ein Zertifikat dafür zeigen?
Mi può far vedere l'attestato?
[mi puo far wedere latteßtato]
Mir können Sie machen sehen das Zertifikat?

Gibt es dafür eine Ausfuhrgenehmigung?
C'è il permesso di esportazione?
[tschä il permeßßo di eßportatßjone]

Bergkristall
Bronze
Diamant
Edelstein
Eisen
Glas
Gold
Keramik
Kristall
Kunststoff
Kupfer
Messing
Platin
Porzellan
Silber
Stein
Türkis
Amulett
Anhänger
Antiquitäten
Architekt/-ur
Armband
Bildhauer/-ei
echt, falsch
Fälschung
Gemälde
Kette
Korbwaren
Künstler
Maler/-ei

il cristallo di rocca
[krißtallo di rokka]

il bronzo *[brondso]*

il diamante *[djamante]*

la pietra preziosa
[pjetra pretßjosa]

il ferro *[ferro]*

il vetro *[wetro]*

l'oro, m *[oro]*

la ceramica *[tscheramika]*

il cristallo *[krißtallo]*

il materiale sintetico
[materjale ßintetiko]

il rame *[rame]*

l'ottone, m *[ottone]*

il platino *[platino]*

la porcellana
[portschellana]

l'argento, m *[ardschento]*

la pietra *[pjetra]*

il turchese *[turkese]*

l'amuleto, m *[amuleto]*

il ciondolo *[tschondolo]*

le antichità *[antikita]*

l'architetto/architettura, f
[arkitetto/arkitettura]

il braccialetto
[brattschaletto]

lo scultore *[ßkultore]*

vero, falso *[wero, falßo]*

il falso *[falßo]*

il dipinto *[dipinnto]*

la collana *[kollana]*

gli oggetti di vimini
[oddschetti di wimini]

l'artista *[artißta]*

il pittore/la pittura
[pittore/pittura]

Muss man dafür Zoll bezahlen?
Si deve pagare dogana per questo?
[ßi dewe pagare dogana per kueßto]
Man muss zahlen Zoll dafür?

Aus welchem Material ist das?
Di che materiale è?
[di ke materjale ä]

È di …
[ä di]
Es ist aus …
Das besteht aus …

Das ist keine Handarbeit.
Non è fatto a mano.
[nonn ä fatto a mano]
Nicht ist handgemacht.

Ist das antik/echt?
È antico/autentico?
[ä antiko/autenntiko]

Non è un originale.
[nonn ä un oridschinale]
Nicht ist ein Original.
Das ist kein Original.

Möbel	i mobili *[mobili]*
Ring	l'anello, m *[anello]*
Schmuck	i gioielli *[dschojelli]*
Skulptur	la scultura *[ßkultura]*
Töpferei	la bottega di ceramiche *[bottega di tscheramike]*

■ Religion & Kirche

Religione & Chiesa
[relidʃone e kjesa]

Besonders in Süditalien spielt die Religion weit in den Bereich des Wunder- und Aberglaubens hinein. Generell gilt die 17 statt der 13 als Unglückszahl. Dem Rosenmontag kommt der »fette Dienstag«, **martedì grasso,** gleich.

■ FEIERTAGE

1.1. Neujahr	**Capodanno**	
	[kapodanno]	
6.1. Hl. Drei Könige	**Epifania** *[epifania]*	
25.4. Tag der Befreiung vom Faschismus	**Anniversario della Liberazione** *[anniwerßarjo della liberatßjone]*	
1.5. Tag der Arbeit	**Festa del Lavoro** *[fäßta del laworo]*	
15.8. Mariä Himmelfahrt	**Assunzione** *[aßßuntßjone]*	
1.11. Allerheiligen	**Ognissanti** *[onjißßanti]*	
8.12. Maria Empfängnis	**Immacolata concezione** *[immakolata kontsʃhetßjone]*	
25.12. Weihnachten	**Natale** *[natale]*	
26.12. 2. Weihnachtstag	**Santo Stefano** *[ßanto ßtefano]*	
Ostersonntag	**Pasqua** *[paßkua]*	
Ostermontag	**Pasquetta** *[paßkuetta]*	
Pfingstmontag	**lunedì di Pentecoste** *[lunedi di pentekoßte]*	

Atheist
Buddhist
Christ
evangelisch
Glaube
Gott
Jude
katholisch
Moslem

Altar
Beichte

Chor
Friedhof
Gebet
Gebetbuch

Glocke
Grab
Heilige Messe
Kapelle
Kerze
Kirchenschiff
Kloster
Kommunion

Krypta
Moschee
Priester
Prozession

Rabbiner
Säule
Synagoge
Taufe

ateo/a *[ateo/a]*
buddista *[buddißta]*
cristiano/a *[krißtjano]*
protestante *[protestante]*
la fede *[fede]*
Dio *[dio]*
ebreo/a *[ebreo/a]*
cattolico/a *[kattoliko/a]*
musulmano/a
[musulmano/a]
l'altare, m *[altare]*
la confessione
[konfeßßjone]
il coro *[koro]*
il cimitero *[tschimitero]*
la preghiera *[pregjera]*
il libro delle preghiere
[libro delle pregjere]
la campana *[kampana]*
la tomba *[tomba]*
la messa *[meßßa]*
la cappella *[kappella]*
la candela *[kandela]*
la navata *[navata]*
il convento *[konwento]*
la comunione
[komunjone]
la cripta *[kripta]*
la moschea *[moßkea]*
il prete *[prete]*
la processione
[protscheßßjone]
il rabbino *[rabbino]*
la colonna *[kolonna]*
la sinagoga *[ßinagoga]*
il battesimo *[battesimo]*

Wo ist die nächste ...?
Dov'è il ... più vicino?
[dowä il ... pju witschino]
Wo ist der ... am nächsten?

Wann findet (der Gottesdienst) statt?
A che ora c'è (la messa)?
[a ke ora tschä (la meßßa)]
Zu welcher Stunde gibt es (den Gottesdienst)?

Ist heute ein Feiertag?
È giorno festivo oggi?
[ä dschorno feßtiwo oddschi]
Ist Feiertag heute?

Wann ist der nächste Feiertag?
Il prossimo giorno festivo quand'è?
[il proßßimo dschorno feßtiwo kuandä]
Der nächste Feiertag wann ist?

Ich bin ...
Sono ...
[ßono]

Ich gehöre keiner Kirche an.
Non appartengo a nessuna religione.
[nonn appartengo a neßßuna relidschone]
Nicht ich gehöre keiner Religion.

Darf ich hier eintreten?
Posso entrare?
[poßßo entrare]
Kann ich eintreten?

■ Kino & Theater
Cinema & teatro *[tʃinema e teatro]*

Gehobenes Theater erfordert ein Abendkleid, **il vestito da sera** *[il weßtito da ßera]*, bzw. einen Anzug, **il vestito** *[il weßtito]*. In alten römischen und griechischen Amphitheatern finden im Sommer Theateraufführungen und Konzerte statt, z.B. in Verona. Ein Theaterbesuch kann teuer werden. Selbst Karten zum Studententarif kosten um einiges mehr als bei uns und müssen schon lange vorher bestellt werden. Traditionelle Feste und andere Kulturprogramme im Freien kosten nichts. Im Kino ist der Einlass durchgehend, nach der Hälfte gibt es eine Pause. Wer will, kann sich den Film mehrmals anschauen. Originalversionen sind gekennzeichnet, **versione originale** *[werßjone oridʃinale]*.

Was läuft heute/morgen im Theater/Kino?
Cosa danno oggi/domani al teatro/cinema?
[kosa danno oddʃi/domani al tʃinema]
Was geben sie heute/morgen im Theater/Kino?

Geben Sie mir bitte ein Programm.
Mi dia un programma, per favore.
[mi dia un programma, per fawore]
Mir geben Sie ein Programm, bitte.

Wann beginnt die Vorstellung?
A che ora comincia la rappresentazione?
[a ke ora kominntʃa la rappresentatßjone]
Zu welcher Stunde beginnt die Vorstellung?

Fanno entrare alle ...
[fanno entrare alle]
Sie lassen reinkommen ...
Einlass ist um ... Uhr.

Aufführung/Vorstellung

Action-Film

Beifall
Bühne
Dirigent

Eintrittskarte
Foyer
Hauptrolle

Kasse
Konzert
Krimi
Loge
Oper
Opernglas

Orchester
Pause
Platz
Premiere
Programm

Rang
Regisseur
Reihe
Rolle
Schauspieler
Solo
Sperrsitz

Spielleitung
Zuschauer

Zuschauerraum

la rappresentazione
[rappresentatßjone]

il film d'azione
[film datßjone]

l'applauso, m *[applauso]*

la scena *[schena]*

il direttore d'orchestra
[direttore dorkeßtra]

il biglietto *[biljetto]*

il ridotto *[ridotto]*

la parte principale
[parte printschipale]

la cassa *[kaßßa]*

il concerto *[kontscherto]*

il giallo *[dschallo]*

il palco *[palko]*

l'opera, f *[opera]*

il binoccolo da teatro
[binokkolo da teatro]

l'orchestra, f *[orkeßtra]*

l'intervallo, m *[interwallo]*

il posto *[poßto]*

la prima *[prima]*

il programma
[programma]

la galleria *[galleria]*

il regista *[redschißta]*

la fila *[fila]*

la parte *[parte]*

l'attore, m *[attore]*

l'assolo, m *[aßßolo]*

il posto distinto
[poßto dißtinto]

la regia *[redschia]*

gli spettatori
[ßpettatori]

l'auditorio, m
[auditorjo]

Wie lange dauert die Vorstellung?
Quanto dura la rappresentazione?
[kuanto dura la rappresentatßjone]

Dove vuole star seduto/a?
[dowe wuole ßtare ßeduto/a]
Wo Sie wollen sitzen?
Wo möchten Sie sitzen?

Ich möchte zwei Karten vorne/in der Mitte.
Vorrei due biglietti davanti/al centro.
[worräi due biljetti dawannti/al tschenntro]
Ich würde wollen zwei Karten vorne/
in der Mitte.

Sono gli ultimi biglietti.
[ßono lji ultimi biljetti]
Das sind die letzten Karten.

Tutto esaurito.
[tutto esaurito]
Alles ausverkauft.
Die Vorstellung ist ausverkauft.

Was kosten die Karten?
Quanto costano i biglietti?
[kuanto koßtano i biljetti]

Gibt es eine Ermäßigung für …?
C'è una riduzione per …?
[tschä una ridutßjone per]

Il guardaroba/bagno è lì.
[il guardaroba/bannjo ä li]
Die Garderobe/Toilette ist dort.

→ siehe auch unter: Einladen & besuchen

■ Strand & Meer
Spiaggia & mare *[ßpjaddScha e mare]*

Strände für die Allgemeinheit, **spiagge pubbliche** *[ßpjaddSche pubblike]*, sind oft überfüllt und nicht immer sauber. Nur gebührenpflichtige private Strandabschnitte verfügen über Erste-Hilfe-Einrichtungen. Rote Fahnen weisen auf Badeverbot hin. Oben ohne ist an Stränden weniger verbreitet, für Fkk, **nudisti** *[nudißti]*, sind jedoch besondere Strände ausgewiesen, **spiaggia per nudisti** *[ßpjaddScha per nudißti]*. Hinweis für Surfer: An überfüllten Stränden gibt es meist einen abgetrennten, mit Bojen markierten Platz für den Aufstieg aufs Surfbrett. Zum Ausleihen wird kein besonderer Schein benötigt; die Kontrollen bezüglich der Segeltüchtigkeit sind dagegen sehr genau. Wertsachen sollten nicht aus den Augen gelassen oder am besten erst gar nicht zum Strand mitgenommen werden. Im Notfall bitten Sie eine nette Familie oder eine ältere Dame, Ihre Sachen zu bewachen.

Wo ist der Strand?
Dov'è la spiaggia?
[dowä la ßpjaddScha]

Spiaggia privata
[ßpjaddScha priwata]
Strand privat
Privatstrand

Können Sie bitte auf meine Sachen aufpassen?
Può fare attenzione alla mia roba, p.f.?
[puo fare attentßjone alla mia roba, per fawore]
Können Sie aufpassen auf meine Sachen?

Angeln, -rute

Badekleidung
Bademeister
Boot
Bucht
Düne
Flossen
Frei-, Hallenbad

Handtuch

Kanu
Liegestuhl
Meerwasser

Rettungsschwimmer

Rigg

Sand
Sauerstoffflaschen

Schnorchel
Schwimmweste

Segel
Sonnenschirm
Sprungturm
Stein, steinig

Sturm
Surfboard

Taucherbrille
Wellen

la pesca, la canna
[peßka, kanna]

il costume *[koßtume]*

il bagnino *[banjino]*

la barca *[barka]*

la baia *[baja]*

la duna *[duna]*

le pinne *[pinne]*

la piscina, ... coperta
[pischina, ... koperta]

l'asciugamano
[aschugamano]

la canoa *[kanoa]*

la sdraio *[sdrajo]*

l'acqua di mare
[akkua di mare]

i nuotatori di salvataggio
*[nuotatori di
ßalwataddScho]*

l'attrezzatura, f
[attrettßatura]

la sabbia *[ßabbja]*

le bombole d'ossigeno
[bombole doßßidScheno]

il respiratore *[reßpiratore]*

il giubbetto di salvataggio
*[dSchubbetto di
ßalwataddScho]*

la vela *[wela]*

l'ombrellone *[ombrellone]*

il trampolino *[trampolino]*

la roccia, roccioso/a
[rottscha, rottschoso/a]

la tempesta *[tempeßta]*

la tavola da surf
[tawola da särf]

la maschera *[maßkera]*

le onde *[onde]*

Ist es gefährlich, hier zu baden/zu tauchen?
È pericoloso fare il bagno/immersione?
[ä perikoloso fare il bannjo/immerßjone]
Ist es gefährlich baden/tauchen?

Gibt es hier Strömungen?
Ci sono delle correnti qui?
[tschi ßono delle korrenti kui]
Sind Strömungen hier?

Wann ist Flut/Ebbe?
Quando c'è alta marea/bassa marea?
[kuando tschä alta/baßßa marea]

Vietato bagnarsi. Per soli nuotatori.
[wjetato banjarsi. per ßoli nuotatori]
Verboten baden. Für nur Schwimmer.
Baden verboten. Nur für Schwimmer.

Wo kann ich ... mieten?
Dove posso noleggiare ...?
[dowe poßßo noleddSchare]

Wo gibt es hier etwas zu essen/zu trinken?
Dove si può mangiare/bere qualcosa?
[dowe ßi puo mandSchare/bere kualkosa]
Wo man kann essen/trinken etwas?

Wie sind die Windverhältnisse zur Zeit?
Com'è il vento in questo periodo?
[komä il wento in kueßto periodo]
Wie ist der Wind zur Zeit?

Il vento soffia con forza ...
[il wento ßoffa konn fortßa]
Der Wind weht mit Windstärke ...

→ *siehe auch unter: Wetter & Klima*

■ Sport & Spiel

Sport & gioco *[ßport e dSchoko]*

Ich möchte gerne mitmachen.
Vorrei giocare anch'io.
[worräi dSchokare ankio]
Ich würde wollen spielen auch ich.

Wer ist dran?
A chi tocca?
[a ki tokka]

Würden Sie mir bitte die Regeln erklären?
Mi potrebbe spiegare le regole?
[mi potrebbe ßpjegare le regole]
Mir würden Sie können erklären die Regeln?

Wie hoch ist der Einsatz?
Quant'è la puntata?
[kuantä la puntata]
Wie viel ist der Einsatz?

Das ist unfair!
Non è giusto!
[nonn è dSchußto]
Nicht es ist richtig!

Ècontro le regole!
[ä kontro le regole]
Das ist gegen die Regeln!

Wie steht das Spiel?
A quanto stanno?
[a kuanto ßtanno]
Zu wie viel stehen sie?

Badminton
Ball
Billard
Brettspiel

Dame
Fußball
Geld
Gewinn
Handball

Kondition
Mühle
Paddel
(Erster) Preis

Puppe
rudern
Schach
Schläger
Schleuse
schwimmen
segeln

Sieger
Spielkarten
Spielmarken
Squash
Stadion
surfen

tauchen
Tennis
Tischtennis
Training

¶Trillerpfeife
unentschieden

il badminton *[badminton]*
la palla *[palla]*
il bigliardo *[biljardo]*
il gioco da tavola
[dschoko da tawola]
la dama *[dama]*
il calcio *[kaltscho]*
il denaro *[denaro]*
la vincita *[wintschita]*
la palla a mano
[palla a mano]
la forma *[forma]*
il mulinello *[mulinello]*
la pagaia *[pagaja]*
il (primo) premio
[(primo) premjo]
la bambola *[bambola]*
remare *[remare]*
gli scacchi *[schkakki]*
la racchetta *[rakketta]*
la chiusa *[kjusa]*
nuotare *[nuotare]*
andare in barca a vela
[andare in barka a wela]
il vincitore *[wintschitore]*
le carte *[karte]*
i gettoni *[dschettoni]*
lo squash *[sskuosch]*
lo stadio *[sstadjo]*
andare in surf
[andare in särf]
immergere *[immerdschere]*
il tennis *[tennis]*
il ping pong *[ping pong]*
l'allenamento, m
[allenamennto]
il fischietto *[fisskjetto]*
indeciso/a *[indetschiso/a]*

Wer hat gewonnen/verloren?
Chi ha vinto/perso?
[ki a winto/persso]

Wie viel kostet es pro Stunde?
Quanto costa all'ora?
[kuanto kossta allora]

Ich würde gern einen Tennisplatz um … Uhr reservieren.
Vorrei prenotare un campo da tennis alle …
[worräi prenotare un kampo da tennis alle]
Ich würde wollen vorbestellen einen Tennisplatz um …

Wer hat das Tor geschossen?
Chi ha segnato il gol?
[ki a ßenjato il gol]
Wer hat markiert das Tor?

Welche Sportveranstaltungen gibt es hier?
Quali manifestazioni sportive ci sono qui?
[kuali manifeßtaißjoni ßportiwe tschi ßono kui]

Verlierer	il perdente *[perdennte]*	
Verlust	la perdita *[perdita]*	
Volleyball	la palla volo	
	[palla wolo]	
Wettkampf	la gara *[gara]*	
Würfel	i dadi *[dadi]*	
Zug	il tiro *[tiro]*	

KULTUR & SPORT

■ Berge & wandern

Montagne & camminare
[montanje e kamminare]

Für alle Bergsportarten bieten die Seealpen südlich von Turin eine Alternative zu den vielerorts überlaufenen Alpenregionen. An den südlich auslaufenden Dolomiten und an den Gebieten rund um den Gardasee lässt es sich auch im Winter bei angenehmen Temperaturen wandern und klettern.

Ich suche den Einstieg in diese Route ...
Cerco la salita in questo percorso ...
[tscherko la ßalita in kueßto perkorßo]

Wie weit ist es zur nächsten Unterkunft?
Quant'è lontano il prossimo rifugio?
[kuantä lontano il proßßimo rifudscho]

Gibt es geführte Touren?
Ci sono escursioni guidate?
[tschi ßono eßkurßjoni guidate]
Gibt es Touren geführt?

Sind wir auf dem richtigen Weg nach ...?
Siamo sulla strada giusta per ...?
[ßjamo ßulla ßtrada dschußta per]
Sind wir auf Weg richtig für ...?

È troppo pericoloso.
[ä troppo perikoloso]
Es ist zu gefährlich.

Dürfen wir uns Ihnen anschließen?
Possiamo venire con Lei?
[poßßjamo wenire konn läi]
Können wir kommen mit Ihnen?

Auf-, Abstieg
Bergführer
Felsklettern
Feuergefahr
Geröll
Gletscher
Gletscherspalten
Haken
Höhenmeter
(bewirtschaftete) Hütte
Karabiner
Klettergurt

Kletterhaken

Klettersteig
Kompass
Lawine
Piste
Schwierigkeitsgrad

Seil
Seilbahn
Sicherung
Ski(stiefel)

Skilift
Steigeisen
Wanderkarte

Wanderweg

l'ascesa (f), la discesa
[aʃeßa, diʃheßa]

la guida alpina
[guida alpina]

l'alpinismo su roccia, m
[alpiniẞmo ẞu rottscha]

il pericolo d'incendio
[perikolo dintschendjo]

i detriti *[detriti]*

il ghiacciaio *[gjattschajo]*

il crepaccio *[krepattscho]*

il gancio *[gantscho]*

i metri d'altitudine
[metri daltitudine]

il rifugio *[rifudscho]*

la carabina *[karabina]*

la cintura di salvataggio
*[tschintura di
ßalwataddscho]*

il chiodo da roccia
[kjodo da rottscha]

la via ferrata *[wia ferrata]*

la bussola *[bußßola]*

la valanga *[walanga]*

la pista *[pißta]*

grado di difficoltà
[grado di diffikolta]

la corda *[korda]*

la funivia *[funiwia]*

la sicura *[ßikura]*

(gli scarponi da) sci
[(lji ßkarponi da) schi]

la sciovia *[schiowia]*

il rampone *[rampone]*

la carta stradale
[karta ßtradale]

il sentiero per escursioni
[ßentjero per eßkurßjoni]

Ich habe mich verirrt.
Mi sono perso/a.
[mi ßono perßo/a]
Mich ich bin verloren.

Ich benötige dringend ...
Ho urgentemente bisogno di ...
[o urdSchentemennte bisonjo di]
Ich habe dringend nötig ...

Wo finde ich ein Geschäft für Bergsteiger-ausrüstung?
Dove trovo un negozio che ha
equipaggiamento alpinistico?
*[dowe trowo un negotßjo ke a
ekuipaddSchamennto alpinißtiko]*
Wo finde ich ein Geschäft das hat
Bergsteigerausrüstung?

Ist es gefährlich?
È pericoloso?
[ä perikoloso]

Ich habe Angst!
Ho paura!
[o paura]

Ich kann nicht ...
Non posso ...
[nonn poßßo]
Nicht ich kann ...

Dura ... ore/giorni.
[dura ... ore/dSchorni]
Das dauert ... Stunden/Tage.

→ *siehe auch unter: Orientierung, Campingplatz,*
Schuhe & Strümpfe

KULTUR & SPORT

115

■ Wetter & Klima

Tempo & clima

[temmpo e klima]

In den Bergen sind Temperaturstürze und übermäßig starke Regenfälle auch im Hochsommer möglich. Kälte, Nässe, überschwemmte Wege können lebensbedrohlich sein. Denken Sie an Rettungsdecke, Taschenlampe, Trillerpfeife. Als alpines Notsignal gelten sechs Zeichen innerhalb einer Minute, gefolgt von einer Minute Pause, dann wieder sechs Zeichen. Gute Schuhe, Wind-, Regen- und Sonnenschutz, genügend Wasser sowie eine kleine Nahrungsreserve schützen vor unnötig schmerzlichen Erfahrungen. Den Wetterbericht, **il bollettino meteorologico** *[il bollettino meteorolodŠhiko]*, erfahren Sie aus der Zeitung oder durch Anruf beim örtlichen Wetterdienst, **il servizio meteorologico** *[il ßerwitßjo meteorolodŠhiko]*.

Wie wird das Wetter morgen/übermorgen?

Che tempo farà domani/dopodomani?

[ke temmpo fara domani/dopodomani]

Was Wetter wird machen morgen/übermorgen?

Farà ...

[fara]

Es wird machen ...

Wir bekommen ...

**Kann man gefahrlos in die Berge/
aufs Wasser?**

È pericoloso andare in montagna/acqua?

[ä perikoloso andare in montanja/akkua]

Ist es gefährlich zu gehen in die Berge/
ins Wasser?

abnehmend
Blitz
dicht
Donner
Eis
fallend
feucht
Gewitter
Hagel
Hitze
Hochdruck
Kälte
Luftdruck
Nebel
Regen
Schnee(fall)
schwül
Sicht
Sonne
Smog
steigend
Sturm
Tauwetter
Temperatur
Tiefdruck
trocken
Überschwemmungen
Wind
Wolken
zunehmend

calante *[kalante]*
il fulmine *[fulmine]*
compatto/a
[kompatto/a]
il tuono *[tuono]*
il gelo *[dʒelo]*
cadente *[kadennte]*
umido/a *[umido/a]*
il temporale *[temmporale]*
la grandine *[grandine]*
il calore *[kalore]*
l'alta pressione
[alta preßßjone]
il freddo *[freddo]*
la pressione atmosferica
[preßßjone atmosferika]
la nebbia *[nebbja]*
la pioggia *[pjoddʒa]*
(la caduta di) neve
[(la kaduta di) newe]
afoso/a *[afoso/a]*
la vista *[wißta]*
il sole *[ßole]*
lo smog *[ßmog]*
crescente *[kreshente]*
la tempesta *[tempeßta]*
il tempo di disgelo
[temmpo di disdʒelo]
la temperatura
[temperatura]
la bassa pressione
[baßßa preßßjone]
secco/a *[ßekko/a]*
le inondazioni
[inondatßjoni]
il vento *[wento]*
le nuvole *[nuwole]*
in aumento *[in aumennto]*

Le strade sono ghiacciate.
[le ßtrade ßono gjattshate]
Die Straßen sind (eis-)glatt.

**Welche Zeitung hat den besten
Wetterbericht?**
In quale giornale si trovano le migliori
previsioni del tempo?
*[in kuale dʒhornale ßi trowano le miljori
prewisjoni del temmpo]*
In welcher Zeitung man findet die besten
Wettervorhersagen?

Wie viel Grad haben wir?
Quanti gradi abbiamo?
[kuanti gradi abbjamo]

Was für eine Hitze/Kälte ist das!
Che caldo/freddo che fa oggi!
[ke kaldo/freddo ke fa oddʒhi]
Wie heiß/kalt dass es macht heute!

Ist der Pass/die Straße frei?
È libero il passo/la strada?
[ä libero il paßßo/la ßtrada]
Ist frei der Pass/die Straße?

Ist der Fluss passierbar?
Si può attraversare il fiume?
[ßi puo attrawerßare il fiume]
Man kann überqueren den Fluss?

117

■ Tiere & Zoo
Animali & zoo *[animali e dsoo]*

Hunde dürfen nicht frei herumlaufen. In Supermärkten und Kaufhäusern sind sie nicht zugelassen. Sie sind an der Leine zu führen und
müssen einen Maulkorb tragen. In öffentlichen
Verkehrsmitteln müssen sie auf den Schoß ge-
nommen werden.

Dieser Hund ist sauber.
Questo cane non sporca in casa.
[kueßto kane nonn ßporka in kasa]
Dieser Hund nicht beschmutzt in Wohnung.

Dieser Hund beißt nicht.
Questo cane non morde.
[kueßto kane nonn morde]

Dieser Hund benötigt dringend ...
Questo cane ha urgentemente
bisogno di ...
[kueßto kane a urdSchentemennte bisonjo di]
Dieser Hund hat dringend nötig ...

Welche Rasse ist das?
Di che razza è?
[di ke rattßa ä]
Von welcher Rasse ist er?

È un bastardo/un ...
[ä un baßtardo/un]
Das ist ein Mischling/ ein ...

Wo kann ich ... finden?
Dove posso trovare ...?
[dowe poßßo troware]

---

aggressiv
ausreiten

Dressur

Fell
Fische
Fohlen
Gesundheitszeugnis

Haie
Halsband
Hufeisen

Hund
Hundefutter

Hundeleine
Hundezwinger
Hündin
Impfschein

Katze
Kopf
Kot
Maulkorb
Pferd
Pfote
Quallen
reiten
Sattel
Schlange
Schnauze
Seeigel
Stammbaum

118

agressivo/a *[agreßßiwo/a]*
uscire a cavallo
[ushire a kawallo]
il dressaggio
[dreßßaddScho]
il pelo *[pelo]*
i pesci *[peschi]*
la cavallina *[kawallina]*
il certificato medico
[tschertifikato medico]
gli squali *[ßkuali]*
il collare *[kollare]*
il ferro di cavallo
[ferro di kawallo]
il cane *[kane]*
il cibo per cani
[tschibo per kani]
il guinzaglio *[guintßaljo]*
il canile *[kanile]*
la cagna *[kanja]*
il certificato di
vaccinazione
*[tschertifikato di
vattschinatßjone]*
il gatto *[gatto]*
la testa *[teßta]*
lo sterco *[ßterko]*
la museruola *[museruola]*
il cavallo *[kawallo]*
la zampa *[tßampa]*
le meduse *[meduse]*
cavalcare *[kawalkare]*
la sella *[ßella]*
il serpente *[ßerpente]*
il muso *[muso]*
il riccio *[rittscho]*
l'albero genealogico
[albero dSchenealodSchiko]

Haben Sie ... gesehen?
Ha visto ...?
[a wißto]

Wo ist der Zoo?
Dov'è lo zoo?
[dowä lo dsoo]

Per favore non accarezzare il corvo!
[per fawore nonn akkarettßare il korwo]
Rabe bitte nicht streicheln!

... hat mich gebissen/gestochen.
... mi ha morso/punto.
[... mi a morßo/punto]

Sind Haustiere erlaubt?
Sono ammessi i piccoli animali?
[ßono ammeßßi i pikkoli animali]
Sind erlaubt kleine Tiere?

Staupe	il cimurro *[tschimurro]*
Tierarzt	il veterinario *[weterinarjo]*
Tierklinik	l'ospedale per gli animali *[oßpedale per lji animali]*
Tollwut	la rabbia *[rabbja]*
Vogel	l'uccello, m *[utschello]*
Welpe	il cucciolo *[kuttscholo]*
zahm	docile *[dotschile]*
Zecken	la zecca *[tßekka]*
Zoo	lo zoo *[dsoo]*
Züchtung	la coltivazione *[koltiwatßjone]*
Zügel	la briglia *[brilja]*

KULTUR & SPORT

119

■ Diebstahl & Überfall
Furto & assalto *[furto e assalto]*

An Bahnhöfen und Stränden, in Touristenzentren, Bussen und Bahnen oder bei Veranstaltungen wird besonders häufig geklaut. Diebstahl sowie verlorene Ausweise oder Autopapiere immer bei der örtlichen Polizeistelle, **questura** *[kueßtura]* melden. Vergleichbar mit unseren Polizisten sind die **Carabinieri** *[karabinjeri]*, die dem Militär unterstellt sind. Nationale Polizeieinheiten der Zivilverwaltung heißen **Polizia** *[politßia]*, beim Stadtverkehr hat man es mit den **Vigili urbani** *[widschili urbani]* zu tun. Einen Überfall oder Diebstahlsversuch vereiteln Sie am ehesten durch Lautstärke: Schreien, Trillerpfeife, Feuer rufen: **Al fuoco!** *[al fuoko]*.

Cosa Le è successo?
[kosa le ä ßuttschesso]
Was ist mit Ihnen geschehen?

Ich habe ... verloren.
Ho perso ...
[o perßo]

Mein ... wurde gestohlen.
Il mio ... è stato rubato.
[il mio ... ä ßtato rubato]

**Ich wurde überfallen/ausgeraubt/
vergewaltigt.**
Sono stato/a assalito/a, derubato/a,
violentato/a.
*[ßono ßtato/a aßßalito/a, derubato/a,
wjolentato/a]*
Ich bin gewesen überfallen/ausgeraubt/
vergewaltigt.

l'aspetto, m *[aßpetto]*

i documenti *[dokumenti]*

le chiavi della macchina
[kjawi della makkina]

l'attestato, m *[atteßtato]*

la descrizione
[deßkritßjone]

l'Ambasciata, f
[ambashata]

lo spacciatore
[ßpattschatore]

il ladro *[ladro]*

i documenti di riserva
[dokumenti di rißerwa]

l'attrezzatura fotografica
[attrettßatura fotografika]

la donna *[donna]*

l'ufficio oggetti smarriti,
m *[uffitscho oddSchetti
ßmarriti]*

i soldi *[ßoldi]*

il fucile *[futschile]*

il bagagliaio *[bagaljajo]*

l'uomo, m *[uomo]*

il coltello *[koltello]*

il luogo *[luogo]*

la polizia *[politßia]*

il furto *[furto]*

la droga *[droga]*

la pistola *[pißtola]*

per iscritto *[per ißkritto]*

la borsa *[borsa]*

l'orologio, m *[orolodScho]*

l'assicurazione, f
[aßßikuratßjone]

il momento *[momennto]*

Man hat mich mit einer Waffe bedroht.
Sono stato/a minacciato/a con una pistola.
[ßono ßtato/a minattschato/a konn una pißtola]
Ich bin gewesen bedroht mit einer Pistole.

In quanti erano?
[in kuanti erano]
In wie vielen waren sie?
Wie viele Täter waren es?

Es waren ... Personen/Männer/Frauen.
Erano ... persone/uomini/donne.
[erano ... perßone/uomini/donne]

Quando/dov'è successo?
[kuando/dowe ä ßutttschesso]
Wann/Wo ist es passiert?

Li può descrivere?
[li puo deßkriwere]
Sie können sie beschreiben?
Können Sie sie beschreiben?

Dieser Mann/diese Frau war es.
È stato quest'uomo/questa donna.
[ä ßtato kueßtuomo/kueßta donna]
Es ist gewesen dieser Mann/diese Frau.

Ich möchte Anzeige erstatten.
Vorrei fare una denuncia.
[worräi fare una denuntscha]

Bitte bestätigen Sie mir die Anzeige.
Per favore mi confermi la denuncia
per iscritto.
*[per fawore mi konfermi la denuntscha
per ißkritto]*
Bitte mir bestätigen Sie die Anzeige schriftlich.

■ Unfall & Panne

Incidente & panna
[intschidennte e panna]

Schilder, Fußgängerüberwege und Ampeln geben Fußgängern nicht die gewohnte Sicherheit. Rechnen Sie damit, dass Autos nicht halten. Bei einem Unfall wird vom Autofahrer meist die grüne Versicherungskarte verlangt, **la carta verde** *[la karta werde]*. Notrufsäulen, **colonnine per chiamate di soccorso** *[kolonnine per kjamate di ßokkorßo]*, gibt es nur an Autobahnen. Im Falle einer Panne wird der ACI *[atschi]* mit seinem Abschleppdienst, **il servizio ricovero officina** *[il ßerwitßjo rikowero offitschina]*, verständigt (116) Notrufnummern sind für Polizei 112, Feuerwehr 115, Notruf SOS 113.

Der Wagen/das Rad/Motorrad fährt nicht mehr.
La macchina/la ruota/moto non va più.
[la makkina/la ruota/moto nonn wa pju]
Der Wagen/das Rad/Motorrad nicht geht mehr.

Ich benötige ... Verständigen Sie bitte ...
Ho bisogno di ... Avvisi per favore ...
[o bisonjo di ... awwisi per fawore:]
Ich habe nötig von ... Verständigen Sie bitte ...

Ein Reifen ist platt.
Una gomma è a terra.
[una gomma ä a terra]
Ein Reifen ist am Boden.

Mit dem Motor stimmt etwas nicht.
Con il motore c'è qualcosa che non va.
[konn il motore tschä kualkosa ke nonn wa]
Mit dem Motor ist etwas das nicht geht.

abschleppen
Abschleppseil
Abschleppwagen
beschädigt
blockiert
durchgebrannt
Erste Hilfe
Fahrerflucht
Fehlzündung
Feuerlöscher
Feuerwehr
geplatzt
klopffest
Krankenwagen
Mechaniker
Notarzt
Polizei
tot
überhitzt
undicht
verletzt
verrostet
Versicherung
Vibrationen
Vorfahrt
Zeuge

rimorchiare *[rimorkjare]*
il cavo da rimorchio
[kawo da rimorkjo]
il carro atrezzi
[karro attrettßi]
danneggiato/a
[danneddshato/a]
bloccato/a *[blokkato/a]*
bruciato/a *[brutshato/a]*
il soccorso *[ßokkorso]*
la fuga del conducente
[fuga del konndutshennte]
l'accensione difettosa
[attshennßjone difettosa]
l'estintore, m *[eßtintore]*
i pompieri *[pompjeri]*
scoppiato/a *[ßkoppjato/a]*
antidetonante
[antidetonante]
l'ambulanza, f
[ambulantßa]
il meccanico *[mekkaniko]*
il medico di turno
[mediko di turno]
la polizia *[politßia]*
morto/a *[morto/a]*
surriscaldato/a
[ßurrißkaldato/a]
permeabile *[permeabile]*
ferito/a *[ferito/a]*
arrugginito/a
[arruddshinito/a]
l'assicurazione, f
[aßßikuratßjone]
le vibrazioni *[wibratßjoni]*
la precedenza
[pretshedenntßa]
il testimone *[teßtimone]*

Können Sie mich mitnehmen/abschleppen?
Mi può dare un passaggio/rimorchiare?
[mi puo dare un paßßaddsho/rimorkjare]
Mich können Sie geben eine Mitfahrt/
abschleppen?

Il meccanico viene fra ... minuti/ore.
[il mekkaniko wjene fra ... minuti/ore]
**Der Mechaniker kommt in ...
Minuten/Stunden.**

Ich hatte einen Unfall.
Ho avuto un incidente.
[o awuto un intshidennte]
Ich habe gehabt einen Unfall.

Es gibt ... (keine) Verletzten.
(Non) Ci sono ... feriti.
[(nonn) tshi ßono ... feriti]
(Nicht) Da sind ... Verletzte.

Nicht bewegen!
State fermi!
[ßtate fermi]
Bleibt stehen!

Mi può fare da testimone?
[mi puo fare da teßtimone]
Mir können Sie machen als Zeuge?
Können Sie mein Zeuge sein?

Mi dia il nome e l'indirizzo, per favore.
[mi dia il nome e lindirittßo, per fawore]
Mir geben Sie den Namen und die Adresse,
bitte.
Bitte geben Sie mir Namen und Adresse.

→ *siehe auch unter: Auf der Straße, Arzt & Krankenhaus*

NOT & HILFE

■ Werkstatt & Ersatzteile

Officina & pezzi di ricambio

[offitshina e pettßi di rikambjo]

Vereinbaren Sie vor einer Reparatur eine Kostengrenze oder verlangen Sie einen Kostenvoranschlag. Hinterlassen Sie die Telefonnummer, unter der Sie zu erreichen sind. Ein Kfz-Schutzbrief kann hilfreich sein.

... funktioniert nicht mehr.

... non funziona più.

[... nonn funtßjona pju]

... nicht funktioniert mehr.

Können Sie das überprüfen/reparieren?

Me lo può controllare/aggiustare?

[me lo puo konntrollare/addshußtare]

Mir es können Sie kontrollieren/reparieren?

Non lo possiamo fare.

[nonn lo poßßjamo fare]

Nicht es wir können machen.

Das können wir nicht.

Wer kann das machen?

Chi me lo può fare?

[ki me lo puo fare]

Wer mir es kann tun?

Vada da ...

[wada da]

Gehen Sie zu ...

Kann ich so noch fahren?

Posso ancora guidare?

[poßßo ankora guidare]

l'asse, f *[aßße]*
lo scarico *[ßkariko]*
la batteria *[batteria]*
il liquido per freni
[likuido per freni]
la guarnizione
[guarnitßjone]
il getto *[dSchetto]*
la penna *[penna]*
la sospensione
[ßoßpenßjone]
accelerare *[attschelerare]*
il rumore *[rumore]*
il cambio delle marce
[kambjo delle martsche]
la produzione
[produtßjone]
la cinghia*[tschingja]*
la catena *[katena]*
il pistone *[pißtone]*
il cuscinetto a sfere
[kuschinetto a sfere]
la frizione *[fritßjone]*
il corto circuito
[korto tßirkuito]
il difetto di verniciatura
[difetto di wernitschatura]
il volante *[wolannte]*
la ruota *[ruota]*
la gomma *[gomma]*
l'interruttore, m
[interrutore]
la gomma *[gomma]*
rettificare *[rettifikare]*
la vite *[wite]*
sporco/a *[ßporko/a]*
la candela d'accensione
[kandela dattschenßjone]

Machen Sie bitte nur das Nötigste!
Per favore faccia solo il necessario!
[per fawore fattscha ßolo il netscheßßarjo]
Bitte machen Sie nur das Nötige!

Bis wann ist das fertig?
Quando sarà pronto?
[kuando ßara pronnto]
Wann wird es sein fertig?

La riparazione sarà pronta fra … ore/ giorni.
[la riparatßjone ßara pronta fra … ore/ dSchorni]
Die Reparatur wird sein fertig in … Stunden/ Tagen.
Die Reparatur ist in … Stunden/Tagen fertig.

Wie viel wird das kosten?
Quanto verrà a costare?
[kuanto werra a koßtare]
Wie viel wird es kommen zu kosten?

Haben Sie das Ersatzteil?
Ce l'ha il pezzo di ricambio?
[tsche la il petßo di rikambjo]
Es haben Sie da das Ersatzteil?

Non abbiamo pezzi di ricambio.
[nonn abbjamo petßi di rikambjo]
Nicht wir haben Ersatzteile.
Wir haben keine Ersatzteile.

Kann man nicht improvisieren?
Non si può improvvisare?
[nonn ßi puo improwwisare]
Nicht man kann improvisieren?

■ Arzt & Krankenhaus
Medico & ospedale *[mediko e oʃpedale]*

Arztrechnungen mit Diagnose und Arzneikosten werden von der Krankenkasse erstattet. In den EU-Staaten gesetzlich Versicherte benötigen das Formular E 111. Damit erhalten sie bei der **Unità Sanitaria Locale** (USL, Adresse im örtlichen Branchenverzeichnis) einen Schein, der zu kostenloser Behandlung bei zugelassenen Ärzten berechtigt. Im Ernstfall schickt die rund um die Uhr geöffnete Notfallstation, **pronto soccorso** *[pronnto ʃokkorso]*, des nächsten Krankenhauses eine Ambulanz. Die Behandlungen durch Notfallstation und Notarzt, **guardia medica** *[guardja medika]* sind gebührenfrei. Notrufnummern variieren von Ort zu Ort. Sie erfahren sie bei den Carabinieri (✆ 113).

Das ist ein Notfall!
È un caso di emergenza!
[ä un kaso di emerdʃentʃa]

Mein Mann/meine Frau/mein Kind ist krank.
Mio marito/mia moglie/il mio bambino è malato.
[mio marito/mia molje/il mio bambino ä malato]

Wo finde ich einen ...?
Dove trovo un ...?
[dowe trowo un]

Wo ist seine Praxis?
Dov'è il suo ambulatorio?
[dowä il ßuo ambulatorjo]

Arzthelferin

Augenarzt
Chirurg
Gynäkologe

Hals-, Nasen- Ohrenarzt

Homöopath

Kinderarzt
Krankenschwester
Labor
Nervenarzt
Notdienst

Polyklinik
praktischer Arzt

Praxis

Radiologe
Röntgenaufnahme
Spezialist
Sprechzimmer

Termin

Urologe
Versicherung

Wartezimmer

l'aiuto medico, m
[ajuto mediko]

l'oculista, m *[okulißta]*

il chirurgo *[kirurgo]*

il ginecologo
[dschinekologo]

l'otorinolaringoiatra, m
[otorinolaringojatra]

il medico omeopatico
[mediko omeopatiko]

il/la pediatra *[pedjatra]*

l'infermiera, f *[infermjera]*

il laboratorio *[laboratorio]*

il neurologo *[neurologo]*

il servizio d'emergenza
[ßerwitßjo demerdschentßa]

il policlinico *[polikliniko]*

il medico generico
[mediko dscheneriko]

lo studio medico
[ßtudio mediko]

il radiologo *[radjologo]*

la radiografia *[radiografia]*

lo specialista *[ßpetschalißta]*

l'ambulatorio, m
[ambulatorio]

l'appuntamento, m
[appuntamennto]

l'urologo, m *[urologo]*

l'assicurazione, f
[aßßikuratßjone]

la sala d'attesa
[ßala dattesa]

Wann beginnt die Sprechstunde?
A che ora inizia l'orario da visita?
[a ke ora initßja lorarjo da wißta]
Zu welcher Stunde beginnt die Sprechstunde?

Wann kann ich kommen?
Quando posso venire?
[kuando poßßo wenire]
Wann ich kann kommen?

Der Arzt muss herkommen.
Deve venire il medico.
[dewe wenire il mediko]
Es muss kommen der Arzt.

Il paziente non è trasportabile.
[il patßjente nonn ä traßportabile]
Der Patient ist nicht transportfähig.

Ich bin im 3. Monat schwanger.
Sono incinta di tre mesi.
[ßono intschinta di tre mesi]
Bin schwanger seit drei Monaten.

Ich zahle bar/per Krankenschein.
Pago in contanti/con il foglio di malattia.
[pago in kontanti/konn il foljo di malattia]

Ich benötige eine Rechnung mit Diagnose.
Ho bisogno di una fattura con la diagnosi.
[o bisonjo di una fattura konn la dianjosi]
Ich habe nötig von eine Rechnung mit der
Diagnose.

→ siehe auch unter: Therapie & Behandlung,
Zahnarzt, Unfall & Panne

NOT & HILFE

■ Symptome & Vorgeschichte
Disturbi & antecedenti
[dißturbi e antetschedennti]

Erstellen Sie vor dem Arztbesuch eine zweisprachige Liste Ihrer Beschwerden und Vorerkrankungen. Das Arztgespräch läuft dann klarer ab. Nehmen Sie die Telefonnummer Ihres Arztes mit.

Che disturbi ha?
[ke dißturbi a]
Welche Beschwerden haben Sie?

Ich habe folgende Beschwerden:
Ho i seguenti disturbi:
[o i ßeguenti dißturbi]

Qual è la Sua anamnesi?
[kualä la ßua anamnesi]
Wie ist ihre Krankengeschichte?

Ich bin krank seit ...
Sono malato/a da ...
[ßono malato/a da]

Cosa ha mangiato?
[kosa a mandschato]
Was haben Sie gegessen?

Soffre di qualche malattia contagiosa?
[ßoffre di kualke malattia kontadschosa]
Leiden Sie an ansteckenden Krankheiten?

Ich leide an ...
Soffro di ...
[ßoffro di]

Appetit
Asthma
Arzneimittelüber-
empfindlichkeit

Atemnot
Ausschlag
Bewegung

Blutverlust

chronisch
Diabetes
Durchfall
Entzündung

Erbrechen
Fieber
Gefühl
Herzbeschwerden

Husten
Juckreiz
Kopfschmerzen
Kreislauf

Monatsblutung

Schlaflosigkeit
Schmerzen
Schüttelfrost
Schwäche
Schwindel
stechend
Übelkeit
Verstopfung

Wasser lassen

l'appetito, m *[appetito]*

l'asma, f *[aßma]*

l'iperestesia contro i farmaci *[ipereßtesia kontro i farmatschi]*

l'affanno, m *[affanno]*

l'eruzione, f *[erutßjone]*

il movimento *[mowimennto]*

la perdita di sangue *[perdita di ßangue]*

cronico/a *[kroniko/a]*

il diabete *[djabete]*

la diarrea *[diarrea]*

l'infiammazione, f *[infjammatßjone]*

il vomito *[womito]*

la febbre *[febbre]*

la sensazione *[ßenßatßjone]*

i disturbi cardiaci *[dißturbi kardiatschi]*

la tosse *[toßße]*

il prurito *[prurito]*

il mal di testa *[mal di teßta]*

la circolazione *[tschirkolatßjone]*

la mestruazione *[meßtruatßjone]*

l'insonnia, f *[inßonnia]*

i dolori *[dolori]*

i brividi *[briwidi]*

la debolezza *[debolettßa]*

i vertigini *[wertidschini]*

lancinante *[lantschinante]*

la nausea *[nauſea]*

la costipazione *[koßtipatßjone]*

orinare *[orinare]*

Ich bin allergisch auf ...
Sono allergico a ...
[ßono allerdschiko a]

Ci sono dei farmaci che deve prendere regolarmente?
[tschi ßono dei farmatschi ke dewe prenndere regolarmennte]
Gibt es Medikamente die Sie müssen einnehmen ständig?
Nehmen Sie regelmäßig Medikamente?

Ich benötige ein spezielles Medikament.
Ho bisogno di una medicina speciale.
[o bisonjo di una meditschina ßpetschale]
Ich benötige ein Medikament speziell.

Dobbiamo ancora analizzare il sangue/l'orina/la defecazione.
[dobbjamo ankora analittßare il ßangue/lorina/la defekatßjone]
Wir müssen noch untersuchen Blut/Urin/Stuhl.
Wir müssen noch Blut/Urin/Stuhl untersuchen.

Muss ich ins Krankenhaus?
Devo andare in ospedale?
[dewo andare in oßpedale]

Venga domani a digiuno alle ...
[wenga domani a didschuno alle]
Kommen Sie morgen nüchtern um ... Uhr.

Rufen Sie bitte meinen Arzt an.
Per favore telefoni al mio medico.
[per fawore telefoni al mio mediko]
Bitte rufen Sie an meinen Arzt.

■ Diagnose & Krankheit
Diagnosi & malattia
[djanjosi e malattia]

■ Diagnose & Krankheit
Diagnosi & malattia
[djanjosi e malattia]

Welche Krankheit habe ich?
Che malattia ho?
[ke malattia o]

Soffre di:
[ßoffre di]
Sie leiden an:

Ist es schlimm?
È grave?
[ä grawe]

È gravemente/leggermente malato/a.
[ä grawemennte/leddSchermennte malato/a]
Sie sind schwer/leicht erkrankt.

Wie lange dauert das voraussichtlich?
Quanto pensa che dura?
[kuanto penßa ke dura]
Wie lange denken Sie dass es dauert?

Deve essere osservato/operato.
[dewe essere osserwato/operato]
Sie müssen beobachtet/operiert werden.

La mando da uno specialista.
[la mando da uno ßpetschalißta]
Sie ich schicke Sie zu einem Spezialisten.
Ich überweise Sie an einen Spezialisten.

Muss ich nach Hause reisen?
Devo tornare a casa?
[dewo tornare a kasa]
Muss ich zurückkehren nach Hause?

intorpidito/a
[intorpidito/a]

l'ascesso, m *[asheßßo]*

contagioso/a
[kontadschoso/a]

la respirazione
[reßpiratßjone]

Deve andare a casa/in ospedale.
[dewe andare a kasa/in oßpedale]
Sie müssen gehen nach Hause/
in Krankenhaus.
Sie müssen nach Hause/ins Krankenhaus.

il danno al disco intervertebrale *[danno al dißko interwertebrale]*	Masern	il morbillo *[morbillo]*
l'appendicite, f *[appenditschite]*	Multiple Sklerose	la sclerosi multipla *[ßklerosi multipla]?*
la pressione sanguigna *[pressione ßanguinja]*	Muskelzerrung	lo strappo muscolare *[ßtrappo mußkolare]*
la frattura *[frattura]*	Neurodermitis	la neurodermite *[neurodermite]*
l'irrogazione sanguigna *[irrogatßjone ßanguinja]*	Ohrensausen	il ronzio auricolare *[rondsio aurikolare]*
l'epilessia, f *[epilessia]*	Pilz	il fungo *[fungo]*
gli assideramenti *[assideramenti]*	Prellung	la contusione *[kontusjone]*
il raffreddore *[raffreddore]*	Rheuma	i reumatismi *[reumatißmi]*
la commozione cerebrale *[kommozjone tscherebrale]*	Scharlach	la scarlattina *[ßkarlattina]*
l'itterizia, f *[itterizja]*	Schlaganfall	l'hictus cerebrale, m *[iktus tscherebrale]*
l'infarto cardiaco *[infarto kardiako]*	Schock	lo shock *[schokk]*
il sistema immunitario *[sißtema immunitarjo]*	Schwangerschaft	la gravidanza *[grawidantßa]*
le vaccinazioni *[wattschinazjoni]*	Sonnenstich	il colpo di sole *[kolpo di ßole]*
la puntura *[puntura]*	Tierbiss	il morso *[morßo]*
la scabbia *[ßkabbja]*	Tollwut	la rabbia *[rabbja]*
i pidocchi *[pidokki]*	Verstauchung	la slogatura *[slogatura]*
l'intossicazione da alimenti, f *[intossikazjone da alimenti]*	Windpocken	la varicella *[waritschella]*
la polmonite *[polmonite]*	Wunde	la ferita *[ferita]*
la tonsillite *[tonßillite]*	Wundstarrkrampf	il tetano *[tetano]*
	Würmer	i vermi *[wermi]*

NOT & HILFE

131

■ Therapie & Behandlung

Terapia & trattamento

[terapia e trattamennto]

Si spogli, per favore.
[ßi ßpolji, per faṿore]
Sich ziehen Sie aus, bitte.
Bitte machen Sie sich frei.

Si scopra il braccio, per favore.
[ßi ßkopra il brattscho, per faṿore]
Sich freimachen den Arm, bitte.
Machen Sie Ihren Arm frei, bitte.

Apra la bocca.
[apra la bokka]
Öffnen Sie den Mund.

Mi faccia vedere la lingua.
[mi fattscha weḏere la lingua]
Mir lassen Sie sehen die Zunge.
Zeigen Sie die Zunge.

Tossisca, per favore.
[tossißka, per faṿore]
Husten Sie, bitte.

Bisogna mettere dei punti.
[bisonja mettere dei punti]
Das muss genäht werden.

Bisogna fare una radiografia.
[bisonja fare una radjografia]
Man muss machen eine Röntgenaufnahme.
Sie müssen geröntgt werden.

Alkohol
Anstrengung
auflösen
Bewegung

Blutabnahme

Einläufe
einnehmen
einreiben
Fasten
Gymnastik

Krankengymnastik
kühlen
Licht
Mahlzeiten
Massagen
Nachuntersuchung

nüchtern

Operation

Ruhe
Schonkost
Spritze
… mal täglich

Tee
(viel) trinken
unbedingt

unzerkaut

Verband
wärmen
wechseln

l'alcol, m *[alkol]*
la fatica *[fatika]*
sciogliere *[scholjere]*
il movimento
[mowimennto]
il prelievo di sangue
[preljewo di ßangue]
il clistere *[klißtere]*
prendere *[prenndere]*
frizionare *[frizjonare]*
il digiuno *[didschuno]*
la ginnastica
[dschinnaßtika]
la fisioterapia *[fisjoterapia]*
raffreddare *[raffreddare]*
la luce *[lutsche]*
i pasti *[paßti]*
i massaggi *[massaddschi]*
la visita postoperatoria
[wisita poßt operatorja]
a stomaco vuoto
[a ßtomako wuoto]
l'operazione, f
[operazjone]
il riposo *[riposo]*
la dieta *[djeta]*
la siringa *[ßiringa]*
... volte al giorno
[... wolte al dschorno]
il tè *[tä]*
bere (molto) *[bere (molto)]*
assolutamente
[assolutamennte]
senza masticare
[ßenza maßtikare]
la benda *[benda]*
riscaldare *[rißkaldare]*
cambiare *[kambjare]*

Muss ich ins Krankenhaus?
Devo andare in ospedale?
[dewo andare in oßpedale]
Ich muss gehen in Krankenhaus?

Deve stare a letto per qualche giorno.
[dewe ßtare a lätto per kualke dschorno]
Sie müssen bleiben im Bett für einige Tage.
Sie brauchen ein paar Tage Bettruhe.

Was raten Sie mir?
Cosa mi consiglia?
[kosa mi konßilja]
Was mir Sie raten?

Eviti .../Prenda ...
[ewiti .../prenda ...]
Meiden Sie .../Nehmen Sie ...

Si conceda ...
[ßi kontscheda]
Sich gönnen Sie ...
Gönnen Sie sich ...

Wann muss ich wiederkommen?
Quando devo tornare?
[kuando dewo tornare]

Venga tutti i giorni/ fra ... giorni.
[wenga tutti i dschorni/fra ... dschorni]
Kommen Sie täglich/in ... Tagen wieder.

Könnten Sie mir ein Attest ausstellen?
Mi può rilasciare un certificato medico?
[mi puo rilaschare un tschertifikato mediko]
Mir können Sie ausstellen ein Attest?

→ *siehe auch unter: Essen & Trinken, Intimes*

133

■ Apotheke & Medikamente
Farmacia & farmaci
[farmatschia e farmatschi]

Apotheken erkennt man an einem grünen Kreuz auf weißem Grund. Hinweise auf den Notdienst finden Sie im Schaufenster und in der örtlichen Presse. Medikamente sind preiswerter als bei uns.

Wo ist die nächste Apotheke?
Dov'è la farmacia più vicina?
[dowä la farmatschia pju witschina]
Wo ist die Apotheke mehr nah?

Welche Apotheke hat Notdienst/ nachts geöffnet?
Quale farmacia ha il servizio d'emergenza/ notturno?
[kuale farmatschia a il ßerwitßjo demerdschentßa/notturno]
Welche Apotheke hat den Notdienst/nächtlich?

Ich benötige dieses Medikament.
Ho bisogno di questo farmaco.
[o bisonjo di kueßto farmako]

Non ce l'abbiamo.
[kueßto nonn tsche labbjamo]
Nicht es wir haben.
Das haben wir nicht da.

Können Sie mir etwas geben gegen ...
Mi può dare qualcosa contro ...
[mi puo dare kualkosa kontro]
Mir können Sie geben etwas gegen ...

l'antibiotico, m
[antibjotiko]
il calmante *[kalmante]*
i pannolini *[pannolini]*
il disinfettante
[disinfettante]
la dose *[dose]*
la fasciatura elastica
[faschatura elaßtika]
il termometro
[termometro]
le controindicazioni
[kontro indikazjoni]
il telo di gomma
[telo di gomma]
la medicina omeopatica
[meditschina omeopatika]
il rimedio contro la tosse
[rimedio kontro la tosse]
la camomilla *[kamomilla]*
le compresse contro il mal
di testa *[kommpreßße
kontro il mal di teßta]*
il rimedio contro i disturbi
circolatori *[rimedio kontro
i dißturbi tschirkolatori]*
il leucoplasto *[leukoplaßto]*
la benda *[benda]*
il farmaco naturalista
[farmako naturalißta]
gli effetti collaterali
[effetti kollaterali]
il cerotto *[tscherotto]*
la pinzetta *[pinzetta]*
la cipria *[tschipria]*
la ricetta *[ritschetta]*
la pomata *[pomata]*

Ha bisogno di una ricetta.
[a bisonjo di una ritschetta]
Sie benötigen ein Rezept.

Wie nimmt man dieses Medikament?
Come si prende questo farmaco?
[kome ßi prende kueßto farmako]

Per uso esterno.
[per uso eßterno]
Für äußerlichen Gebrauch.
Nur zur äußeren Anwendung.

Sanitärbedarf	gli articoli sanitari *[artikoli ßanitari]*
Schlafmittel	il sonnifero *[ßonnifero]*
Schmerzmittel	l'analgesico, m *[analdschesiko]*
Sonnenbrand	la scottatura *[ßkottatura]*
Spritze	la siringa *[ßiringa]*
Tabletten	le compresse *[kommpreßße]*
Tampons	gli assorbenti *[aßßorbenti]*
Tropfen	la goccia *[gottscha]*
Vaseline	la vaselina *[waselina]*
Verbandmaterial	il pacchetto di medicazione *[pakketto di medikatßjone]*
Verbrennungen	le bruciature *[brutschature]*
Vitamintabletten	le compresse di vitamine *[kommpreßße di witamine]*
Watte	il cotone *[kotone]*
Windeln	i pannolini *[pannolini]*
Zäpfchen	la supposta *[ßuppoßta]*

■ Behindert sein

Minorati [minorati]

Ich kann nicht gut ...
Non riesco a ... bene.
[nonn rießko a ... bene]
Nicht ich schaffe ... gut.

Ist das ... behindertengerecht?
È ... adatto per i minorati?
[ä ... adatto per i minorati]
Ist ... geeignet für die Behinderten?

Könnten Sie mir bitte helfen?
Mi può aiutare per favore?
[mi può ajutare per favore]
Mir können Sie helfen bitte?

Könnten Sie mir bitte die Tür aufmachen?
Mi può aprire la porta, per favore?
[mi può aprire la porta, per favore]
Mir können Sie öffnen die Tür bitte?

Warten Sie noch einen Moment bitte.
Aspetti un attimo, per favore.
[aßpätti un attimo, per favore]

Könnten Sie das bitte aufheben?
Me lo può raccogliere, per favore?
[me lo può rakkoljere, per favore]
Mir es Sie können aufheben, bitte?

Sprechen Sie lauter, bitte.
Parli più forte, per favore.
[parli pju forte, per favore]

→ *siehe auch unter: Notfall*

Aufsicht

behindert

Betreuer
blind
Blindenschrift

desorientiert

gehen
Gehhilfe
Gehörlosensprache

geistig behindert

Hilfe
hören
Hörhilfe

inkontinent

Knochen
Muskeln
Nerven
Pflege
Rollstuhl

Schwerbehinderten-
ausweis
sehen
Sehschwäche

selbständig
Selbsthilfe

sprechen
taub

la sorveglianza
[ßorveljanza]

essere minorato/a
[essere minorato/a]

l'assistente *[assißtente]*

cieco/a *[tsheko/a]*

la scrittura Braille
[ßkrittura braje]

disorientato/a
[disorientato/a]

camminare *[kamminare]*

la stampella *[ßtampella]*

il linguaggio per i sordi
[linguaddsho per i ßordi]

minorato/a mentalmente
[minorato/a mentalmennte]

l'aiuto, m *[ajuto]*

sentire *[ßentire]*

l'apparecchio acustico
[apparekkjo akußtiko]

incontinente
[inkontinente]

le ossa *[ossa]*

i muscoli *[mußkoli]*

i nervi *[nerwi]*

la cura *[kura]*

la sedia a rotelle
[ßedja a rotelle]

la tessera d'invalidità
[tessera dinwalidita]

vedere *[wedere]*

il difetto della vista
[difetto della wißta]

autonomo *[autonomo]*

l'iniziativa personale
[inizjatiwa perßonale]

parlare *[parlare]*

sordo/a *[ßordo/a]*

■ Körper, Glieder & Organe
Corpi, membri & organi
[korpi, membri e organi]

Augen	gli occhi *[okki]*
Bauch	il ventre *[wentre]*
Blase	la vescica *[weshika]*
Blinddarm	l'appendice, m *[appenditshe]*
Blut	il sangue *[ßangue]*
Darm	l'intestino, m *[inteßtino]*
Drüse	il bubbone *[bubbone]*
Galle	il fiele *[fjele]*
Gebärmutter	l'utero, m *[utero]*
Gelenke	giunture *[dshunture]*
Hals	il collo *[kollo]*
Haut	la pelle *[pelle]*
Herz	il cuore *[kuore]*
Knie	il ginocchio *[dshinokkjo]*
Kopf	la testa *[teßta]*
Leber	il fegato *[fegato]*
Lunge	i polmoni *[polmoni]*
Magen	lo stomaco *[ßtomako]*
Milz	la milza *[miltßa]*
Nacken	la nuca *[nuka]*
Niere	i reni *[reni]*
Ohren	le orecchie *[orekkje]*
Prostata	la prostata *[proßtata]*
Rückenmark	il midollo spinale *[midollo ßpinale]*
Sehnen	i tendini *[tendini]*
Unterleib	il basso ventre *[baßßo wentre]*
Wirbelsäule	la spina dorsale *[ßpina dorßale]*
Zunge	la lingua *[lingua]*

■ Zahnarzt

Dentista *[denntißta]*

Lassen Sie sich vom Zahnarzt die Legierung für Füllungen oder Kronen aufschreiben und zeigen Sie sie zu Hause Ihrem Zahnarzt. Möglicherweise gibt es Unverträglichkeiten, insbesondere bei schon vorhandenem amalgamfreiem Zahnersatz.

Ich habe Zahnschmerzen.
Ho mal di denti.
[o mal di <u>dennti</u>]

Ein Stück vom Zahn ist abgebrochen.
Si è staccato un pezzo di dente.
[ßi ä ßtak<u>ka</u>to un <u>pätt</u>ßo di <u>dennt</u>e]
Sich es ist abgebrochen ein Stück von Zahn.

Ich habe eine Füllung verloren.
Ho perso una piombatura.
[o <u>per</u>ßo una pjomba<u>tura</u>]
Ich habe verloren eine Füllung.

Le faccio una piombatura.
[le <u>fatt</u> scho una pjomba<u>tura</u>]
Ihnen ich mache eine Füllung.
Ich mache Ihnen eine Füllung.

Le metto un ponte/una corona provvisorio/a.
[le <u>mett</u>o un <u>pont</u>e/una ko<u>ro</u>na prowwi<u>sor</u>jo/a]
Ihnen ich setze eine Brücke/Krone provisorische.
Ich setze Ihnen die Brücke/Krone provisorisch ein.

l'amalgama, f
[amalgama]
la guancia *[guantscha]*
il molare *[molare]*
mordere *[mordere]*
l'anestesia, f *[aneßtesia]*
il ponte *[ponte]*
il palato *[palato]*
la dentiera *[denntjera]*
gargarizzare
[gargariddsare]
l'otturazone, m
[otturaßjone]
le carie *[le karje]*
masticare *[maßtikare]*
la mascella *[maschella]*
la corona *[korona]*
il labbro *[labbro]*
il nervo *[nervo]*
il piombo *[pjombo]*
il provvisorio
[provvisorio]
il dente incisivo
[dennte intschisiwo]
la puntura *[puntura]*
il dente del giudizio
[dennte del dSchudizjo]
la radice *[raditsche]*
il trattamento della
radice *[trattamennto
della raditsche]*
le gengive
[dSchendSchiwe]
il collo del dente
[kollo del dennte]
il mal di denti
[mal di dennti]
togliere *[toljere]*

Muss der Zahn gezogen werden?
Va estratto il dente?
[wa eßtratto il dennte]
Gehört gezogen der Zahn?

Il dente va estratto.
[il dennte wa eßtratto]
Der Zahn gehört gezogen.
Der Zahn muss gezogen werden.

Wann soll ich wiederkommen?
Quando devo tornare?
[kuando dewo tornare]

Ich komme nur zur Kontrolle.
Vengo solo per farmi controllare.
[wengo ßolo per farmi kontrollare]
Ich komme nur für lassen mich kontrollieren.

**Wann wird die Behandlung abgeschlossen
sein?**
Quando sarà finito il trattamento?
[kuando ßara finito il trattamennto]
Wann wird sein zu Ende die Behandlung?

Ich muss am ... weiterfahren.
Devo partire il ...
[dewo partire il]
Ich muss wegfahren am ...

Non mangi niente di duro o di dolce.
*[nonn mandSchi njentä di duro o di
doltsche]*
Nicht essen Sie nichts von hart oder süß.
Essen Sie nichts Hartes oder Süßes.

→ *siehe auch unter: Handwerk & Kunst*

■ Aussprache

Pronuncia *[pronuntscha]*

Die kurz gefassten Regeln dieses Kapitels sollen helfen:
* unbekannte Wörter richtig auszusprechen;
* zu verstehen, wie sich Wörter im Italienisch verändern;
* in veränderten Wörtern das gleiche Grundwort zu entdecken;
* die Sprache selbst zu variieren und neuen Situationen anzupassen;
* besonders häufige Fehler zu vermeiden.

Weiterführende Erklärungen und Ausnahmen sollten Sie in umfang-
reicheren Lehrbüchern nachschlagen.

Den Ausspracheregeln folgen Sprachregeln zu einzelnen Wortarten
(Artikel, Hauptworte, Adjektive, Verben). Im Anschluss daran stehen
Regeln, um einfache Sätze zu konstruieren und der Situation anpassen
(Verneinungen, Fragen, Bitten) zu können. Tabellen fassen die Regeln
übersichtlich zusammen.

So hilft Ihnen die ABRAXAS-Lautschrift

Mit der einfach zu lesenden **ABRAXAS**-Lautschrift lassen sich Wendungen und Wörter verständlich aussprechen. Manche Feinheiten der
Aussprache werden vernachlässigt. Um Ihre Aussprache zu verbessern,
beachten Sie bitte:
* Betonte Silben sind im **ABRAXAS**-Sprachführer <u>unterstrichen</u>. Italieni-
  sche Wörter werden fast immer auf der vorletzten Silbe betont.
* Das stimmlose s, wie in »Asbach«, wird mit einem scharfen s (*ß*)
  gekennzeichnet, das stimmhafte, gesummte s, wie in »Rose«, dage-
  gen mit einem gewöhnlichen *s* wiedergegeben.
* Das stimmlose z wie in Zeichen wird mit *ß* verdeutlicht.
  Das stimmhafte, weicher ausgesprochene, gesummte z, wie in
  »Zoom«, wird mit *ds* wiedergegeben.

(1) Vokale und Betonungszeichen

Die Vokale werden tendenziell offener als in der deutschen Sprache gesprochen, siehe Tabelle 1.
Außerdem werden Vokale im Italienischen gedehnt. Ein Buchstabe mit
Akzent *(accento)* wird meist besonders betont. è verändert seinen Laut
zum ä. Beim Zwielaut *(Diphtong)* sind beide Vokale gut hörbar.

Lautschrift	Aussprachehinweise	Schreibweise
a	normales a wie in »Falle«	a, à
e	normales e wie in »Edikt«	e
i	normales i wie in »Idee«	i, ì
o	geschlossen wie in »Moral«	o
u	normales u wie in »zum«	u, ù
ä	wie deutsches ä wie in »Ähre«	è

(2) Die Konsonanten

Das **h** wird nicht gesprochen. Wie im Deutschen spricht man: **b, d, f, l, m, n, p, t**. Das **r** wird gerollt. Anders als im Deutschen werden gesprochen: **sch, v, z, ch** (siehe unten stehende Tabelle). Je nach Buchstabenfolge ändert sich der Laut von **c** und **g**. **c** wird vor **a, o, u, h** als »k« wie Konrad gesprochen und vor **e, i** als »tsch« wie tschüss.

Lautschrift	Aussprachehinweise	Schreibweise
ßk	stimmloses sk wie in *Skelett*	sca, sco, scu, sch
Sch	stimmhaftes sch wie in garage	gio, gia, gen
sch	stimmloses sch wie in *Schnee, rasch*	sci, sce
ku	das qu wird sehr viel weicher als im Deutschen gesprochen, wie in *Qualität*	qua, que, qui, quo
ß	wie in *Sessel*	sa, se, si, so, su
ß	wie *Zeichen*	za, ze, zi, zo, zu
g	wie *Gustav*	ga, go, gue, gui, gu
lj	wie *Jubel*	gl
ds	weiches z wie in *Zoom*	za, ze, zi, zo, zu
nj	wie im deutschen *Sonja*	gn
w	nur Fremdwörter enthalten ein »w«, im Italienischen wird »v« als »w« ausgesprochen.	v, w

Vor **a, o, u, h** wird **g** wie Gustav gesprochen, vor **e** und **i** als »dsch« wie Dschungel, siehe folgende Tabelle.

	Die Aussprache von c und g je nach Buchstabenfolge	
	c	g
vor a, o, u, h	*k*	*g*
vor e, i,	*tsch*	*dSch*

■ Wortarten

Categorie grammaticali *[kategorie grammatikali]*

(3) Die Artikel (il, lo, la, i, gli, le) **und Teilungsartikel** (del, dello, della) Italienische Hauptwörter *(Nomen)* sind männlich (**m, maschile**) oder weiblich (**f, femminile**). Dem deutschen *der* entsprechen die männlichen bestimmten Artikel **il** bzw. vor z und vor s plus Konsonant **lo**; dem deutschen *die* entspricht der weibliche bestimmte Artikel **la**.
Dem deutschen *ein* entsprechen die männlichen unbestimmten Artikel **un** bzw. **uno** vor z und vor s plus Konsonant; dem deutschen *eine* entspricht der weibliche unbestimmte Artikel **una**.
Beispiele: *der Garten:* **il giardino** und *die Rose:* **la rosa**, *ein Baum:* **un albero** und *eine Pflanze:* **una pianta**.
In der Mehrzahl entsprechen dem deutschen *die* die männlichen bestimmten Artikel **i** bzw. vor z und vor s plus Konsonant **gli**; dem deutschen *die* entspricht der weibliche bestimmte Artikel **le**.
Beispiele: *die Gärten:* **i giardini**, *die Zoos:* **gli zoo**, *die Rosen:* **le rose**.
Eine unbestimmte Mehrzahl gibt es im Deutschen nicht. Im Italienischen gibt es die männlichen unbestimmten Artikel **dei** bzw. **degli** vor z und vor s plus Konsonant sowie den weiblichen unbestimmten Artikel **delle**.
Beispiel: *Ich kaufe Blumen:* **Compro dei fiori**. Im Deutschen könnte man sinngemäß sagen »Ich kaufe einige Blumen«.
Auch nicht zählbare Gegenstände erhalten im Italienischen einen Teilungsartikel: *Luft, Wasser, Feuer, Erde, Sport.* Zählbar sind allerdings: *eine Flasche Wasser, eine Gasflasche, ein Sack Erde.*
Beispiele: *Ich möchte Wasser:* **Vorrei dell'acqua**, sinngemäß heißt das »Ich möchte von dem Wasser«. Bei männlichen Hauptwörtern heißt es *von dem* (**del** statt **di il** bzw. **dello** statt **di lo**), bei weiblichen Hauptwör-

tern heißt es *von der* (**della** statt **di la**), in der Mehrzahl (**dei/degli/ delle** statt **di i/di gli/di le**).

Ähnlich wie im Deutschen *in dem* zu *im* verschmilzt, verschmelzen im Italienischen die Kombinationen **a il, a lo, a la** zu **al, allo, alla** und **a i, a gli, a le** zu **ai, agli, alle** (siehe untenstehende Tabelle).

Häufig weist man auf etwas hin und will sagen *dieses da*. Oder man muss wählen: *dieses* oder *jenes*? Diese **hinweisenden Fürwörter** *(Demonstrativpronomen)* ersetzen oft die Artikel.

Beispiel: *dieses Buch/diese Bücher:* **questo libro/questi libri** (männlich), *dieses Auto/diese Autos:* **questa macchina/queste macchine** (weiblich).

Artikel und hinweisende Fürwörter

	bestimmt	vor z bzw. s+ Konso.	unbestimmt	vor z bzw. s+ Konso.	nicht zählbar	vor z bzw. s+ Konso.	hinweisend
männlich (Einzahl)	il al	lo	un	uno	del	dello	questo
weiblich (Einzahl)	la alla	–	una	–	della	–	questa
männlich (Mehrzahl)	i ai agli	gli	dei	degli	dei	degli	questi questi
weiblich (Mehrzahl)	le alle	–	delle	–	delle	–	queste

Lesehinweis: Folgt auf **il** oder **la** ein Vokal, wird der Artikel apostrophiert (= **l'**); vor männlichen und weiblichen Hauptwörtern wird dann **questo/questa** zu **quest'**.

(4) Geschlecht, Ein- und Mehrzahl

Das Geschlecht von Hauptwörtern lässt sich häufig an deren Endung erkennen. **-o** (**palazzo**) weist in der Regel auf männliche, **-a** (**villa**) auf weibliche Hauptwörter hin. Man erkennt die Mehrzahl im Schriftlichen beim Hauptwort am abschließenden **-i** (männlich) oder **-e** (weiblich). Beispiele: *der Garten:* **il giardino** – *die Gärten:* **i giardini**; *der Kuchen:* **la torta** – *die Kuchen:* **le torte**.

Artikel und Eigenschaftswörter *(Adjektive)* richten sich nach Geschlecht und Anzahl des Hauptwortes. Ist das Hauptwort männlich, endet das Eigenschaftswort auf -i, ist es weiblich, auf -e.

Beispiele: *der kleine Garten:* il piccolo giardino – *die kleinen Gärten:* i piccoli giardini; *das kleine Haus:* la piccola casa – *die kleinen Häuser:* le piccole case.

Begriffe einer weiteren Kategorie enden männlich wie weiblich in der Einzahl auf -e (il signore/la pensione) bzw. in der Mehrzahl auf -i (i signori/le pensioni). Auch hier richten sich die Eigenschaftswörter nach dem Geschlecht, z. B. il piccolo signore, la bella pensione.

(5) Eigenschaftswörter (Adjektive) **& Vergleiche** (Komparativ, Superlativ)

Kurze, einsilbige Eigenschaftswörter stehen vor dem Hauptwort, lange, mehrsilbige Eigenschaftswörter dahinter, ebenso wie Farben. Mit der Stellung kann sich die Bedeutung verändern. Um zu steigern *(Komparativ)*, stellt man das Wörtchen *mehr:* più vor das Eigenschaftswort. Beispiele: *größer:* più grande, *kleiner:* più piccolo/a.

Das daran anschließende Wörtchen *als:* di erlaubt den Vergleich. Beispiele: *Michael ist größer als Andreas:* Michele è più alto di Andrea. Um weiter zu steigern *(Superlativ)*, wird zusätzlich der bestimmte Artikel vorangestellt. Beispiele: *der größte:* il più grande, *die kleinsten:* i più piccoli.

Ist etwas weniger gut, wird ein *weniger:* meno vorangestellt.

Viele wichtige Eigenschaftswörter werden unregelmäßig gesteigert: *gut:* bene, *besser:* meglio, *der Beste:* il migliore sowie *schlecht:* male, *schlechter:* peggio, *der schlechteste:* il peggiore (siehe Tabelle 5).

Vergleich und Steigerung von Eigenschaften und Mengen		
weniger als	mehr als	am meisten
meno di	più di	di più

(6) Umstandswörter (Attribute)

Sie geben nicht die Eigenschaft einer Sache an, sondern die Art und Weise einer Tätigkeit. Im Italienischen werden Umstandswörter aus der weiblichen Form der Eigenschaftswörter durch die zusätzliche Endung -mente gebildet. Enden sie auf -le (normale) oder -re (regolare) fällt

das e am Ende weg und **-mente** wird angehängt (**normalmente, regolarmente**). Im Satz stehen sie hinter einem Tätigkeitswort.
Beispiel: *Das ist ein langsames Auto* (gemeint ist eine Eigenschaft):
lenta. *Dieses Auto fährt langsam* (gemeint ist ein vorübergehender
Zustand): **lentamente**. Einige Umstandswörter werden unregelmäßig
gebildet (siehe Tabelle 6).

Eigenschafts- und Umstandswörter im Vergleich

	regelmäßig		unregelmäßig	
		gut	schlecht	besser
Eigenschaft	–	**buono**	**cattivo**	**migliore**
Umstand	**-mente**	**bene**	**male**	**meglio**

(7) Verhältniswörter (Präpositionen)
Zwischen Ort und Richtung wird nicht unterschieden (Tabelle 7).

Ort/Richtung

bei/zu	in/nach (Land)	in/nach (Stadt)	in/in	aus/von
da	**in**	**a**	**in**	**di**

■ Zeiten

Tempi *[tempi]*

(8) Tätigkeitswörter (Verben und Hilfsverben)
Dem umfangreichen und schwierigen Thema der Tätigkeitswörter nähert
man sich je nach Arbeitseifer in mehreren Stufen:
Stufe 1: Beherrscht man die Hilfsverben *sein* und *haben* in der **Gegen-
wartsform** *(Präsens),* klingen viele Sätze schon perfekt (s. Tabelle 8).
Stufe 2: Zwei einfache Regeln genügen, um die **vollendete Gegenwart**
(Perfekt) zu formulieren.
Regel 1: Verben, die eine Bewegung ausdrücken (z.B. kommen, gehen,
fahren) werden mit dem Hilfsverb *sein*: **essere** kombiniert, alle anderen
Verben (z.B. schlafen, sehen, sprechen) mit dem Hilfsverb *haben:* **avere**.
Regel 2: Verben enden (fast) immer auf **-are, -ere, -ire**. Nun wird die
Endung **-are** zu **-ato**; die Endung **-ere** zu **-uto**; die Endung **-ire** zu **-ito**.

Beugung der Hilfsverben in der Gegenwart (Präsens)

sein	essere	haben	avere
ich bin	io sono	ich habe	io ho
du bist	tu sei	du hast	tu hai
er ist	lui è	er hat	lui ha
sie ist	lei è	sie hat	lei ha
Sie sind	Lei è	Sie haben	Lei ha
wir sind	noi siamo	wir haben	noi abbiamo
ihr seid	voi siete	ihr habt, Sie haben	voi avete
sie sind	loro sono	sie haben	loro hanno

Wichtig: Die Fürwörter (ich, du usw.) werden im Normalfall nicht gesprochen, denn sie sind im Tätigkeitswort bereits enthalten, es sei denn sie sollen besonders betont werden.

Beispiele: **comprare** wird zu **comprato**; **vendere** wird zu **venduto**; **dormire** wird zu **dormito**. Tabelle 9 zeigt die schrittweise Anwendung der beiden Regeln zur Übersetzung von vier Beispielsätzen. Zwei wichtige Sonderformen sind *Ich bin gewesen*: **Sono stato/a** und *Ich habe gehabt*: **Ho avuto**.

Die Bildung der vollendeten Gegenwart (Perfekt) an 4 Beispielen

Deutsch	Regel 1	Regel 2	Italienisch
	Bewegung: essere	-are wird zu -ato	Regel 1 + 2 = ...
	sonst: avere	-ere wird zu -uto	
		-ire wird zu -ito	
Ich bin angekommen.	essere, also: sono	arrivare, also: arrivato/a	Sono arrivato/a.
Er hat gesprochen.	avere, also: ha	parlare, also: parlato	Ha parlato.
Wir haben verkauft.	avere, also: abbiamo	vendere, also: venduto	Abbiamo venduto.
Du hast geschlafen.	avere, also: hai	dormire, also: dormito	Hai dormito.

Lesehinweis: Die 2. Person Mehrzahl »ihr« wird manchmal auch als höfliche Anredeform im Sinne von »Sie« benutzt.

Stufe 3: Die **unvollendete Vergangenheit,** das *Imperfekt,* bildet man, indem die konjugierte Endung für die Vergangenheit (**-vo, -vi, -va, -vamo, -vate, -vano**) an den Verbstamm plus jeweiligem Vokal (also ohne die Endung **-re**) angehängt wird.

Beispiele: *Ich sprach:* io parla-vo, *du wartest:* tu aspetta-vi, *sie schlief:* lei dormi-va, *sie fuhren weg:* loro parti-vano.

Stufe 4: Die meisten Verben lassen sich nach ihrer Endung in drei Gruppen einteilen und beugen (siehe Tabelle 10). Alle anderen Verben werden unregelmäßig gebeugt – das muss man auswendig lernen.

Regelmäßige Beugung der drei Verbgruppen in der Gegenwart (Präsens)

		-are	-ere	-ire	-ire
		z.B. lavare	z.B. mettere	z.B. partire	z.B. finire
ich	io	lavo	metto	parto	finisco
du	tu	lavi	metti	parti	finisci
er, sie,	lui, lei	lava	mette	parte	finisce
Sie	Lei	lava	mette	parte	finisce
wir	noi	laviamo	mettiamo	partiamo	finiamo
ihr/Sie	voi	lavate	mettete	partite	finite
sie	loro	lavano	mettono	partono	finiscono

(9) Zusammengesetzte Verben

Mit dem Verb *machen:* fare und einem nachgestellten Hauptwort werden oft Tätigkeiten ausgedrückt, für die es kein eigenes Verb gibt. Beispiele: *einkaufen:* fare la spesa = den Einkauf machen, *die Telefonnummer wählen:* fare il numero = die Nummer machen, *Freundschaft schließen:* fare amicizia = Freundschaft machen. Das kann man improvisierend nutzen.

■ Sätze bilden

Formare delle frasi *[formare delle frasi]*

(10) Satzverbindungen

Mit dem Satzanfang *Es gibt ...:* C'è ... (wörtlich: Es da hat ...) und einem nachfolgenden Hauptwort lassen sich einfache mitteilende Sätze ohne Tätigkeitsworte formulieren. Beispiel: *Es ist ein Unfall passiert:* C'è un incidente.

Vollständige italienische Sätze sind oft ähnlich wie im Deutschen strukturiert: *Ich gehe ins Kino:* **vado al cinema**. Dem Subjekt (z.B. ich), das nicht erscheint, weil es im Tätigkeitswort bereits enthalten ist, folgt das Prädikat (z.B. gehe), diesem das Objekt (z.B. Kino). Ergänzende Umstände (z.B.: morgen, heute abend, in der Stadt usw.) stehen am Satzanfang vor dem Subjekt, z.B.: *morgen gehe ich ins Kino:* **domani vado al cinema**.

Teilsätze werden durch **Bindewörter** verknüpft: *und:* **e**, *oder:* **o**, *aber:* **ma**, *weil:* **perché** (heißt auch *warum*), *dass:* **che**, *wenn:* **se**.

(11) Fragesätze

Bei der Intonationsfrage steigt die Stimme zum Ende eines normalen Satzes fragend an (1) und wird von Mimik (hochgezogene Augenbrauen, erwartungsvoller Blick) und Gestik (hochgezogene Schultern, ratlos gehobene Hände) unterstützt (1). Meist wird mit *ja, nein, doch* usw. geantwortet.

Genaue, zielgerichtete Fragen leitet man ein mit den Fragewörtern: *wo/wohin:* **dove?**, *woher:* **da dove?**, *wer:* **chi?**, *wann:* **quando?**, *wie viel:* **quanto?**, *welche/welcher/welches:* **quale/quali?**

Vorsicht beim Gebrauch der Fragewörter *wie:* **come?** und *warum:* **perché?** Die Antwort kann ausführlicher sein als gewünscht. Das Fragewort *wann:* **quando?** wird nicht benutzt, um eine Uhrzeit, einen genauen Zeitpunkt zu erfragen. Dazu benutzt man besser die Formulierung *Zu welcher Stunde?* **a che ora?**

(12) Verneinung und Zustimmung

Mit *nein, danke:* **non, grazie** lässt sich alles ablehnen. Ansonsten wird die Verneinung mit **non** ausgedrückt, das unmittelbar vor dem Tätigkeitswort steht, z.B. **Oggi non lavoro:** *Heute arbeite ich nicht.* **Niente:** *nichts,* **nessuno:** *niemand* und **mai:** *nie* verlangen eine doppelte Verneinung, die das Tätgkeitswort umschließt.

Beispiel: **Non desidero niente:** *Ich wünsche nichts,* **non lavora mai:** *er arbeitet nie,* **non vedo nessuno:** *ich sehe niemanden.*

■ VERBLISTEN

Nominativ – Dativ – Akusativ

ich – mir – mich	io – mi – mi	*[io – mi – mi]*
du – dir – dich	tu – ti – ti	*[tu – ti – ti]*
er – ihm – ihn	lui – gli – lo	*[lui – lji – lo]*
sie – ihr – sie	lei – le – la	*[läi – le – la]*
Sie – Ihnen – Sie	Lei – Le – La	*[läi – le – la]*
wir – uns – uns	noi – ci – ci	*[noi – tschi – tschi]*
ihr – euch – euch	voi – vi – vi	*[woi – wi – wi]*
sie – ihnen – sie	loro – gli – li/le	*[loro – lji – li/le]*

	m, Sing.		**f, Sing.**	
mein	il mio	*[il mio]*	la mia	*[la mia]*
dein	il tuo	*[il tuo]*	la tua	*[la tua]*
sein/Ihr	il suo/Suo	*[il ßuo]*	la sua/Sua	*[la ßua]*
unser	il nostro	*[il noßtro]*	la nostra	*[la noßtra]*
euer	il vostro	*[il voßtro]*	la vostra	*[la voßtra]*
Ihr	il loro/Loro	*[il loro]*	la loro/Loro	*[la loro]*

	m, Pl.		**f, Pl.**	
meine	i miei	*[i mjäi]*	le mie	*[le mie]*
deine	i tuoi	*[i tuoi]*	le tue	*[le tue]*
seine/Ihre	i suoi/Suoi	*[i ßuoi]*	le sue/Sue	*[le ßue]*
unsere	i nostri	*[i noßtri]*	le nostre	*[le noßtre]*
euer/eure	i vostri	*[i voßtri]*	le vostre	*[le voßtre]*
ihre/Ihre	i loro/Loro	*[i loro]*	le loro/Loro	*[le loro]*

Grundform	l'infinito	*[linfinito]*
sein	essere	*[eßßere]*
haben	avere	*[awere]*
können	potere	*[potere]*
machen	fare	*[fare]*
geben	dare	*[dare]*
nehmen	prendere	*[prenndere]*
verstehen	capire	*[kapire]*

kaufen	**comprare**	*[kommprare]*
brauchen	**necessitare**	*[netschessitare]*
sagen	**dire**	*[dire]*
kommen	**venire**	*[wenire]*
warten	**aspettare**	*[aspettare]*
treffen	**incontrare**	*[inkontrare]*
finden	**trovare**	*[troware]*
suchen	**cercare**	*[tscherkare]*
essen	**mangiare**	*[mandschare]*
trinken	**bere**	*[bere]*
her-/wegbringen	**portare**	*[portare]*
holen	**andare a prendere**	*[andare a prenndere]*
schreiben	**scrivere**	*[ßkriwere]*
hören	**sentire**	*[ßentire]*
arbeiten	**lavorare**	*[laworare]*
lernen	**.imparare**	*[imparare]*
fahren nach	**andare a**	*[andare a]*
gehen	**andare**	*[andare]*
helfen	**aiutare**	*[ajutare]*
wollen	**volere**	*[wolere]*
schauen	**guardare**	*[guardare]*
sprechen	**parlare**	*[parlare]*
sehen	**vedere**	*[wedere]*
weggehen	**andare via**	*[andare wia]*
bezahlen	**pagare**	*[pagare]*
wissen	**sapere**	*[ßapere]*
fühlen	**sentire**	*[ßentire]*
schlafen	**dormire**	*[dormire]*
lesen	**leggere**	*[leddSchere]*
müssen	**dovere**	*[dowere]*
Gegenwart	**presente**	*[presennte]*
ich bin	**(io) sono**	*[(io) ßono]*
ich habe	**(io) ho**	*[(io) o]*
ich kann	**(io) posso**	*[(io) posso]*
ich mache	**(io) faccio**	*[(io) fattscho]*
ich gebe	**(io) do**	*[(io) do]*

ich nehme	(io) prendo	*[(io) prendo]*
ich verstehe	(io) capisco	*[(io) kapißko]*
ich kaufe	(io) compro	*[(io) kompro]*
ich brauche	(io) necessito	*[(io) netscheßßito]*
ich sage	(io) dico	*[(io) diko]*
ich komme	(io) vengo	*[(io) wengo]*
ich warte	(io) aspetto	*[(io) aspetto]*
ich treffe	(io) incontro	*[(io) inkontro]*
ich finde	(io) trovo	*[(io) trowo]*
ich suche	(io) cerco	*[(io) tscherko]*
ich esse	(io) mangio	*[(io) mandSho]*
ich trinke	(io) bevo	*[(io) bewo]*
ich bringe	(io) porto	*[(io) porto]*
ich hole	(io) vado a prendere	*[(io) wado a prenndere]*
ich schreibe	(io) scrivo	*[(io) ßkriwo]*
ich höre	(io) sento	*[(io) ßento]*
ich arbeite	(io) lavoro	*[(io) laworo]*
ich lerne	(io) imparo	*[(io) imparo]*
ich fahre	(io) vado	*[(io) wado]*
ich gehe	(io) vado	*[(io) wado]*
ich helfe	(io) aiuto	*[(io) ajuto]*
ich will	(io) voglio	*[(io) woljo]*
ich schaue	(io) guardo	*[(io) guardo]*
ich spreche	(io) parlo	*[(io) parlo]*
ich sehe	(io) vedo	*[(io) wedo]*
ich gehe weg	(io) vado via	*[(io) wado wia]*
ich bezahle	(io) pago	*[(io) pago]*
ich weiß	(io) so	*[(io) ßo]*
ich fühle	(io) sento	*[(io) ßento]*
ich schlafe	(io) dormo	*[(io) dormo]*
ich lese	(io) leggo	*[(io) leggo]*
ich muß	(io) devo	*[(io) dewo]*
Vergangenheit	il passato prossimo	*[il paßßato proßßimo]*
ich bin gewesen	(io) sono stato/a	*[(io) ßono ßtato/a]*
Ich habe gehabt	(io) ho avuto	*[(io) o awuto]*
ich habe gekonnt	(io) ho potuto	*[(io) o potuto]*

ich habe gemacht	(io) ho fatto	[(io) o fatto]
ich habe gegeben	(io) ho dato	[(io) o dato]
ich habe genommen	(io) ho preso	[(io) o preso]
ich habe verstanden	(io) ho capito	[(io) o kapito]
ich habe gekauft	(io) ho comprato	[(io) o komprato]
ich habe benötigt	(io) ho necessitato	[(io) o netscheßßitato]
ich habe gesagt	(io) ho detto	[(io) o detto]
ich bin gekommen	(io) sono venuto/a	[(io) ßono wenuto/a]
ich habe gewartet	(io) ho aspettato	[(io) o aspettato]
ich habe getroffen	(io) ho incontrato	[(io) o inkontrato]
ich habe gefunden	(io) ho trovato	[(io) o trowato]
ich habe gesucht	(io) ho cercato	[(io) o tscherkato]
ich habe gegessen	(io) ho mangiato	[(io) o mandŠhato]
ich habe getrunken	(io) ho bevuto	[(io) o bewuto]
ich habe gebracht	(io) ho portato	[(io) o portato]
ich habe geholt	(io) ho preso	[(io) o preso]
ich habe geschrieben	(io) ho scritto	[(io) o ßkritto]
ich habe gehört	(io) ho sentito	[(io) o ßentito]
ich habe gearbeitet	(io) ho lavorato	[(io) o laworato]
ich habe gelernt	(io) ho imparato	[(io) o imparato]
ich bin gefahren	(io) sono andato/a	[(io) ßono andato/a]
ich bin gegangen	(io) sono andato/a	[(io) ßono andato/a]
ich habe geholfen	(io) ho aiutato	[(io) o ajutato]
ich habe gewollt	(io) ho voluto	[(io) o woluto]
ich habe geschaut	(io) ho guardato	[(io) o guardato]
ich habe gesprochen	(io) ho parlato	[(io) o parlato]
ich habe gesehen	(io) ho visto	[(io) o wißto]
ich bin weggegangen	(io) sono andato/a via	[(io) ßono andato/a wia]
ich habe bezahlt	(io) ho pagato	[(io) o pagato]
ich habe gewußt	(io) ho saputo	[(io) o ßaputo]
ich habe gefühlt	(io) ho sentito	[(io) o ßentito]
ich habe geschlafen	(io) ho dormito	[(io) o dormito]
ich habe gelesen	(io) ho letto	[(io) o letto]
ich habe gemußt	(io) ho dovuto	[(io) o dowuto]

■ Italienisch – Deutsch

A = Ancona, B = ... Buchstabier-Alphabet
m = masculin, f = feminin, i = Mehrzahl

A = ANCONA

a che ora wann (Uhrzeit)
a disegni gemustert
a domani bis morgen
a in, nach (Stadt)
a piedi nudi barfuß
a più tardi bis nachher
a presto bis bald
a quadri kariert
a righe gestreift
a sinistra links
a stomaco vuoto nüchtern (Med.)
abboccato/a süffig
abbonamento (mensile/settimanale), m Karte (Monats-/Wochen)
abbordare anmachen (primitiv)
abbracciare umarmen
abitare wohnen
accanto neben
accappatoio, m Bademantel
accelerare Gas geben
accendere ausschalten
accendino, m Feuerzeug
accensione difettosa, f Fehlzündung
accensione, f Zündung
accessori per campeggio, i Campingbedarf

accessori per la macchina, i Autozubehör
acciuga, f Sardelle
accorciare kürzen
acerbo/a unreif
aceto, m Essig
acidità, f Säure
acqua brillante, f Tonic
acqua del radiatore, m Kühlwasser
acqua di mare, m Meerwasser
acqua di scarico, m Abwasser
acqua minerale, f Mineralwasser
acqua potabile, f Trinkwasser
acquavite, f Schnaps ·
acquisto, m Kauf
adattatore, m Adapterstecker
aereo, m Flugzeug
aerogramma, f Aerogramm
aeroporto, m Flughafen
affanno, m Atemnot
affari, i Geschäfte
affettato, m Aufschnitt (gemischt)
affettuoso/a zärtlich
affrancatura, f Porto
affumicato/a geräuchert
afoso/a schwül
agenzia (f) di viaggio Reisebüro
agenzia che procura un passaggio Mitfahrzentrale
aglio, m Knoblauch
agnello, m Lamm
ago, m Nadel
agosto August

agressivo/a aggressiv
agrodolce süß-sauer
ai lati an den Seiten
aids Aids
aiutare helfen
aiuto medico, m Arzthelferin
aiuto, m Hilfe
al burro in Buttersoße
al cartoccio in Folie
al pesto Basilikumsoße
al ragù, m Soße Bolognese
al sangue blutig gebraten
ala, f Flügel
albergo, m Hotel
albero genealogico, m Stammbaum
albero, m Baum
albicocca, f Aprikose
alcol, m Alkohol
alcolici, m (pl.), i Spirituosen
alcuni/e einige
all'angolo an der Ecke
all'arrabbiata scharf, Tomaten-Chili-Soße
all'inizio am Anfang
alla boscaiola Pilzsoße
alla carbonara helle Soße
alla fine am Ende
alla griglia gegrillt
alla marinara Soße mit Meeresfrüchten
alla pizzaiola Soße mit Tomaten
allacciarsi anschnallen
allattare stillen
allenamento, m Training
allergia, f Allergie
allo spiedo am Spieß
alloggio, m Unterkunft

alloro, m Lorbeer

alpinismo su roccia, m Felsklettern

alt stop

alta pressione Hochdruck

altare, m Altar

alternative, le Alternative

altezza, f Größe

altimetro, m Höhenmesser

altitudine Höhe

alto hoch

altrettanto gleichfalls

alzare la cornetta abnehmen

amabile lieblich

amaca, f Hängematte

amalgama, f Amalgam

amaro/a bitter

ambasciata, f Botschaft

ambulante ambulant

ambulanza, f Krankenwagen

ambulatorio, m Sprechzimmer

Amburgo Hamburg

amicizia epistolare, f Brieffreundschaft

amico/a Freund/-in

ammuffito/a verschimmelt

amóre, m Liebe

ampère, m Ampere

amuleto, m Amulett

analcolico/a alkoholfrei

analgesico, m Schmerzmittel

analisi dell'urina, m Urinuntersuchung

analisi delle feci, m Stuhluntersuchung

analisi, m Untersuchung, Analyse

ananas, f Ananas

anatra, f Ente

andare a prendere holen

andare fahren, gehen

andare in barca a vela segeln

andare in surf surfen

andare via weggehen

andata e ritorno hin und zurück

andata einfach

andata, f Hinfahrt

anello, m Ring

anestesia, f Betäubung

aneto, m Dill

anguilla, f Aal

anice, m Anis

Anniversario della Liberazione Tag der Befreiung vom Faschismus

anno nuovo Neujahr

anno, m Jahr

Annover Hannover

annuale jährlich

antibiotico, m Antibiotikum

antichità, le Antiquitäten

antidetonante klopffest

antipasto (misto) Vorspeisen (gemischt)

antizanzare, m Mückenmittel

aperitivo Aperitif

aperto/a geöffnet

apparecchio acustico Hörhilfe

appartamento, m Appartement, Wohnung

appendice, m Blinddarm

appendicite, f Blinddarmentzündung

appetito, m Appetit

applauso, m Beifall

apprendista Lehrling

appuntamento, m Termin

apribottiglie, m Flaschenöffner

aprile April

apriscatole, m Dosenöffner

Aquisgrana Aachen

arachide, f Erdnuss

aragosta, f Languste

arancia, f Apfelsine

arancione orange

architetto/l'architettura, f Architekt/-ur

argento, m Silber

aria condizionata Klimaanlage

aria, f Luft

aringa, f Hering

arista, f Rücken

armadio, m Schrank

armonioso/a ausgewogen

aroma, m Aroma

arrivederci/la auf Wiedersehen

arrivo Ankunft

arrivo, m Ankunft

arrostito/a gebraten

arrugginito/a verrostet

arte, f Kunst

articoli per la casa, i Haushaltswaren

articoli sanitari, i Sanitärbedarf

articoli sportivi, i Sportgeräte

artificiale künstlich

artista Künstler

ascensore, m Aufzug

ascesa (f) Aufstieg
ascesso, m Abszess
ascia, f Axt
asciugamano, m Handtuch
asciugare trocknen
ascoltare (an/zu)hören
asma, f Asthma
asparagi, i Spargel
aspettare warten
aspetto, m Aussehen
asse, f Achse
assicurazione, f Versicherung
assideramenti, i Erfrierungen
assistente Betreuer
assolo, m Solo
assolutamente unbedingt
assorbenti, i Tampons
Assunzione Mariä Himmelfahrt
ateo/a Atheist
attaccapanni, m Kleiderbügel
attacco di corrente, m Stromanschluss
attestato, m Bescheinigung
attore, m Schauspieler
attrezzatura fotografica Fotoausrüstung
attrezzatura, f Rigg
attrezzi, i Werkzeug
auditorio, m Zuschauerraum
auguri viel Glück, alles Gute
Austria, f Österreich
autista, m Fahrer
autolavaggio Waschstraße

Automobile Club Italiano Italienischer Autobmobilklub
autonomo selbständig
autoradio, f Autoradio
autosilo, m Parkhaus
autostoppista Anhalter
autostrada, f Autobahn
autunno, m Herbst
avanti Cristo vor Christus
avanti vor, voran, weiter
avere haben
avocado, m Avocado
Azienda di Promozione Turistica Fremdenverkehrsamt

B = BOLOGNA

baccalà, il Stockfisch
baciare küssen
bacino, il Küsschen
bacio, il Kuss
badminton, il Badminton
bagagli, i Gepäck
bagagliaio, il Gepäckwagen, Kofferraum
bagaglio a mano, il Handgepäck
bagnino, il Bademeister
bagno, il Badezimmer
baia, la Bucht
balcone, il Balkon
ballare tanzen
ballo popolare, il Volkstanz
bambinaia, la Babysitter
bambino, il Junge
bambola, la Puppe
banana, la Banane

banco, il Theke
bancomat, il Geldautomat
banconote, le Scheine
banda, la Bande
bar, il Bar
barba, la Bart
barca, la Boot
Basilea Basel
basilico, il Basilikum
bassa pressione, la Tiefdruck
basso iedrig
basso ventre, il Unterleib
batteria, la Batterie
battesimo, il Taufe
bebè, il Baby
beige beige
Belgio, il Belgien
bellezze, le Sehenswürdigkeiten
ben cotto durchgebraten
benda, la Mullbinde
benda, la Verband
benzina, la Benzin
bere (molto) trinken (viel)
Berlino Berlin
Berna Bern
berretto, il Mütze
biancheria, la Bettwäsche
biancheria, la Wäsche
bianco/a weiß
bianco/a weißer
biberon, il Milchfläschchen
biblioteca, la Bibliothek
bicchiere, il Trinkglas
bicicletta, la Fahrrad
bietola, la Mangold
bigliardo, il Billard
bigliettaio, il Schaffner

biglietteria, la Fahrkartenschalter
biglietto (giornaliero), il Karte (Tages-)
biglietto di ritorno, il Rückfahrkarte
biglietto, il Eintrittskarte, Fahrkarte, Ticket
bigodini, i Lockenwickler
bikini, il Bikini
bimbo, il Kleinkind
binario, il Bahnsteig
binoccolo da teatro, il Opernglas
birra, la Bier
biscotti, i Kekse
biscotto, il Biskuit
bloccato/a blockiert
blu blau
bombole d'ossigeno, le Sauerstoffflaschen
borsa a tracolla, la Umhängetasche
borsa per la macchina fotografica, la Fototasche
borsa termica, la Kühltasche
borsa, la Beutel, Tasche
borsellino, il Portemonnaie
bottega di ceramiche, la Töpferei
bottiglia d'acqua, la Wasserflasche
bottiglia, la Flasche
bottiglietta, la kleine Flasche
bottone automatico, il Druckknopf
bottone, il Knopf
bouquet, il Bukett
braccialetto, il Armband

brandy, il Weinbrand
branzino, il Seebarsch
brasato/a geschmort
Bregenza Bregenz
Brema Bremen
briglia, la Zügel
brividi, i Schüttelfrost
brocca, la Krug
broccoli, i Brokkoli
brodo della verdura, il Gemüsesoße
brodo di carne, il Fleischbrühe
brodo di … , il Brei aus …
bronzo, il Bronze
bruciato/a an-/durchgebrannt
bruciature, le Verbrennungen
brutto/a hässlich
bubbone, il Drüse
buca delle lettere, la Briefkasten
buccia, la Schale
buco, il Loch
buddista Buddhist
budino, il Pudding
bue, il Ochse
buon divertimento viel Spaß
buon viaggio gute Reise
buona notte gute Nacht
buona sera guten Abend
buongiorno guten Tag/Morgen
buongustaio, il Feinschmecker
buono gut
burro, il Butter
bus, il Bus
bussola, la Kompass

busta, la (Brief-)umschlag
butano, il Butangas

C = C O M O
cabina telefonica, la Telefonzelle
cacao, il Kakao
cacciavite, il Schraubenzieher
cadente fallend
caduta di neve, la Schneefall
caffè, il Kaffee
cagna, la Hündin
calamari, i Tintenfische
calante abnehmend
calcio, il Fußball
caldo warm
calmante, il Beruhigungsmittel
calore, il Hitze
calorie, le Kilokalorie
calze, le Strümpfe
calzini, i Socken
cambiare umsteigen
cambiare wechseln
cambio, il Wechsel, Tausch, Wechselstube, Getriebe (Auto)
camera da letto, la Schlafzimmer
camera degli ospiti, la Gästezimmer
camera doppia, la Doppelzimmer
camera vicina, la Nachbarzimmer
camera, la Zimmer
cameriera, la Zimmermädchen
cameriere, il Kellner
camicia, la Hemd

camminare gehen, laufen

camomilla, la Kamillentee

camoscio, il Gemse, Wildleder

campana, la Glocke

campeggio, il Camping

campo da gioco per bambini, il Kinderspielplatz

campo, il Feld

canale, il Kanal

canale, il Sender

candela d'accensione, la Zündkerze

candela, la Kerze

cane, il Hund

canile, il Hundezwinger

cannella, la Zimt

canoa, la Kanu

cantare singen

cantiere, il Baustelle

capelli, i Haare

capire verstehen

Capodanno Neujahr

cappella, la Kapelle

cappello, il Hut

capperi, i Kapern

cappotto, il Mantel

capra, la Ziege

capretto, il Zicklein

capriolo, il Reh

carabina, la Karabiner

carbone di legno, il Holzkohle

carciofi, i Artischocken

carezzare streicheln

carie, le Karies

carino/a hübsch

carne, la Fleisch

caro billig

caro/a lieb

carote, le Karotten

carro attrezzi, il Abschleppwagen

carrozzeria, la Karosserie

carrozzina, la Kinderwagen

carta da pacchi, la Packpapier

carta da scrivere, la Schreibpapier

carta di circolazione, la Kfz-Schein

carta di credito per gli eurocheques, la Scheckkarte

carta di credito, la Kreditkarte

carta geografica, la Landkarte

carta igienica, la Toilettenpapier

carta smerigliata, la Schmirgelpapier

carta stradale, la Wanderkarte

carta verde, la Grüne Versicherungskarte

carte, le Spielkarten

cartolina, la Ansichts-, Postkarte

casa di vacanza, la Ferienhaus

casa, la Haus

casalinga, la Hausfrau

cascata, la Wasserfall

casco totale, il Vollkasko

casco, il Helm

cassa, la Kasse, Kiste

cassetta del pronto soccorso, la Erste-Hilfe-Kasten

cassetta di sicurezza, la Schließfach

cassette, le Kassetten

castagna, la Kastanie

castello, il Burg, Schloss

catacombe, le Katakomben

catalogo, il Katalog

categoria (superiore), la Kategorie (gehobene)

catena, la Kette

cattedrale, la Kathedrale

cattivo schlecht

cattolico/a katholisch

cauzione, la Kaution

cavalcare reiten

cavalli, i Pferdestärke

cavallina, la Fohlen

cavallo, il Pferd

cavatappi, il Korkenzieher

caverna, la Höhle

caviglia, la Knöchel

cavo da rimorchio, il Abschleppseil

cavo di comando del freno, il Bremszug

cavo, il Kabel

cavolfiore, il Blumenkohl

CD-Rom, il CD-Rom

Ce, la Tschechei

ceci, i Kichererbsen

celibe ledig (Mann)

cena, la Abendessen

centimetro, il Zentimeter

cento hundert

centomila hunderttausend

centro commerciale, il Einkaufszentrum, -zone

centro storico, il Altstadt

centro, il Mitte, Zentrum

ceramica, la Keramik
cercare suchen
cerchione, il Felge
cerini, i Streichhölzer
cerotto, il Pflaster
certificato di vaccinazione, il Impfpass
certificato medico, il Gesundheitszeugnis, Krankenschein
cervello, il Hirn
cervo, il Hirsch
cesto, il Korb
cetriolo, il Gurke
champagne Champagner
che sa di frutta fruchtig
chi wer
chiaro/a hell
chiave per dadi, la Schraubenschlüssel
chiave, la Schlüssel
chiavetta d'accensione, la Zündschlüssel
chiavi della macchina, le Autoschlüssel
chiesa, la Kirche
chilo joule, il Kilojoule
chilo, il Kilogramm
chilocaloria, la Druck
chilometro quadrato, il Quadratkilometer
chilometro, il Kilometer
chilowatt, i Kilowatt
chiodi di garofano, i Nelken
chiodo da roccia, il Kletterhaken
chiodo, il Niete
chirurgo, il Chirurg
chiusa, la Schleuse
chiusura a strappo, la Klettverschluss
chiusura lampo, la Reißverschluss

cialda, la Waffel
ciambella, la Krapfen
ciao hallo, tschüss
cibi a base di latte, i Milchspeisen
cibo per cani, il Hundefutter
ciclista, il/la Radfahrer
cicoria, la Chicoree
cieco/a blind
cigolare quietschen
ciliegia, la Kirsche
cima, la Gipfel
cimitero, il Friedhof
cimurro, il Staupe
cinema, il Kino
cinghia, la Keilriemen, Trageriemen
cinghiale, il Wildschwein
cinquanta fünfzig
cinque fünf
cintura di salvataggio, la Rettungsgürtel
cintura, la Gürtel
cioccolata, la Schokolade
cioccolatini, i Pralinen
ciondolo, il Schmuckanhänger
cipólla, la Zwiebel, Haarknoten
cipria, la Puder
circolazione, la Kreislauf
classe, la Klasse
clistere, il Einläufe
Club alpino Italiano Italienischer Alpenverein
club, il Club
coda di rospo, la Anglerfisch
coda, la Schwanz
cognome, il Nachname

coincidenza, la Anschluss
colazione, la Frühstück
colera, il Cholera
collana, la Halskette
collare, il Halsband
collegamento, il Verbindung
colli, i Kleinteile
collina, la Hügel
collo del dente, il Zahnhals
collo, il Hals
Cologna Köln
colonna, la Säule
colorare färben
colorato/a bunt
colore degli occhi, il Augenfarbe
colpi di sole, i Strähnen
colpo di sole, il Sonnenstich
coltello, il Messer
coltivazione, la Züchtung
commozione cerebrale, la Gehirnerschütterung
comodino, il Nachttisch
compact, il CD (Musik)
compagno/a, il/la Partner/-in
compatibile kompatibel
compatto/a dicht
compleanno, il Geburtstag
completo/a vollständig, ausgebucht
comprare kaufen
compresse contro il mal di testa, le Kopfschmerztabletten
compresse di vitamine, le Vitamintabletten
compresse, le Tabletten

computer portatile, il Laptop

comunione, la Kommunion

Comunità Economica Europea EG

con la massima stima hochachtungsvoll

con mit

con poco sale salzarm

concerto, il Konzert

confermare bestätigen

confessione, la Beichte

confronta vergleiche

coniglio, il Kaninchen

conoscente, il/la Bekannte/-r

conoscersi kennenlernen

consegna dei pacchi, la Paketzustellung

consegnare abgeben

consolato, il Konsulat

contagioso/a ansteckend

contatore della corrente, il Stromzähler

contatto, il Kontakt

contenuto, il Inhalt

continuare weiter, fortsetzen

conto, il Konto, Rechnung

contorno, il Beilage

contraccettivo, il Verhütungsmittel

contrattare Händeln

contratto d'affitto, il Mietvertrag

controindicazioni, le Gegenanzeigen

controllare überprüfen

controllo del traffico, il Verkehrskontrolle

controllo, il Kontrolle

contusione, la Prellung

convento, il Kloster

conversazione, la Gespräch

coperta, la Bettdecke

copertina, la Briefumschlag

copertone, il Gummi-/Autoreifen

copia, la Kopie, Abzüge

copricatene, il Kettenschutz

corda, la Schnur, Seil

coriandolo, il Koreander

cornflakes, i Cornflakes

coro, il Chor

corografia, la Landeskunde

corona dentata, la Zahnkranz

corona, la Krone

corposo/a vollmundig

corredo per riparazioni, il Flickmaterial

corrente anno laufenden Jahres

corrente, il Strom

corso dei cambi, il Wechselkurs

corso Hauptstraße

corto circuito, il Kurzschluss

corto kurz

cosa was

coscia, la Keule

costipazione, la Verstopfung

costoletta, la Rippchen

costume intero, il Badeanzug

costume, il Badehose, Badekleidung

cotogna, la Quitte

cotoletta alla milanese, la Wiener Schnitzel

cotoletta, la Kotelett, Schnitzel

cotone, il Baumwolle, Watte

cotto/a a vapore gedämpft

cotto/a gar

cozze, le Miesmuscheln

crauti, il Sauerkraut

crema, la Creme, Rahm, Sahne

cremoso/a cremig

crepaccio, il Gletscherspalten

crescente steigend

cretino Wicht, Kretin

cretino, il Blödmann

crico, il Wagenheber

cripta, la Krypta

cristallo di rocca, il Bergkristall

cristallo, il Kristall

cristiano/a Christ

Croazia, la Kroatien

Croce Rossa Italiana Rotes Kreuz

cronico/a chronisch

crostacei, i Schalentiere

crudità, le Rohkost

crudo/a roh

cubi di ghiaccio, i Eiswürfel

cuccetta, la Liegewagen

cucchiaino, il Teelöffel

cucchiaio, il (Ess-)löffel

cucciolo, il Welpe

cucina, la Küche

cucinino, il Kochnische

cucire nähen

cugina, la Cousine

cugino, il Cousin

cumino, il Kümmel

cuoco, il Koch

cuore, il Herz
cura, la Pflege
curcuma, la Kurkuma
curry, il Curry
curva, la Kurve
cuscinetto a sfere, il Kugellager
cuscino, il Kopfkissen
custodito/a bewacht

D = DOMO-DOSSOLA

d'argento silbrig
d'oro golden
da bei, zu
da nessuna parte nirgends
dà sulla strada geht zur Straße
dadi, i Würfel
dama, la Dame
danaro (contante), il (Bar-)Geld
danneggiato/a beschädigt
danno al disco intervertebrale, il Bandscheibenschaden
Danubio Donau
dappertutto überall
dare fastidio nerven
dare geben
data, la Datum
datteri di mare, i Dattelmuscheln
dattero, il Dattel
davanti a vor
debole schwach
debolezza, la Schwäche
defecazione, la Stuhlgang
deficiente Idiot

degustazione, la Weinprobe
delega, la Vollmacht
dente del giudizio, il Weisheitszahn
dente di leone, il Löwenzahn
dente incisivo, il Schneidezahn
dentice, il Zahnbrosse
dentiera, la Gebiss
dentifricio, il Zahnpaste
dentro innen
deposito bagagli a cassette, il Schließfach
deposito bagagli, il Gepäckaufbewahrung
descrizione della strada, la Wegbeschreibung
descrizione, la Beschreibung
dessert, il Dessert
destinazione, la Ziel
destra rechts
detergente, il Reinigungsflüssigkeit
detersivo, il Spülmittel, Waschpulver
detriti, i Geröll
deviazione, la Umleitung
di aus, von
di dove woher
di fronte gegenüber
di meno weniger
di più mehr
diabete, il Diabetes
diafragma, il Diaphragma
diaframma, il Blende
diamante, il Diamant
diapositiva, la Diapositivbild

diario, il Tagebuch
diarrea, la Durchfall
dicembre Dezember
dichiarazione doganale, la Zollerklärung
diciannove neunzehn
diciassette siebzehn
diciotto achtzehn
dieci volte zehnmal
dieci zehn
diecimila zehntausend
diesel Diesel
dieta, la Schonkost
dietro a hinter
difetto della vista, il Sehschwäche
difetto di verniciatura, il Lackschaden
difettoso fehlerhaft
digiuno, il Fasten
diminuzione, la Abgang
dinamo, il Lichtmaschine
Dio Gott
diottria, la Dioptrien
dipinto, il Gemälde
dire sagen
direttore d'orchestra, il Dirigent
direzione, la Richtung
discesa, la Abstieg
dischetto, il Diskette
disegno, il Muster
disinfettante, il Desinfektionsmittel
disorientato/a desorientiert
dispositore d'avviatore, il Anlasser
distanza, la Entfernung
distributore, il Tankstelle
disturbi cardiaci, i Herzbeschwerden
disturbo, il Belästigung

dito del piede, il Zeh
divertimento, il Vergnügen
divieto di parcheggio, il Parkverbot
divorziato geschieden
dizionario, il Wörterbuch
doccia, la Dusche
docile zahm
documenti di riserva, i Ersatzpapiere
documenti, i Ausweise, Dokumente
dodici zwölf
doganiere, il Zollbeamte
dolce alla panna, il Sahnekuchen
dolce mild, süß
dolci, i Konfekt, Süßspeisen
dollari, i US-Dollar
dolori, i Schmerzen
domanda, la Antrag
domani morgen
domenica, la Sonntag
donna, la Frau
dopo Cristo nach Christus
dormire schlafen
dormitorio, il Schlafsaal
dose, la Dosis
dottore akademischer Abschluss, Arzt
dóve wo, wohin
dovere müssen
dozzina, la ein Dutzend
dracme greche, le Griechische Drachmen
Dresda Dresden
dressaggio, il Dressur
dritto geradeaus
droga, la Rauschgift

due volte zweimal
due zwei
duecento zweihundert
duemila zweitausend
duna, la Düne
durata del soggiorno, la Aufenthaltsdauer
duro/a hart, zäh
durone, il Hornhaut

E = EMPOLI

ebreo/a Jude
eccetera usw.
economia e commercio Wirtschaftswissenschaften
economico teuer
edicola, f Zeitungsstand
edificio, m Gebäude
effetti collaterali, i Nebenwirkungen
elastico, m Gummi
elenco (m) telefonico Telefonbuch
elettricità, f Elektrizität
elettrodomestici, i Elektrowaren
emissione (f) speciale Sondermarken
energia, f Energie
enoteca, f Weingeschäft
Ente Nazionale Italiano per il Turismo Staatliches Fremdenverkehrsamt
entrata, f Einfahrt, -gang, -reise, Eintrittspreis
Epifania Heilige Drei Könige
epilessia, f Epilepsie

equipaggiamento (m) da camping Campingausrüstung
equipaggiamento, m Ausrüstung
equipaggiamento, m da sport Sportausrüstung
erbe, le Kräuter
erogazione (f) di energia elettrica Stromversorgung
eruzione, f Ausschlag
esaurito/a ausverkauft
eschimotaggio, m Eskimorolle
esente da dazio zollfrei
Esercito Italiano Italienisches Heer
espatrio, m Ausreise
esportazione, f Ausfuhr
essere contento/a freuen, sich
essere minorato/a behindert
essere sein
essere solo/a allein sein
est, m Osten
estate, f Sommer
estero, m Ausland
estetista, m Kosmetiksalon
estintore, m Feuerlöscher
età, f Alter
etichetta (f) autoadesiva Aufkleber
ettaro, m Hektar
euro, m Euro
eurocheque, m Euroscheck

F = FIRENZE

fabbisogno personale, il persönlicher Bedarf
facchino, il Gepäckträger, Bote
faccia da culo, la Arschloch
fagiano, il Fasan
fagioli, i Bohnen
fagiolini, i Bohnen, grüne
falso falsch
falso, il Fälschung
fame, la Hunger
faraona, la Perlhuhn
fare attenzione aufpassen
fare l'amore miteinander schlafen
fare l'autostop trampen
fare la barba rasieren
fare la pipì addosso in die Hose machen
fare la radiografia röntgen
fare la valigia packen
fare machen
farfalle, le Schmetterlingsnudeln
farina, la Mehl
farinaci, i Teigwaren
farinoso/a mehlig
farla finita Schluss machen
farmaco naturalista, il Naturheilmittel
faro, il Scheinwerfer
fasciatura elastica, la elastische Binde
fatica, la Anstrengung

fatto a mano handgemacht
fattoria, la Bauernhof
fattorino degli espressi, il Eilbote
favola, la Märchen
fazzoletti, i Taschentücher
febbraio Februar
febbre, la Fieber
fede, la Glaube
fedele treu
fegato d'oca, il Entenleber
fegato, il Leber
ferita, la Wunde
ferito/a verletzt
fermare halten
fermata, la Haltestelle, Station
fermo posta postlagernd
ferro di cavallo, il Hufeisen
ferro, il Eisen
Ferrovie dello Stato Staatliche Eisenbahn
Festa del Lavoro Tag der Arbeit
festa del paese, la Volksfest
festa in famiglia, la Familienfeier
festa nazionale, la Nationalfeiertag
fèsta, la Fest
festeggiare feiern
fètta, la Stück, Scheibe, Schnitte
fettuccine, le breite Bandnudeln
fico, il Feige
fiele, il Galle
figlia, la Tochter
figlio, il Sohn

fila di sedili, la Sitzreihe
fila, la Reihe
filetto, il Filet
film (d'azione), il (Action-)Film
filo metallico, il Draht
filo, il Nähgarn
filtro, il Filter
fine fein
fine settimana, il Wochenende
finestra, la Fenster
finestrino, il Scheibe
finocchi, i Fenchel
fiocchi d'avena, i Haferflocken
fiori, i Blumen
firma, la Unterschrift
fischietto, il Trillerpfeife
fisioterapia, la Krankengymnastik
fissare un appuntamento verabreden
fiume, il Fluss
flirtare flirten
fontana, la Brunnen
forbicina, la Nagelschere
forcella, la Gabel (Tech.), Haarnadel
forchetta, la Essgabel
foresta, la Wald
forma, la Kondition
formaggio di capra, il Ziegenkäse
formaggio di latte acido, il Sauermilchkäse
formaggio di vacca, il Kuhkäse
formaggio, il Käse
formazione professionale, la Ausbildung
formiche, le Ameisen
fornellino, il Gaskocher

fornello, il Kocher
forno, il Backofen
forte laut, schwer, stark
fotografia, la Aufnahme (Foto)
foulard, il Hals-, Kopftuch
fragola, la Erdbeere
franchi belgi, i Belgische Francs
franchi francesi, i Französische Franc
franchi svizzeri, i Schweizer Franken
franchi tedeschi, i Deutsche Mark
Francia, la Frankreich
francobollo, il Briefmarke
Francoforte Frankfurt
frattura, la Bruch
freddo kalt
freddo, il Kälte
frenare bremsen
freno a contropedale, il Rücktritt
freno a mano, il Handbremse
freno al mozzo, il Nabenbremse
freno sul cerchione, il Felgenbremse
freno, il Bremse
fresco/a frisch
Friburgo Freiburg
frigo, il Kühlschrank
frittata, la (Eier-)Pfannkuchen
fritto/a frittiert
frizionare einreiben
frizione, la Kupplung
frutta cotta, la Kompott
frutta, la Obst

frutti di mare, i Meeresfrüchte
fucile, il Gewehr
fuga del conducente, la Fahrerflucht
fulmine, il Blitz
fumare rauchen
fumatore/trice, il/la Raucher
funghi, i Champignons
fungo, il Pilz, Fußpilz
funivia, la Seilbahn
funzionario, il Beamter
fuoco da campo, il Lagerfeuer
fuori außen
furto, il Raub
fusilli, le eliche, i Spiralnudeln

G = GENOVA
gabinetto, il Toilette
galleria, la Galerie, Rang
galletto, il Hähnchen
gallinacci, i Pfifferlinge
gamberetti, i Garnelen
gambero di mare, il Hummer
gambero, il Krabben
gamberoni, i Riesenscampi
gancio di traino, il Anhängerkupplung
gancio, il Haken
gara, la Wettkampf
garage, il Garage
gargarizzare gurgeln
gas, il Gas
gatto, il Katze
gelateria, la Eisdiele
gelatina, la Gelee
gelato, il Speiseeis

gelo, il Frost
geloso/a eifersüchtig
gengive, le Zahnfleisch
genitori, i Eltern
gennaio Januar
Germania, la Deutschland
getto, il Düse
gettoni, i Münzen
gettoni, i Spielmarken
ghiacciaio, il Gletscher
giacca, la Jacke
giallo, il Krimi
giallo/a gelb
giardino, il Garten
ginecologo, il Gynäkologe
ginepro, il Wacholder
Ginevra Genf
ginnastica, la Gymnastik
ginocchio, il Knie
giocattolo, il Spielzeug
gioco da tavola, il Brettspiel
gioco, il Spiel
gioielli, i Schmuck
gioielliere, il Juwelier
giornale, il Zeitung
giornata dell'indipendenza, la Unabhängigkeitstag
giorno d'arrivo, il Tag der Ankunft
giorno di partenza, il Tag der Abreise
giorno festivo, il Feiertag
giorno, il Tag
giovane jung
giovedì, il Donnerstag
girare abbiegen
giro (per la città), il (Stadt-)Rundfahrt
giù unten

giubbetto di salvataggio, il Schwimmweste

giugno Juni

giunture, le Gelenke

gnocco, lo Knödel

goccia, la Tropfen

gomma di riserva, la Ersatzrad

gomma, la Radiergummi, Reifen, Schlauch

gonna, la Rock

gorgonzola, il Schimmelkäse

gradi, i Grad Celsius

grado di difficoltà Schwierigkeitsgrad

grammo, il Gramm

granaio, il Scheune

granchio, il Krebs

grande groß

grandine, la Hagel

grano, il Weizen

granuloso/a körnig

grasso per cuoio, il Lederfett

grasso, il Fett

grasso/a fett, dick

gratinato/a überbacken

gravidanza, la Schwangerschaft

grazie danke

grigio/a grau

griglia, la Grill

grossolano/a grob

guado, il Furt

guancia, la Backe

guanti, i Handschuhe

guardare schauen

guardaroba, il Garderobe

guarnizione, la Dichtung

guida alpina, la Bergführer

guida, la Führung, Fremdenführer

guidare fahren, lenken

guinzaglio, il Hundeleine

gusto di tappo, il korkig

___

H = ACCA

hictus cerebrale, m Schlaganfall

hobby, m Hobby

___

I = IMOLA

ibisco, m Okra

ieri gestern

igiene, f Hygiene

imballaggio, m Verpackung

imbecille Vollidiot

imbottire stopfen

Immacolata concezione Maria Empfängnis

immaturo/a unreif

immergere tauchen

immondizia, f Abfall, Müll

impanato/a paniert

imparare lernen

impermeabile wasserdicht/-fest, winddicht

impiegato, m Angestellter

importante wichtig

importazione, f Einfuhr

imposta generale sull'entrata Umsatzsteuer

imposta sul valore aggiunto Mehrwertsteuer

in aumento zunehmend

in diretta direkter Weg

in in, nach (Land)

in ritardo verspätet

in salamoia gepökelt

in tinta unita einfarbig

incollare kleben

incontinente inkontinent

incontrare treffen

incrocio Kreuzung

indeciso/a Unentschieden

indennità per chilometro Kilometergeld

indicatore (m) stradale Wegweiser

indietro zurück

indirizzo del luogo di nascita Heimatanschrift

indirizzo, m Adresse

indù Hindu

infarto cardiaco Herzinfarkt

infedele untreu

infermiera, f Krankenschwester

infiammazione, f Entzündung

infinito Grundform

inflazione, f Inflation

informare informieren

informazione, f Auskunft

ingegnere, m Ingenieur

Inghilterra, f Großbritannien

ingrandimento Vergrößerung

ingresso, m Diele, Einlass

iniziativa personale Selbsthilfe

inondazioni, le Überschwemmungen

insalata ai frutti di mare Meeresfrüchtesalat
insalata, f Salat
insegnante, m Lehrer
insipido/a fade
insonnia, f Schlaflosigkeit
intensità, f di corrente Stromstärke
interfaccia, f Schnittstelle
interiora, le Innereien
internet, m Internet
interruttore, m Schalter, Unterbrecher
intervallo, m Pause
intestino, m Darm
intorpidito/a abgestorben
intossicazione da alimenti, f Lebensmittelvergiftung
intrattenere unterhalten
invecchiato gealtert, veraltet
inverno, m Winter
invio (m) di libri Büchersendung
io ich
iperestesia contro i farmaci Arzneimittelüberempfindlichkeit
irrogazione sanguigna Durchblutung
iscrivere anmelden
istituto professionale, m Berufsschule
istruzioni per l'uso, le Bedienungsanleitung
Italia, f Italien
itinerario, m Reiseplan, Route
itterizia, f Gelbsucht

J = LUNGA, I
jazz, il Jazz
jeans, i Jeans

K = KAPPA
kefir, il Kefir

L = LIVORNO
là dort
labbra, le Lippen
laboratorio fotografico, il Fotolabor
laboratorio, il Labor
lacci, i Schnürsenkel
ladro, il Dieb
lago di Costanza, il Bodensee
lago, il See
lametta, il rasoio, la Rasierklingen, -apparat
lampada al flash, la Blitzgerät, -lampe
lampada, la Lampe
lampadina tascabile, la Taschenlampe
lampadina, la Glühbirne
lampone, il Himbeere
lana, la Wolle
lancetta, la Zeiger
lancinante stechend
largo breit, weit
largo Platz
lasciare un messaggio Nachricht hinterlassen
latte acido, il Sauermilch
latte, il Milch
latticello, il Buttermilch

latticini, i Milchprodukte
lattina, la Dose
lattuga, la Blatt-, Kopfsalat
lavanderia, la Reinigung, Wäscherei, Waschsalon
lavandino, il Waschbecken
lavare i piatti abwaschen
lavare waschen
lavatoio, il Waschraum
lavorare arbeiten
leggere lesen
leggero/a leicht
Lei/lei Sie/sie
lei er
lènte, la Linse, Brille
lenti a contatto, le Kontaktlinsen
lenticchie, le Linsen
lento/a langsam
lenzuolo, il Laken
lepidio, il Kresse
lepre, la Hase
lesso/a gekocht
lettera, la Brief
lettere Literatur
letto (a castello), il (Etagen-)Bett
lettore CD, il CD-Player
leucoplasto, il Leukoplast
lezione, la Unterricht, Vorlesung
libero professionista, il selbständig arbeiten
libero/a frei
libreria, la Buchhandlung
libretto postale di risparmio, il Postsparbuch

libro delle preghiere, il Gebetbuch
libro illustrato, il Bilderbuch
libro per bambini, il Kinderbuch
libro, il Buch
liceo, il Gymnasium
lievito, il Backpulver, Hefe
lilla lila
lima, la Feile
limite di velocità, il Tempolimit
limonata, la Limonade
limone, il Limone, Zitrone
linea, la Auslinie, Linie
lingua, la Zunge
linguaggio per i sordi, il Gehörlosensprache
lingue, le Sprachen
lino, il Leinen
Lipsia Leipzig
liquido per freni, il Bremsflüssigkeit
liquido refrigerante, il Kühlflüssigkeit
liquore, il Likör
Lire italiane, le Italienische Lire
liscio glatt
lista dei vini, la Weinkarte
lista delle bevande, la Getränkekarte
lista, la Liste
litro, il Liter
locale, il Kneipe
località, la Ortschaft
locanda, la Gasthof
long drink, il Long Drink
lontano (da) weit (von)
loro sie

lozione, la Rasierwasser
luccicante glänzend
luccio, il Hecht
luce posteriore, la Rücklicht
luce, la Licht
Lucerna Luzern
lucido da scarpe, il Schuhcreme
luglio Juli
lumache, le Schnecken
luna, la Mond
lunedì di Pentecoste Pfingstmontag
lunedì, il Montag
lunghezza, la Länge
lungo lang
luogo d'incontro, il Treffpunkt
luogo di sosta, il Rastplatz
luogo, il Ort
Lussemburgo, il Luxemburg

M = MILANO

maccheroni, i Röhrennudeln
macchia, la Fleck
macchina fotografica (reflex), la (Spiegelreflex-)Kamera
macchina per il caffè, la Kaffeemaschine
macchina, la Auto
macellaio, il Metzger
macinato/a gemahlen
madera, m Madeira
madre, la Mutter
madrevite, la Schraubenmutter
maggio Mai

maggior parte, la das meiste
maglietta, la Unterhemd
Magonza Mainz
magro dünn
magro/a mager
mai nie
maiale, il Schwein
mais, il Mais
mal di denti, il Zahnschmerzen
mal di testa, il Kopfschmerzen
malaria, la Malaria
malattia venerea, la Geschlechtskrankheit
malattie infantili, le Kinderkrankheiten
mancia, la Trinkgeld
mandarino, il Mandarine
mandorla, la Mandel
mangia-cassette, il Kassettenrekorder
mangiare essen
mango, il Mango
maniglia, la Handgriff
manioca, la Maniok
mano, la Hand
mantenimento, il Versorgung
manubrio, il Lenker
manzo, il Rind
mar Baltico, il Ostsee
marcia indietro, la Rückwärtsgang
marcia, la Gang
marciapiede, il Fuß-, Gehweg
marcio/a faul
mare del Nord, il Nordsee
marinato/a mariniert
marito, il Ehemann

marmellata, la Marmelade

marrone braun

martedì, il Dienstag

martello, il Hammer

marzapane, il Marzipan

marzo März

mascella, la Kiefer

maschera, la Taucherbrille

massaggi, i Massagen

massaggiatore, il Masseur

masticare kauen

materassino, il Luftmatratze

materasso, il Matratze

materia di studio, la Studienfach

materiale sintetico, il Kunststoff

matita, la Schreibstift

maturato/a abgehangen

maturità, la Abitur

maturo/a reif

mazzo di fiori, il Blumenstrauß

meccanico, il Mechaniker

media medium gebraten

medicina omeopatica, la homöopathisches Mittel

medico di turno, il Notarzt

medico generico, il praktischer Arzt

medico omeopatico, il Homöopath

meduse, le Quallen

meglio besser

mela, la Apfel

melanzane, le Aubergine

melone, il Melone

membra, le Gliedmaßen

Meno Main

mensa, la Kantine

mensile monatlich

mentuccia, la Pfefferminze

menù del giorno, il Tagesmenü

menù, il Speisekarte

mercante, il Kaufmann

mercato delle pulci, il Flohmarkt

mercato, il Markt

mercoledì, il Mittwoch

merda, la Scheiße

merluzzo, il Kabeljau

mescolato/a geschüttelt

mese, il Monat

messa, la Heilige Messe

mestiere, il Beruf

mestruazione, la Menstruation

meta del viaggio, la Reiseziel

metà, la die Hälfte

metallico metallisch

metri d'altitudine, i Höhenmeter

metro quadrato, il Quadratmeter

metro, il Meter

metropolitana, la U-Bahn

mettere giù auflegen

mettere i denti zahnen

mettere in comunicazione verbinden

mettere in cornice rahmen

mezza pensione, la Halbpension

mezzo chilo, il Pfund (1/2 kg)

midollo spinale, il Rückenmark

midollo, il Mark

miele, il Honig

miglio, il Hirse

mille tausend

millilitro, il Milliliter

millimetro, il Millimeter

milza, la Milz

minestra di fagioli, la Bohnensuppe

minestra di riso, la Reissuppe

minestra di verdure, la Gemüsesuppe

minestrone, il dicke Gemüsesuppe

ministero, il Ministerium

minorato/a mentalmente geistig behindert

minuto, il Minute

miope kurzsichtig

mirino, il Sucher

misto/a gemischt

misura, la Schuhgröße

misurare (la febbre) (Fieber) messen

mittente, il Absender

mobili, i Möbel

modem, il Modem

modulo per la dichiarazione doganale, il Zollerklärungsformular

modulo, il (Anmelde-) Formular

moglie, la Ehefrau

molare, il Backenzahn

momento, il Zeitpunkt

Monaco München

monitor, il Bildschirm

montagna, la Berg, Gebirge

montone, il Hammel

monumento, il Denkmal

mora di gelso, la Maulbeere

mora, la Brombeere

morbido/a weich

morbillo, il Masern

morchelle, le Morcheln

mordere beißen

morsa, la Schraubstock

morso, il Tierbiss

morto/a tot

moschea, la Moschee

Mosella Mosel

mostra, la Ausstellung

motociclista, il Motorradfahrer

motore, il Motor

motorino, il Moped

mouse, il Maus

movimento, il Bewegung

mozzo della ruota, il Radnabe

mulinello, il Mühle

municipio, il Rathaus

muscoli, i Muskeln

museo, il Museum

museruola, la Maulkorb

musica classica, la klassische Musik

musica popolare, la Volksmusik

musica rock, la Rockmusik

musica, la Musik

muso, il Maul, Schnauze

musulmano/a Moslem

mutanda, la Unterhose

N = NAPOLI

nastro adesivo, il Klebeband

Natale, il Weihnachten

naturale natürlich

nausea, la Übelkeit

navata, la Kirchenschiff

nave, la Schiff

nazionalità, la Nationalität

nebbia, la Nebel

necessitare brauchen

negozio di abbigliamento, il Bekleidungsgeschäft

negozio di alimentari, il Lebensmittelladen

negozio di articoli fotografici, il Fotogeschäft

negozio di articoli sportivi, il Sportgeschäft

negozio di fiori, il Blumenladen

negozio di giocattoli, il Spielwarengeschäft

negozio di scarpe, il Schuhgeschäft

nero/a schwarz

nervo, il Nerv

neurodermite, la Neurodermitis

neurologo, il Nervenarzt

nicotina, la Nikotin

niente nichts

nipote, il/la Neffe, Nichte

no nein

nocciola, la Haselnuss

noce di cocco, la Kokosnuss

noce moscata, la Muskat

noce, la Walnuss

noi wir

noioso/a langweilig

nome, il Vorname

non fumatori, i Nichtraucher

nonna, la Großmutter

nonno, il Großvater

nord, il Norden

Noremberga Nürnberg

normale normal

notizie, le Nachrichten

novanta neunzig

nove neun

novembre November

nubile ledig (Frau)

nuca, la Nacken

numero della camera, il Zimmernummer

numero di passaporto, il Passnummer

numero di telefono, il Telefonnummer

numero diretto, il Durchwahl

numero, il Anzahl

nuotare Schwimmen

nuotatori di salvataggio, i Rettungsschwimmer

nuovo neu

nuvole, le Wolken

O = OTRANTO

obiettivo (m) grandangolare Weitwinkelobjektiv

obiettivo, m Objektiv

oca, f Gans

occhi, i Augen
occhiali da sole, i Sonnenbrille
occupato/a besetzt
oculista, m Augenarzt
Oder Oder
odore Geruch
oggetti di valore, i Wertsachen
oggetti di vimini, i Korbwaren
oggi heute
ogni giorno täglich
ogni ora stündlich
Ognissanti Allerheiligen
Olanda, f Niederlande
olio (m) lubrificante Motoröl
olio d'oliva Olivenöl
olio di semi Sonnenblumenöl
olio per massaggio, m Massageöl
olio, m Öl
olive, le Oliven
ombra, f Schatten
ombrello Regenschirm
ombrellone Sonnenschirm
omelette, m Omelett
onde, le Wellen
opera, f Oper
operaio, m Arbeiter, Handwerker
operazione, f Operation
ora d'arrivo Ankunftszeit
ora di partenza Abfahrtszeit
ora, f Uhrzeit, Stunde
orario di visita, m Sprechstunde
orario, m Fahrplan
orata, f Dorade
orchestra, f Orchester

orecchie, le Ohren
orecchiette, le Öhrchen
organi interni, i innere Organe
origano, m Oregano
orinare Wasser lassen
oro, m Gold
orologiaio, m Uhrmacher
orologio, m (Armband-) Uhr
orso, m Grobian (wörtl. Bär)
ospedale per gli animali Tierklinik
ospedaliero/a stationär
ospite Gast
ossa, le Knochen
oste, m Wirt
ostello (m) della gioventù Jugendherberge
ostriche, le Austern
otorinolaringoiatra, m Hals-, Nasen- Ohrenarzt
ottanta achtzig
ottico, m Optiker
otto acht
ottobre Oktober
ottone, m Messing
otturatore, m Verschluss
otturazone Inlay
ovest, f Westen

P = PALERMO
pacchetto, il Packung, Päckchen
pacco, il Paket
padella, la Pfanne
padre, il Vater
padrone di casa, il Gastgeber

paesaggio, il Landschaft
paese, il Dorf
paesi confinanti, i Nachbarländer
pagaia, la Paddel
pagare (aus-, be-, ein-) zahlen
pagine gialle, le Gelbe Seiten
pagliacetto, il Strampelhose
palato, il Gaumen
palazzo, il Palast
palco, il Loge
paletto da tenda, il Zelt(-stange)
palla a mano, la Handball
palla volo, la Volleyball
palla, la Ball
pallacanestro, la Basketball
pallido/a blass
pancetta, la Schinkenspeck
panchina, la Sitzbank
pane, il Brot
panetteria, la Bäckerei
panini, i Brötchen
panino, il Sandwich
panna, la Sahne
pannolino, il Binde, Windel
pantaloncini, i Shorts
pantaloni, i Hose
pappa, la Brei
pappardelle, le Bandnudeln
parabrezza, il Windschutzscheibe
parcheggiare parken
parcheggio, il Parkplatz
parco, il Park
parlare sprechen

parte principale, la Hauptrolle

parte, la Rolle, Seite, Teil

parte, la Teil

partenza, la Abfahrt

partire abreisen

Pasqua, la Ostern

Pasquetta Ostermontag

passaggio, il Durchreise, Mitfahrgelegenheit

Passavia Passau

passeggero, il Fahrgast

passeggiata, la Spaziergang

passera di mare, la Scholle

passo, il Pass

pasta sfoglia, la Blätterteig

pasta, la Nudeln

paste, le Gebäck

pasti, i Mahlzeiten

pasticceria, la Konditorei

pasto caldo/freddo, il Essen, warmes/kaltes

patate, le Kartoffeln

patatine fritte, le Pommes frites

patente, la Führerschein

patria, la Heimatland

paura, la Angst

pazzo/a Spinner

pecorino, il Schafskäse

pedale di avviamento, il Kickstarter

pedale, il Pedale

pediatra, il/la Kinderarzt

pedicure, il Fußpflege

pedivella, la Tretkurbel

pedone, il/la Fußgänger

peggio schlechter

pelle, la Haut, Leder

pellicola a colori, la Farbfilm

pelo, il Fell

pendenza, la Gefälle

pene, il Penis

penna, la Feder

penne, le abgeschrägte Maccheroni

pensionato, il Rentner

pensione completa, la Vollpension

pentola, la Topf

pepe, il Pfeffer

peperoncino, il Peperoni

peperoni, i Paprika

per esempio z.B.

per iscritto schriftlich

pera, la Birne

perché warum

percorso, il Fahrt

perdente, il Verlierer

perdita di sangue, la Blutverlust

perdita, la Verlust

perfetto perfekt

pericolo d'incendio, il Feuergefahr

periferia, la Vorort

periodo, il Zeitraum

permanente, la Dauerwelle

permeabile undicht

permesso di lavoro, il Arbeitserlaubnis

pernice, la Schnepfe

pernottare übernachten

persona, la Person

pesante schwer, wuchtig

pesca, la canna, la Angeln, -rute

pesca, la Pfirsich

pesce spada, il Schwertfisch

pesce, il Fisch

pescheria, la Fischgeschäft

peso, il Gewicht

pettine, il Kamm

petto, il Brust

pezzo di ricambio, il Ersatzteil

piangere weinen

piano, il Stockwerk

piantina, la Stadtplan, Straßenkarte

piatto con contorno, il Tellergericht

piatto unico, il Eintopf

piatto, il Teller

piazza del mercato, la Marktplatz

piazza, la Platz (in der Stadt)

piccante scharf

picchetto, il Zelthering

piccione, il Taube

piccolo klein

piccolo kleiner

pidocchi, i Läuse

piegato verbogen

pieno voll

pietra preziosa, la Edelstein

pietra, la Stein

pillola, la Antibabypille

ping pong, il Tischtennis

pinne, le Flossen

pinza, la Zange

pinzetta, la Pinzette

pioggia, la Regen

piombo, il Plombe

pipa, la Pfeife

piscina, coperta, la Hallenbad

piscina, la Freibad, Swimming-Pool

piselli, i Erbsen

pista, la Piste
pistaci, i Pistazien
pistola, la Revolver
pistone, il Kolben
pittore, il Maler
pittura, il Malerei
più grande größer
più tardi später
plastica, la Kunststoff
platino, il Platin
poco wenig
poesie, le Gedichte
policlinico, il Polyklinik
polizia, la Polizei
pollo da ingrasso, il Masthuhn
pollo, il Huhn
polmone, il Lunge
polmonite, la Lungenentzündung
polpettina, la Fleischklößchen
poltrona, la Sessel
pomata, la Salbe
pomodori, i Tomaten
pompa della benzina, la Benzinpumpe
pompa della bicicletta, la Luftpumpe
pompelmo, il Grapefruit, Pampelmuse
pompieri, i Feuerwehr
ponte, il Brücke
porcellana, la Porzellan
porchetta, la (Span-)Ferkel
porcini, i Steinpilze
porco, il Drecksau
portabagagli, il Gepäckträger, Kofferraum
portacenere, il Aschenbecher
portafoglio, il Brieftasche

portare her-/wegbringen
portiere, il Portier
porto, il Hafen, Portwein
porzione, la Portion
posate, le Besteck, Essbesteck
posizione, la Lage
Posta e Telegrafi Post- und Telegrafenamt
posta aerea, la Luftpost
posta centrale, la Hauptpost
posteggio di taxi, il Taxistand
posteggio, il Park-, Stellplatz
posto (al sole/all'ombra), il Platz (sonniger/schattiger)
posto a sedere, il Sitzplatz
posto distinto, il Sperrsitz
posto vicino alla finestra, il Fensterplatz
posto, il Platz, Stelle, Ort
potere können
povero/a arme/r
Poznan Posen
pranzo, il Mittagessen
precedenza, la Vorfahrt
predilezione, la Vorliebe
preghiera, la Gebet
prego Bitte
prelievo di sangue, il Blutabnahme
premio, il Preis, Gewinn
prendere einnehmen
prendere nehmen
prenotare buchen, reservieren

prenotazione, la Voranmeldung
preparativi, i Vorbereitung
presa, la Steckdose
presbite weitsichtig
prescrizione, la Vorschriften
preservativo, il Kondome
pressione atmosferica, la Luftdruck
pressione delle gomme, la Reifendruck
pressione sanguigna, la Blutdruck
pressione, la Druck
presto bald
prete, il Priester
previsioni del tempo, le Wettervorhersage
prezzemolo, il Petersilie
prezzo fiso, il Festpreis
prima, la Premiere
primavera, la Frühling
primo, il erste/r
privato/a privat
probabile wahrscheinlich
processione, la Prozession
produzione, la Herstellung
profilo delle gomme, il Reifenprofil
profumeria, la Parfüm(erie)
programma, il Programm
prolunga, la Verlängerungsschnur
propano, il Propangas
prosciutto, il Schinken
prospetto, il Prospekt

prossimo, il nächste
prostata, la Prostata
protestante evangelisch
provigione, la Provision
provvisorio, il Provisorium
prugna, la Pflaume
prurito, il Juckreiz
pubblicità, la Werbung
pulito/a sauber
pulizia finale, la Endreinigung
pullover, il Pullover
pulsante, il Knopf, Schalter, Anlasser
punto cardinale, il Himmelsrichtung
puntuale pünktlich
puntura, la Stich
purè di patate, il Kartoffelpüree
puro/a pur
puttana, la Hure
puzza stinkt

Q = QUARTO

qua hier
quadrato eckig
quaglie, le Wachteln
quando wann (Datum)
quantità, la Anzahl
quanto wie viel
quaranta vierzig
quattordici vierzehn
quattro vier
quindici fünfzehn

R = ROMA

rabbia, la Tollwut
rabbino, il Rabbiner
racchetta, la Schläger
raccomandata, la Einschreiben
radice (il trattamento della radice), la Wurzel (-behandlung)
radio, la Radio
radiografia, la Röntgenaufnahme
radiologo, il Radiologe
rafano, il Meerrettich
raffreddare kühlen
raffreddore, il Erkältung
ragazza, la Mädchen
raggio, il Speiche
ramadan, il Ramadan
rame, il Kupfer
rampone, il Steigeisen
rappresentazione, la Aufführung, Vorstellung
raramente selten
Ratisbona Regensburg
rattoppare flicken
ravanelli, i Radieschen
recezione, la Rezeption
regalo, il Geschenk
reggiseno, il Büstenhalter
regia, la Spielleitung
regista, il Regisseur
remare Rudern
reni, i Niere
Reno Rhein
residenza, la Wohnort
respiratore, il Schnorchel
respirazione, la Atmung

retro, il Rückseite
rettificare schleifen
reumatismi, i Rheuma
ribes, il Johannesbeere
ricci, i Locken
riccio, il Seeigel
ricetta, la Rezept
ricevuta di ritorno, la Rückschein
ricevuta, la Quittung
ricotta, la Quark
ridotto, il Foyer
rifugio, il Hütte (bewirtschaftete)
rilasciato/a ausgestellt in …
rimanere incinta schwanger werden
rimedio contro i disturbi circolatori, il Kreislaufmittel
rimedio contro la tosse, il Hustenmittel
rimorchiare abschleppen
rimorchio, il Anhänger (Auto)
riparare reparieren
ripieno/a gefüllt
riposo, il Ruhe
ripresa, la Aufnahme (Film)
riscaldamento, il Heizung
riscaldare wärmen
rischioso/a riskant
riso al latte, il Milchreis
riso, il Reis
risotto, il Reisgericht
ristorante, il Restaurant
ritardo, il Verspätung
ritirare (ab)holen
rivedere wieder sehen
rivista, la Zeitschrift

roccia, la Felsen, Stein
roccioso/a steinig
Rodano Rhone
rognoni, i Nieren
romanzo, il Roman
rombo, il Steinbutt
ronzio auricolare, il
Ohrensausen
rosato, il Roséwein
rosmarino, il Rosmarin
rossetto, il Lippenstift
rosso/a rot
rotismo, il Getriebe
(Tech.)
rotondo rund
rotto/a gebrochen
roulotte, la Wohnwagen
rovina, la Ruine
rubinetto, il Wasser-
hahn
ruggine, la Rost
rumine, il Pansen
rumore, il Geräusch,
Lärm
ruota libera, la Freilauf
ruota, la Rad
ruscello, il Bach
ruvido rau
S = Salerno
sabato, il Samstag
sabbia, la Sand
sacca d'acqua, la
Wassersack
sacchetto, il Trage-
tasche
sacco a pelo, il Schlaf-
sack
sacco da marinaio, il
Seesack
sacco per la tenda, il
Zeltsack
sacramento, il Sakra-
ment
sala d'attesa, la Warte-
zimmer, -saal

sala da pranzo, la Spei-
sesaal
salame, il Salami
salato/a salzig
sale, il Salz
salire einsteigen
Salisburgo Salzburg
salita, la Steigung
salmone, il Lachs
salsa, la Soße
salsiccia arrostita, la
Bratwurst
salsiccia, la Wurst
salume, il Wurstauf-
schnitt
salvia, la Salbei
sandali, i Sandalen
sangue, il Blut
Santo Stefano 2. Weih-
nachtstag
santoreggia, la Bohnen-
kraut
sapere wissen
sapone da barba, il
Rasierseife
sapone, il Seife
saporito/a würzig
Sardegna, la Sardinien
sarto, il Schneider
saziante sättigend
sbiadito farblos
sbucciato/a geschält
scabbia, la Krätze
scaccchi, i Schach
scala, la Treppe
scalo, lo Landung
scalpello, il Meißel
scarafaggio, lo Kaker-
lake
scarico , lo Abfluss
scarico, lo Auspuff
scarlattina, la Schar-
lach
scarpa scollata, la
Pumps

scarpe da ginnastica, le
Turnschuhe
scarpe da montagna, le
Bergschuhe
scarpe da roccia, le
Kletterschuhe
scarponi da sci, i Ski-
stiefel
scatola, la Dose,
Büchse
scavi, i Ausgrabungen
scellini austriaci, i
Österreichische Schilling
scena, la Bühne
scendere aussteigen
scheda telefonica, la
Telefonkarte
scherzo, lo Scherz
schifoso beschissen
Schwerin Schwerin
sciarpa, la Schal
scienza, la Wissen-
schaft
scienze umane, le
Geisteswissenschaft
sciogliere auflösen
sciovia, la Skilift
sclerosi multipla, la
Multiple Sklerose
scolaro, lo Schüler
scompartimento, lo
Abteil
sconto, lo Ermäßigung
scontrino, lo Gepäck-
schein
scopo del viaggio, lo
Zweck der Reise
scoppiato/a geplatzt
scottatura, la Sonnen-
brand
scovolino, il filtro, lo
Pfeifenreiniger, -filter
scrittura Braille, la
Blindenschrift
scrivere schreiben

scultore, lo Bildhauer/-ei

scultura, la Skulptur

scuola media unificata, la Gesamtschule

scuro dunkel

scuro dunkel-…

scusa Entschuldigung

sdraio, la Liegestuhl

secchio, il Eimer

secco/a trocken

secolo, il Jahrhundert

secondo, il Hauptspeise, Sekunde, Zweite

sedano, il Sellerie

sedia a rotelle, la Rollstuhl

sedia pieghevole, la Klappstuhl

sedia, la Stuhl

sedici sechzehn

sedile posteriore, il Rücksitz

sega, la Säge

segnale di libero, il Freizeichen

segnale stradale, il Verkehrsschild

segno zodiacale, il Sternzeichen

segreteria telefonica, la Anrufbeantworter

seguente folgend

sei sechs

selezionare (un numero) wählen (eine Nummer)

self-service, il Selbstbedienung

sella, la Sattel

selvaggina, la Wildgerichte

semaforo, il Ampel

sempre immer

senape, la Senf

seni, i Brüste

sensazione, la Gefühl

sensibilità, la Empfindlichkeit

senso unico, il Einbahnstraße

sentiero per escursioni, il Wanderweg

sentiero, il Weg

sentire fühlen, hören

sentirsi vicino/a nah sein

senza fare un lungo giro ohne Umwege

senza masticare unzerkaut

senza ohne

senza piombo bleifrei

senza zucchero ungezuckert

serpente, il Schlange

serratura (della porta), la Türschloss

servizi, i Toilette

servizio d'emergenza, il Notdienst

servizio meteorologico, il Wetterdienst

servizio, il Bedienung

sessanta sechzig

sesso, il Sex

seta, la Seide

sete, la Durst

settanta siebzig

sette sieben

settembre September

settimana, la Woche

settimanale wöchentlich

severo/a streng

sformato (di patate), lo (Kartoffel-)Auflauf

sfortuna, la Pech

sgombri, i Makrele

shampoo, lo Shampoo

sherry, il Sherry

shock, lo Schock

sì ja

sicura, la Sicherung

sicuro/a sicher

sigarette, le Zigarette

sigarillo, il Zigarillo

sigaro, il Zigarre

signora Frau, Dame

signore, il Mann, Herr

signorina, la Fräulein

silenzioso leise

simpatico/a nett

sinagoga, la Synagoge

singola, la Einzelzimmer

siringa, la Spritze (med.)

sistema immunitario, il Immunsystem

sistema monetario europeo Europ. Währungssystem

slogatura, la Verstauchung

Slovenia, la Slowenien

smalto, lo Nagellack

smog, lo Smog

soccorso, il Erste Hilfe

sociologia, la Sozialwissenschaft

soda, la Soda

soggiorno, il Aufenthalt

sogliola, la Seezunge

soldi, i Geld, Moneten

sole, il Sonne

solforoso/a schwefelig

solo/a einsam

sonnifero, il Schlafmittel

sopra über

sordo/a taub

sorgente, la Quelle

sorpassare überholen

sorveglianza, la Aufsicht

sospensione, la Federung

sostanza, la Substanz

sostituzione, la Ersatz

sotto unter, eingelegt in

soufflé, lo Soufflé

spacciatore, lo Dealer

spaghetti, i Spagetti

spago, lo Bindfaden

spalla, la Schulter

spazzola, la Bürste

spazzolino, lo Zahnbürste

specchietto retrovisore, lo Rückspiegel

specchio, lo Spiegel

specialista, lo Spezialist

specialità, le Spezialitäten

spegnere einschalten

sperma, lo Sperma

spese, le Kosten

spesso oft

spettatori, i Zuschauer

spiccioli, i Kleingeld

spiedino di carne, lo Fleischspieß

spiedo, lo Spieß

spiegazione, la Begründung

spina dorsale, la Wirbelsäule

spina, la Fass, Stecker

spinaci, i Spinat

spinterogeno, lo Zündverteiler

spirito da ardere, lo Brennspiritus

sporco/a schmutzig, verschmutzt

sportello, lo Kartenschalter (Theater)

sposato verheiratet

spugna, la Schwamm

spumante, lo Sekt

spumeggiante perlend

spuntino, lo Imbiss, Kleinigkeit

squalo, lo Hai

squash, lo Squash

stadio, lo Stadion

stagione, la Jahreszeit

stampante, la Drucker

stampella, la Gehhilfe

stanco/a müde

starna, la Rebhuhn

stati federali, i Bundesländer

Stato della Città del Vaticano Vatikanstaat

stato civile, lo Familienstand

statua, la Statue

stazione terminale, la Endstation

stazione, la Bahnhof

stelle, le Sterne

sterco, lo Kot

sterline inglesi, le Englische Pfund

Stettino Stettin

stile, lo Stil

stinco, lo Haxe

stirare bügeln

stivaletti, i Stiefeletten

stivali, i Stiefel

Stoccarda Stuttgart

stomaco, lo Magen

storione, lo Stör

strada maestra, la Landstraße

strada principale, la Hauptstraße

strada, la Straße

strappato/a gerissen

strappo muscolare, lo Muskelzerrung

strappo, lo Riss

stretto eng, schmal

stridente grell

stringersi a kuscheln

studente, lo Student

studio medico, lo Praxis

stufato/a gedünstet

stuoia, la Unterlegmatte

stuzzicadenti, lo Zahnstocher

su oben

subito sofort

succhiotto, il Schnuller

succo, il Saft

succoso/a saftig

sud, il Süden

suocero, lo Schwager

suola, la Sohle

super Super

superficie, la Fläche

supplemento, il Zuschlag

supporto, il Einlage, Gestell

supposta, la Zäpfchen

surgelato/a gefroren

surriscaldato/a überhitzt

sveglia, la Wecker

svegliare wecken

sviluppare entwickeln

Svizzera, la Schweiz

T = TARANTO

tabaccaio, il Tabakladen

tabacco, il Tabak

tacchino, il Truthahn

tacco, il Absatz

tagliatelle, le schmale Bandnudeln

tanto viel

tappo del serbatoio, il Tankverschluss

tappo di sughero, il Korken

targa della maccchina, la Kfz-Kennzeichen

targa, la Kennzeichen, Nummernschild

tariffa notturna, la Nachttarif

tariffa, la Gebühr

tartufi, i Trüffeln

tassametro, il Taxameter

tasse, le Steuern

tassista, il/la Taxifahrer

tastiera, la Tastatur

tavola da surf, la Surfboard

tavolo pieghevole, il Klapptisch

tavolo, il Tisch

tè, il Tee

teatro, il Theater

telaio, il Chassis, Rahmen

telefonata locale, la Ortsgespräch

telefonata, la Anruf

telegramma, il Telegramm

teleobiettivo, il Teleobjektiv

televisione, la Fernsehen

televisore, il Fernseher

telo di gomma, il Gummituch

temperatura, la Temperatur

tempesta, la Sturm

tempio, il Tempel

tempo d'attesa, il Wartezeit

tempo di disgelo, il Tauwetter

temporale, il Gewitter

tendini, i Sehnen

tenero/a zart

tennis, il Tennis

termometro, il Fieberthermometer

terrazza, la Terrasse

terzo, il Dritte

tessera d'invalidità, la Schwerbehindertenausweis

tessuto sintetico, il Synthetik

testa, la Kopf

testicolo, il Hoden

testimone, il Zeuge

tetano, il Wundstarrkrampf

thermos, il Thermosflasche

tifo, il Typhus

timo, il Thymian

tipo, il Kerl

tiro, il Zug

toast Toast

togliere ziehen

toilette, la Toilette

tomba, la Grab

tonno, il Tunfisch

tono su tono Ton in Ton

tonsillite, la Mandelentzündung

tornare wiederkommen

torre, la Turm

torrone, il Nougat

torta alla frutta, la Obsttorte

torta di panna, la Buttercremetorte

torta, la Kuchen, Torte

tortelloni, i gefüllte Teigtaschen

tosse, la Husten

tovagliolo, il Serviette

tradire betrügen

traffico di punta, il Berufsverkehr

traghetto, il Fähre

tram, il Straßenbahn

trampolino, il Sprungturm

tranquillo/a ruhig

transito, il Transit

trapano, il Bohrer

trasferimento, il Überweisung

trattoria, la Gaststätte

traveller cheque, il Reisescheck

traversata, la Überfahrt

tre drei

tre volte dreimal

trecento dreihundert

tredici dreizehn

treno, il Bahn

trenta dreißig

Trento Trient

treppiedi, il Stativ

triangolo, il Warndreieck

triglia, la Anchovis

tritato/a gehackt

troppo maturo/a überreif

troppo speziato/a überwürzt

trota, la Forelle

trovare finden

tu du

tubetto, il Tube

tunnel, il Tunnel

tuono, il Donner

turchese, il Türkis

turista, il/la Tourist

tuta di cuoio per motociclisti, la Lederkombi

tutto alles

U = UDINE

uccello, m Vogel
ufficio (m) del dazio Mautstelle
ufficio (m) oggetti smarriti Fundbüro
ufficio informazioni Touristeninformation
ultimo letzte
ultrasuono, m Ultraschall
umido/a feucht
un miliardo eine Milliarde
un milione eine Million
un paio ein Paar
un pezzo ein Stück
un quarto ein Viertel
un terzo ein Drittel
una volta einmal
undici elf
Ungheria Ungarn
unghia del piede, f Zehnagel
Unità Sanitaria Locale Ital. Gesundheitsbehörde und gesetzl. Krankenkasse
università, f Universität
uno/una eins
uomo, m Mann
uova al tegamino, le Spiegelei
uova strapazzate, le Rührei
uova, le Eierspeisen
uovo, m Ei
urgente dringend
urologo, m Urologe
uscire a cavallo ausreiten
uscita di emergenza Notausgang
uscita, f Ausfahrt, Ausgang
utero, m Gebärmutter
uva passa Rosine
uva, f Trauben

V = VENEZIA

va bene passt
vacanza, la Urlaub
vaccinazioni, le Impfungen
vaglia, il Geldanweisung
vagone letto, il Schlafwagen
vagone per bagagli, il Gepäckwagen (Zug)
vagone, il Waggon
vagone-ristorante, il Speisewagen
valanga, la Lawine
validità, la Gültigkeit
valigia, la Koffer
valle, la Tal
valore, il Wert
valuta estera, la Devisen
valuta, la Währung
valvola, la Sicherung, Ventil
vaniglia, la Vanille
varicella, la Windpocken
vasca, la Wanne
vaselina, la Vaseline
vecchio alt
vedere sehen
vegetariano/a vegetarisch
vela, la Segel(n)
veloce schnell
vendita, la Verkauf
venerdì, il Freitag
venire a prendere abholen
venire kommen
venti zwanzig
ventilatore, il Ventilator
vento, il Wind
ventre, il Bauch
verde grün
verdure, le Gemüse
vermi, i Würmer
vero echt, richtig
vertigini, i Schwindel
verza, la Wirsing
vescica, la Blase
vestiti, i Kleidung
vestito, il Kleid
veterinario, il Tierarzt
vetro, il Glas
via ferrata, la Klettersteig
via marittima, la Seeweg
viaggio d'affari, il Geschäftsreise
viaggio di ritorno, il Rückfahrt
viaggio in comitiva, il Gruppenreise
viale Allee
vibrazioni, le Vibrationen
vicino a nahe bei
vicino, il Nachbar
videocamera, la Videokamera
Vienna Wien
vietato bagnarsi Baden verboten
Vigili del Fuoco Feuerwehr
Vigili Urbani Stadtpolizei
vincita, la Gewinn
vincitore, il Sieger

vino bianco, il Weißwein
vino da dessert, il Dessertwein
vino da tavola, il Tischwein
vino locale, il Landwein
vino rosso, il Rotwein
vino, il Wein
viola violett
violentare vergewaltigen
visita postoperatoria, la Nachuntersuchung
visita, la Besichtigung, Besuch
vista, la Aussicht, Sicht
visto, il Sichtvermerk
vite, la Rebstock, Schraube
vitello, il Kalb
viticoltore, il Winzer
vitto e alloggio Kost und Logis
voi ihr
volante, il Lenkrad, Lenkung
volatili, i Geflügel
volere wollen
volo, il Flug
volt, i Volt

volta, la Gewölbe
voltaggio, il Spannung
voltare wenden
volte al giorno täglich ... mal
volume, il Volumen
vomito, il Erbrechen
vongole, le Venusmuschel
vulva, la Vulva
vuoto leer

W = VU DOPPIO

X = ICS

Y = IPSILON
yoghurt, lo Jogurt

Z = ZARA
zabaione, lo Weinschaumcreme
zafferano, lo Safran
zaino, lo Rucksack
zampa, la Pfote
zampe anteriori, le Vorderläufe
zampone, lo gefüllter Schweinsfuß
zanzara, la Mücke
zecca, la Zecken
zenzero, lo Ingwer
zia, la Tante
zio, lo Onkel
zona protetta, la Naturschutzgebiet
zoo, lo Zoo
zoom, lo Zoomobjektiv
zucca, la Kürbis
zucchini, i Zucchini
zuppa di pesce, la Fischsuppe
zuppa di verdure, la Gemüseeintopf
zuppa, la Suppe
Zurigo Zürich

Peter Meyer Reiseführer

... bieten Individualisten

sowohl detailliertes Hintergrundwissen

zum Land wie auch umfangreiche

aktuelle Informationen für die

Reisepraxis vor Ort:

Wie komm' ich hin, wo schlafe ich,

wo schmeckt es,

was kann ich unternehmen,

und was kostet der Spaß?

Und das alles in einem

einzigen Reiseführer

– und für Sie immer wieder

von Landeskennern vor Ort aktualisiert!

Peter Meyer Reiseführer

... gibt es zu:
Andalusien, Argentinien –
Uruguay, Arizona,
Aruba – Bonaire – Curaçao,
Berlin & Brandenburg mit
Kindern, Bremen, Costa Rica,
El Hierro, Fuerteventura,
Galicien, Ghana, Gran
Canaria, Island, Kanada – Der
Westen, Korsika, La Gomera,
Lanzarote, La Palma, Litauen,
Madeira, Mallorca, Mexiko,
Mexikos Norden, Mexikos
Süden, Mittel-England,
Odenwald mit Kindern,
Oman, Paris, Prag & West-
böhmen, Senegal – Gambia,
Teneriffa, USA – Der
Nordwesten, Venezuela mit
Isla Margarita, West-Kykladen

Fadengebundene Klappen-

broschur mit Farbkarten.

Zuverlässig recherchierte

Texte und Karten.

Gedruckt auf Recyclingpapier:

Für umweltbewußten

Urlaub von Anfang an.

Gesamtprospekt anfordern:
Peter Meyer Reiseführer
Schopenhauerstraße 11
60316 Frankfurt am Main
www.meyer-reisefuehrer.de

■ Deutsch – Italienisch – Lautschrift

A = Ancona, B = ... Buchstabier-Alphabet

Aussprache Artikel:
le *[le]*, la *[la]*, lo *[lo]*, gli *[jli]*, i *[i]*; Apostroph l (l') wird gebunden ausgesprochen: **Aal, der** l'anguilla, m *[languilla]*.

A = ANCONA

Aachen Aquisgrana *[akuisgrana]*

Aal l'anguilla, m *[anguilla]*

abbiegen girare *[dschirare]*

Abendessen la cena *[tschena]*

Abfahrt la partenza *[partentßa]*

Abfahrtszeit l'ora di partenza *[ora di partentßa]*

Abfall l'immondizia, f *[immonditßja]*

Abfluss lo scarico *[ßkariko]*

Abgang la diminuzione *[diminutßjone]*

abgeben consegnare *[konßenjare]*

abgehangen maturato/a *[maturato/a]*

abgestorben intorpidito/a *[intorpidito/a]*

abholen ritirare *[ritirare]*

Abitur la maturità *[maturita]*

abnehmen alzare la cornetta *[altßare la kornetta]*

abnehmend calante *[kalante]*

abreisen partire *[partire]*

Absatz il tacco *[takko]*

abschleppen rimorchiare *[rimorkjare]*

Abschleppseil il cavo da rimorchio *[kawo da rimorkjo]*

Abschleppwagen il carro attrezzi *[karro attrettßi]*

Absender il mittente *[mittente]*

Abstieg la discesa *[discheßa]*

Abszess l'ascesso, m *[attscheßßo]*

Abteil lo scompartimento *[ßkompartimennto]*

abwaschen lavare i piatti *[laware i pjatti]*

Abwasser l'acqua di scarico *[akkua di ßkariko]*

Abzüge le copie *[kopje]*

Achse l'asse, f *[aßße]*

acht otto *[otto]*

achtzehn diciotto *[ditschotto]*

achtzig ottanta *[ottanta]*

Action-Film il film d'azione *[film datßjone]*

Adapterstecker l'adattatore, m *[adattatore]*

Adresse l'indirizzo, m *[indirittßo]*

Aerogramm l'aerogramma, m *[aerogramma]*

aggressiv aggressivo/a *[agreßßiwo/a]*

Aids l'aids *[a i di ässe]*

Alkohol l'alcol, m *[alkol]*

alkoholfrei analcolico/a *[analkoliko]*

allein sein essere solo/a *[eßßere ßolo/a]*

Allergie l'allergia, f *[allerdschia]*

Allerheiligen Ognissanti *[onjißßanti]*

alles Gute tanti auguri *[tanti auguri]*

alles tutto *[tutto]*

alt vecchio *[wekkjo]*

Altar l'altare, m *[altare]*

Alter l'età, f *[eta]*

Alternativen le alternative *[alternatiwe]*

Altstadt il centro storico *[tschenntro ßtoriko]*

am Spieß allo spiedo *[allo ßpjedo]*

Amalgam l'amalgama, f *[amalgama]*

ambulant ambulante *[ambulante]*

Ameisen le formiche *[formike]*

Ampel il semaforo *[ßemaforo]*

Ampere l'ampère, m
[ampär]

Amulett l'amuleto, m
[amuleto]

Ananas l'ananas, f
[ananas]

Anchovis la triglia
[trilja]

Anfang, am all'inizio
[allinitßjo]

angebrannt bruciato/a
[brutschato/a]

Angeln, -rute la pesca, la
canna *[peßka, kanna]*

Angestellter l'impie-
gato, m *[impjegato]*

Anglerfisch la coda di
rospo *[koda di roßpo]*

Angst la paura *[paura]*

Anhalter l'autostoppista *[autoßtoppißta]*

Anhänger, Auto il
rimorchio *[rimorkjo]*

Anhänger, Schmuck il
ciondolo *[tschondolo]*

Anhängerkupplung il
gancio di traino
[gantscho di traino]

Anis l'anice, m
[anitsche]

Ankunft l'arrivo, m
[arriwo]

Ankunftszeit l'ora d'arrivo *[ora darriwo]*

Anlasser il dispositore
d'avviatore *[dißpositore
dawwjatore]*

anmachen (primitiv)
abbordare *[abbordare]*

Anmeldeformular il
modulo *[modulo]*

anmelden iscrivere
[ißkriwere]

Anruf la telefonata *[tele-
fonata]*

Anrufbeantworter la
segreteria telefonica
[ßegreteria telefonika]

Anschluss la coinci-
denza *[kointschidentßa]*

anschnallen allacciarsi
[allattscharßi]

Ansichtskarte la cartolina *[kartolina]*

ansteckend conta-
gioso/a *[kontadschoso/a]*

Anstrengung la fatica
[fatika]

Antibabypille la pillola
[pillola]

Antibiotikum l'antibiotico, m *[antibjotiko]*

Antiquitäten le antichità
[antikita]

Antrag la domanda
[domanda]

Anzahl il numero
[numero]

Aperitif l'aperitivo *[ape-
ritiwo]*

Apfel la mela *[mela]*

Apfelsine l'arancia, f
[arantscha]

Appartement l'appartamento, m
[appartamennto]

Appetit l'appetito, m
[appetito]

Aprikose l'albicocca, f
[albikokka]

April aprile *[aprile]*

arbeiten lavorare
[aworare]

Arbeiter l'operaio, m
[operajo]

Arbeitserlaubnis il permesso di lavoro
[permeßßo di laworo]

Architekt/-ur l'archi-
tetto/l'architettura, f
[arkitetto/arkitettura]

Armband il braccialetto
[brattschaletto]

Armbanduhr l'orologio,
m *[orolodscho]*

Aroma l'aroma, m
[aroma]

Arschloch la faccia da
culo *[fattscha da kulo]*

Artischocken i carciofi
[kartschofi]

**Arzneimittelüberemp-
findlichkeit** l'iperestesia
contro i farmaci *[ipereß-
tesia kontro i farmatschi]*

Arzthelferin l'aiuto
medico, m *[ajuto
mediko]*

Aschenbecher il portacenere *[portatschenere]*

Asthma l'asma, f *[asma]*

Atemnot l'affanno, m
[affanno]

Atheist ateo/a *[ateo/a]*

Atmung la respirazione
[reßpiratßjone]

Aubergine le melanzane
[melandsane]

auf Wiedersehen
arrivederci
[arriwedertschi]

Aufenthalt il soggiorno
[ßoddschorno]

Aufenthaltsdauer la durata del soggiorno *[durata del ßoddᶎhorno]*

Aufführung la rappresentazione *[rappresentatᶎjone]*

Aufkleber l'etichetta (f) autoadesiva *[etiketta auto adesiwa]*

Auflauf lo sformato *[sformato]*

auflegen mettere giù *[mettere dᶎhu]*

auflösen sciogliere *[ᶊholjere]*

Aufnahme (Film) la ripresa *[ripresa]*

Aufnahme (Foto) la fotografia *[fotografia]*

aufpassen fare attenzione *[fare attentᶎjone]*

Aufschnitt (gemischt) l'affettato (misto) *[affettato (mißto)]*

Aufsicht la sorveglianza *[ßorveljantßa]*

Aufstieg l'ascesa (f) *[asᶊheßa]*

Aufzug l'ascensore, m *[asᶊhenßore]*

Augen gli occhi *[okki]*

Augenarzt l'oculista, m *[okulißta]*

Augenfarbe il colore degli occhi *[kolore delji okki]*

August agosto *[agoßto]*

aus di *[di]*

Ausbildung la formazione professionale *[formatᶎjone profeßßionale]*

Ausfahrt l'uscita, f *[usᶊhita]*

Ausfuhr l'esportazione, f *[eßportatᶎjone]*

Ausgang l'uscita, f *[usᶊhita]*

ausgebucht completo/a *[kompleto/a]*

ausgestellt in ... rilasciato/a *[rilasᶊhato/a]*

ausgewogen armonioso/a *[armonjoso/a]*

Ausgrabungen gli scavi *[ßkawi]*

Auskunft l'informazione, f *[informatᶎjone]*

Ausland l'estero, m *[eßtero]*

Auslinie la linea *[linea]*

Auspuff lo scarico *[ßkariko]*

Ausreise l'espatrio, m *[eßpatrio]*

ausreiten uscire a cavallo *[usᶊhire a kawallo]*

Ausrüstung l'equipaggiamento, m *[ekuipad dᶊhamennto]*

ausschalten accendere *[attᶊhendere]*

Ausschlag l'eruzione, f *[erutᶎjone]*

Aussehen l'aspetto, m *[aßpetto]*

außen fuori *[fuori]*

Aussicht la vista *[wißta]*

aussteigen scendere *[ᶊhendere]*

Ausstellung la mostra *[moßtra]*

Austern le ostriche *[oßtrike]*

ausverkauft esaurito/a *[esaurito/a]*

Ausweise i documenti *[dokumenti]*

auszahlen pagare *[pagare]*

Auto la macchina *[makkina]*

Autobahn l'autostrada, f *[autoßtrada]*

Autoradio l'autoradio, f *[autoradjo]*

Autoschlüssel le chiavi della macchina *[kjawi della makkina]*

Autozubehör gli accessori per la macchina *[attᶊheßßori per la makkina]*

Avocado l'avocado, m *[awokado]*

Axt l'ascia, f *[asᶊha]*

B = BOLOGNA

Baby il bebè *[bebä]*

Babysitter la bambinaia *[bambinaja]*

Bach il ruscello *[rusᶊhello]*

Backe la guancia *[guantᶊha]*

Backenzahn il molare *[molare]*

Bäckerei la panetteria *[panetteria]*

Backofen il forno *[forno]*

Backpulver il lievito *[ljewito]*

Badeanzug il costume intero *[koßtume intero]*

Badehose il costume *[koßtume]*

Badekleidung il costume *[koßtume]*

Bademantel l'accappatoio *[akkapatojo]*

Bademeister il bagnino *[banjino]*

baden verboten vietato bagnarsi *[wjetato banjarßi]*

Badezimmer il bagno *[bannjo]*

Badminton il badminton *[badminton]*

Bahn il treno *[treno]*

Bahnhof la stazione *[ßtatßjone]*

Bahnsteig il binario *[binarjo]*

bald presto *[preßto]*

Balkon il balcone *[balkone]*

Ball la palla *[palla]*

Banane la banana *[banana]*

Bande la banda *[banda]*

Bandscheibenschaden il danno al disco intervertebrale *[danno al dißko interwertebrale]*

Bar il bar *[bar]*

Bär l'orso, m *[orßo]*

barfuß a piedi nudi *[a pjedi nudi]*

Bargeld il denaro contante *[denaro kontante]*

Bart la barba *[barba]*

Basel Basilea *[basilea]*

Basilikum il basilico *[basiliko]*

Basketball la pallacanestro *[pallakaneßtro]*

Batterie la batteria *[batteria]*

Bauch il ventre *[wentre]*

Bauernhof la fattoria *[fattoria]*

Baum l'albero, m *[albergo]*

Baumwolle il cotone *[kotone]*

Baustelle il cantiere *[kantjere]*

Beamter il funzionario *[funtßionarjo]*

Bedienung il servizio *[ßerwitßjo]*

Bedienungsanleitung le istruzioni per l'uso *[ißtrutßjoni per luso]*

Begründung la spiegazione *[ßpjegatßjone]*

behindert essere minorato/a *[eßßere minorato/a]*

bei da *[da]*

Beichte la confessione *[konfeßßjone]*

Beifall l'applauso, m *[applauso]*

beige beige *[bäsch]*

Beilage il contorno *[konntorno]*

beißen mordere *[mordere]*

Bekannte/-r il/la conoscente *[konoschente]*

Bekleidungsgeschäft il negozio di abbigliamento *[negotßjo di abbiljamennto]*

Belästigung il disturbo *[dißturbo]*

Belgien il Belgio *[beldscho]*

Belgische Francs i franchi belgi *[franki beldschi]*

Benzin la benzina *[bendsina]*

Benzinpumpe la pompa della benzina *[pompa della bendsina]*

Berg la montagna *[montanja]*

Bergführer la guida alpina *[guida alpina]*

Bergkristall il cristallo di rocca *[krißtallo di rokka]*

Bergschuhe le scarpe da montagna *[ßkarpe da montanja]*

Berlin Berlino *[berlino]*

Bern Berna *[berna]*

Beruf il mestiere *[meßtjere]*

Berufsschule l'istituto professionale, m *[ißtituto profeßßionale]*

Berufsverkehr il traffico di punta *[traffiko di punta]*

Beruhigungsmittel il calmante *[kalmante]*

beschädigt danneg-giato/a *[danneddSchato]*

Bescheinigung l'atte-stato, m *[atteßtato]*

beschissen schifoso *[ßkifoso]*

Beschreibung la descri-zione *[deßkritßjone]*

besetzt occupato/a *[okkupato/a]*

Besichtigung la visita *[wisita]*

besser meglio *[meljo]*

bestätigen confermare *[konfermare]*

Besteck le posate *[posate]*

Besuch la visita *[wisita]*

Betäubung l'anestesia, f *[aneßtesia]*

Betreuer l'assistente *[aßißißtente]*

betrügen tradire *[tradire]*

Bett (quietscht) il letto (cigola) *[lätto (tschigola)]*

Bett il letto *[lätto]*

Bettdecke la coperta *[koperta]*

Bettwäsche la bianche-ria *[bjankeria]*

Beutel la borsa *[borßa]*

bewacht custodito/a *[kußtodito]*

Bewegung il movi-mento *[mowimennto]*

bezahlen pagare *[pagare]*

Bibliothek la biblioteca *[biblioteka]*

Bier la birra *[birra]*

Bikini il bikini *[bikini]*

Bilderbuch il libro illu-strato *[libro illußtrato]*

Bildhauer/-ei lo sculto-re *[ßkultore]*

Bildschirm il monitor *[monitor]*

Billard il bigliardo *[biljardo]*

billig caro *[karo]*

Binde il pannolino *[pannolino]*

Bindfaden lo spago *[ßpago]*

Birne la pera *[pera]*

Biskuit il biscotto *[bißkotto]*

Bitte prego *[prego]*

bitter amaro/a *[amaro/a]*

Blase la vescica *[weschika]*

blass pallido/a *[pallido/a]*

Blätterteig la pasta sfoglia *[paßta sfolja]*

Blattsalat la lattuga *[lattuga]*

blau blu *[blu]*

bleifrei senza piombo *[ßentßa pjombo]*

Blende il diaframma *[diaframma]*

blind cieco/a *[tscheko/a]*

Blinddarm l'appendice, m *[appenditsche]*

Blinddarmentzündung l'appendicite, f *[appenditschite]*

Blindenschrift la scrit-tura Braille *[ßkrittura braje]*

Blitz il fulmine *[fulmine]*

Blitzgerät, -lampe la lampada al flash *[lam-pada al fläsch]*

blockiert bloccato/a *[blokkato/a]*

Blödmann il cretino *[kretino]*

Blumen i fiori *[fjori]*

Blumen(laden) (il nego-zio di) fiori *[(negotßjo di) fjori]*

Blumenkohl il cavolfi-ore *[kawolfjore]*

Blumenstrauß il mazzo di fiori *[mattßo di fjori]*

Blut il sangue *[ßangue]*

Blutabnahme il prelievo di sangue *[preljewo di ßangue]*

Blutdruck la pressione sanguigna *[preßßione ßanguinja]*

blutig (gebraten) al san-gue *[al ßangue]*

Blutverlust la perdita di sangue *[perdita di ßangue]*

Bodensee il lago di Costanza *[lago di koßtantßa]*

Bohnen i fagioli *[fadscholi]*

Bohnen, grüne i fagio-lini *[fadscholini]*

Bohnenkraut la santo-reggia *[ßantoreddscha]*

Bohnensuppe la mine-stra di fagioli *[mineßtra di fadscholi]*

Bohrer il trapano *[trapano]*

Bonn Bonn *[bon]*

Boot la barca *[barka]*

Botschaft l'ambasciata, f *[ambaschata]*

Bratwurst la salsiccia arrostita *[ßalßittscha arroßtita]*

brauchen necessitare *[netscheßßitare]*

braun marrone *[marrone]*

Brei aus ... il brodo di *[brodo di]*

Brei la pappa *[pappa]*

breit largo *[largo]*

Bremen Brema *[brema]*

Bremse il freno *[freno]*

bremsen frenare *[frenare]*

Bremsflüssigkeit il liquido per freni *[likuido per freni]*

Bremszug il cavo di comando del freno *[kawo di komando del freno]*

Brennspiritus lo spirito da ardere *[ßpirito da ardere]*

Brettspiel il gioco da tavola *[dschoko da tawola]*

Brief la lettera *[lettera]*

Brieffreundschaft l'amicizia epistolare, f *[amitschitsja epißtolare]*

Briefkasten la buca delle lettere *[buka delle lettere]*

Briefmarke il francobollo *[frankobollo]*

Brieftasche il portafoglio *[portafoljo]*

Briefumschlag la copertina *[kopertina]*

Brille la lente *[lente]*

Brokkoli i broccoli *[brokkoli]*

Brombeere la mora *[mora]*

Bronze il bronzo *[brondso]*

Brot il pane *[pane]*

Brötchen i panini *[panini]*

Bruch la frattura *[frattura]*

Brücke il ponte *[ponte]*

Brunnen la fontana *[fontana]*

Brust il petto *[petto]*

Brüste i seni *[ßeni]*

Buch il libro *[libro]*

buchen prenotare *[prenotare]*

Büchersendung l'invio (m) di libri *[inwio di libri]*

Buchhandlung la libreria *[libreria]*

Büchse la scatola *[ßkatola]*

Bucht la baia *[baja]*

Buddhist buddista *[buddißta]*

bügeln stirare *[ßtirare]*

Bühne la scena *[schena]*

Bukett il bouquet *[bukä]*

Bundesländer gli stati federali *[ßtati federali]*

bunt colorato/a *[kolorato/a]*

Burg il castello *[kaßtello]*

Bürste la spazzola *[ßpattßola]*

Bus il bus *[bus]*

Büstenhalter il reggiseno *[reddschißeno]*

Butangas il butano *[butano]*

Butter il burro *[burro]*

Buttercremetorte la torta di panna *[torta di panna]*

Buttermilch il latticello *[lattitschello]*

Buttersoße, in al burro *[al burro]*

C = COMO

Camping il campeggio *[kampeddscho]*

Campingbedarf gli accessori per campeggio *[attscheßßori per kampeddscho]*

CD (Musik) il compact *[kompakt]*

CD-Player il lettore CD *[lettore tschidi]*

CD-ROM il CD-Rom *[tschidirom]*

Champagner champagne *[schampanj]*

Champignons i funghi *[fungi]*

Chassis il telaio *[telajo]*

Chicoree la cicoria *[tschikorja]*

Chillisoße la salsa con peperoncino *[ßalßa konn peperontschino]*
Chirurg il chirurgo *[kirurgo]*
Cholera il colera *[kolera]*
Chor il coro *[koro]*
Christ cristiano/a *[krißtjano]*
chronisch cronico/a *[kroniko/a]*
Club il club *[kläb]*
Cornflakes i cornflakes *[kornfleikß]*
Cousin/e il cugino, la cugina *[kudschino, la kudschina]*
Creme la crema *[krema]*
cremig cremoso/a *[kremoso/a]*
Curry il curry *[kärri]*

D = DOMO-DOSSOLA
Dame la dama *[dama]*
Dänemark la Danimarca *[danimarka]*
danke grazie *[gratsje]*
Darm l'intestino, m *[inteßtino]*
Dattel il dattero *[dattero]*
Dattelmuscheln i datteri di mare *[datteri di mare]*
Datum la data *[data]*

Dauer des Aufenthalts la durata del soggiorno *[durata del ßoddSchorno]*
Dauerwelle la permanente *[permanente]*
Dealer lo spacciatore *[ßpattschatore]*
Denkmal il monumento *[monumennto]*
Desinfektionsmittel il disinfettante *[disinfettante]*
desorientiert disorientato/a *[disorientato/a]*
Dessert il dessert *[deßßärt]*
Dessertwein il vino da dessert *[wino da deßßärt]*
Deutsche Mark marco tedesco *[marko tedeßko]*
Deutschland la Germania *[dSchermanja]*
Devisen la valuta estera *[waluta eßtera]*
Dezember dicembre *[ditschembre]*
Diabetes il diabete *[djabete]*
Diamant il diamante *[djamante]*
Diaphragma il diafragma *[diafragma]*
Diapositivbild la diapositiva *[diapositiva]*
dicht compatto/a *[kompatto/a]*
Dichtung la guarnizione *[guarnitßjone]*
dick grasso *[graßßo]*
Dieb il ladro *[ladro]*

Diele l'ingresso, m *[ingreßßo]*
Dienstag il martedì *[martedi]*
Diesel diesel *[disel]*
Dill l'aneto, m *[aneto]*
Dioptrien la diottria *[dottria]*
direkter Weg in diretta *[in diretta]*
Dirigent il direttore d'orchestra *[direttore dorkeßtra]*
Diskette il dischetto *[dißketto]*
Dokumente i documenti *[dokumenti]*
Donau Danubio *[danubjo]*
Donner il tuono *[tuono]*
Donnerstag il giovedì *[dSchowedi]*
Doppelzimmer la camera doppia *[kamera doppia]*
Dorade l'orata, f *[orata]*
Dorf il paese *[paese]*
dort là *[la]*
Dose la lattina *[lattina]*
Dosenöffner l'apriscatole, m *[aprißkatole]*
Dosis la dose *[dose]*
Draht il filo metallico *[filo metalliko]*
Drecksau il porco *[porko]*
drei tre *[tre]*
dreihundert trecento *[tretschento]*
dreimal tre volte *[tre wolte]*
dreißig trenta *[trenta]*

dreizehn tredici *[tre-ditschi]*

Dresden Dresda *[dresda]*

Dressur il dressaggio *[dreßßaddscho]*

dringend urgente *[urdschente]*

Dritte il terzo *[tertßo]*

Drittel un terzo *[un tertßo]*

Druck la pressione *[preßßione]*

Drucker la stampante *[ßtampante]*

Druckknopf il bottone automatico *[bottone automatiko]*

Drüse il bubbone *[bubbone]*

du tu *[tu]*

Düne la duna *[duna]*

dunkel scuro *[ßkuro]*

dunkel-... ... scuro *[... ßkuro]*

dünn magro *[magro]*

durch (gebraten) ben cotto *[ben kotto]*

Durchblutung l'irrogazione sanguigna *[irrogatßjone ßanguinja]*

Durchfall la diarrea *[diarrea]*

durchgebrannt bruciato/a *[brutschato/a]*

Durchreise il passaggio *[paßßaddscho]*

Durchwahl il numero diretto *[numero diretto]*

Durst la sete *[ßete]*

Dusche la doccia *[dottscha]*

Düse il getto *[dschetto]*

Düsseldorf Düsseldorf *[düßßeldorf]*

Dutzend una dozzina *[una dottßina]*

E = EMPOLI

echt vero *[wero]*

Ecke, an der all'angolo *[allangolo]*

eckig quadrato *[kuadrato]*

Edelstein la pietra preziosa *[pjetra pretßjosa]*

Ehefrau la moglie *[molje]*

Ehemann il marito *[marito]*

Ei l'uovo, m *[uowo]*

Eierpfannkuchen la frittata *[frittata]*

Eierspeisen le uova *[uowa]*

eifersüchtig geloso/a *[dscheloso/a]*

Eilbote il fattorino degli espressi *[fattorino delji eßpräßßi]*

Eimer il secchio *[ßekkjo]*

Einbahnstraße il senso unico *[ßenßo uniko]*

einfach andata *[andata]*

Einfahrt l'entrata, f *[entrata]*

einfarbig in tinta unita *[in tinta unita]*

Einfuhr l'importazione, f *[importatßjone]*

Eingang l'entrata, f *[entrata]*

eingelegt in Öl/Essig sott'olio/sott'aceto *[sottoljo/sottatscheto]*

einige alcuni/e *[alkuni/e]*

Einkaufszentrum/-zone il centro commerciale *[tschenntro kommertschale]*

Einlage il supporto *[ßupporto]*

Einläufe il clistere *[klißtere]*

einmal una volta *[una wolta]*

einnehmen prendere *[prenndere]*

einreiben frizionare *[fritßjonare]*

Einreise l'entrata, f *[entrata]*

eins uno/una *[uno/una]*

einsam solo/a *[ßolo/a]*

einschalten spegnere *[ßpenjere]*

Einschreiben la raccomandata *[rakkomandata]*

einsteigen salire *[ßalire]*

Eintopf il piatto unico *[pjatto uniko]*

Eintrittskarte il biglietto *[biljetto]*

Eintrittspreis l'entrata, f *[entrata]*

einzahlen pagare *[pagare]*

Einzelzimmer la singola *[ßingola]*

Eis il gelato *[dSchelato]*

Eisdiele la gelateria *[dSchelateria]*

Eisen il ferro *[ferro]*

Eiswürfel i cubi di ghiaccio *[kubi di giattscho]*

elastische Binde la fasciatura elastica *[faschatura elaßtika]*

Elektrizität l'elettricità, f *[elettritschita]*

Elektrowaren gli elettrodomestici *[elettrodomeßtitschi]*

elf undici *[unditschi]*

Eltern i genitori *[dSchenitori]*

eMail l'e-mail, m *[i mäil]*

Empfindlichkeit la sensibilità *[ßenßibilita]*

Ende, am alla fine *[alla fine]*

Endreinigung la pulizia finale *[pulitßia finale]*

Endstation la stazione terminale *[ßtatßjone terminale]*

Energie l'energia, f *[enerdSchia]*

eng stretto *[ßtretto]*

Englische Pfund le sterline inglesi *[ßterline inglesi]*

Ente l'anatra, f *[anatra]*

Entenleber il fegato d'oca *[fegato doka]*

Entfernung la distanza *[dißtandsa]*

Entschuldigung scusa *[ßkusa]*

entwickeln sviluppare *[swiluppppare]*

Entzündung l'infiammazione, f *[infjammatßjone]*

Epilepsie l'epilessia, f *[epileßßia]*

er lei *[lui]*

Erbrechen il vomito *[womito]*

Erbsen i piselli *[piselli]*

Erdbeere la fragola *[fragola]*

Erdnuss l'arachide, f *[arakide]*

Erfrierungen gli assideramenti *[aßßideramenti]*

Erfurt Erfurt *[erfurt]*

Erkältung il raffreddore *[raffreddore]*

Ermäßigung lo sconto *[ßkonnto]*

Ersatz la sostituzione *[ßoßtitutßjone]*

Ersatzpapiere i documenti di riserva *[dokumenti di rißerwa]*

Ersatzrad la gomma di riserva *[gomma di rißerwa]*

Ersatzteil il pezzo di ricambio *[pettßo di rikambjo]*

Erste Hilfe il soccorso *[ßokkorßo]*

Erste-Hilfe-Kasten la cassetta del pronto soccorso *[kaßßetta del pronnto ßokkorßo]*

Erste/r (Gang) il primo *[primo]*

Eskimorolle l'eschimotaggio, m *[eßkimotaddScho]*

Essbesteck le posate *[posate]*

essen mangiare *[mandSchare]*

Essen, warmes/kaltes il pasto caldo/freddo *[paßto kaldo/freddo]*

Essig l'aceto, m *[atscheto]*

Esslöffel il cucchiaio *[kukkjajo]*

Etagenbett il letto a castello *[lätto a kaßtello]*

Euro l' euro, m *[euro]*

Euroscheck l'eurocheque, m *[euroschäk]*

evangelisch protestante *[proteßtante]*

F = FIRENZE

fade insipido/a *[inßipido/a]*

Fähre il traghetto *[tragetto]*

fahren guidare *[guidare]*

fahren nach andare a *[andare a]*

Fahrer l'autista, m *[autißta]*

Fahrerflucht la fuga del conducente *[fuga del konndutschennte]*

Fahrgast il passeggero *[paßeddschero]*

Fahrkarte il biglietto *[biljetto]*

Fahrkartenschalter la biglietteria *[biljetteria]*

Fahrplan l'orario, m *[orarjo]*

Fahrrad la bicicletta *[bitschikletta]*

Fahrt il percorso *[perkorso]*

fallend cadente *[kadennte]*

falsch falso *[falßo]*

Fälschung il falso *[falßo]*

Familienfeier la festa in famiglia *[feßta in familja]*

Familienstand lo stato civile *[ßtato tschiwile]*

färben colorare *[kolorare]*

Farbfilm la pellicola a colori *[pellikola a kolori]*

farblos sbiadito *[sbiadito]*

Fasan il fagiano *[fadschano]*

Fass la spina *[ßpina]*

Fasten il digiuno *[didschuno]*

faul marcio/a *[martscho/a]*

Februar febbraio *[febbrajo]*

Feder la penna *[penna]*

Federung la sospensione *[ßoßpenßjone]*

fehlerhaft difettoso *[difettoso]*

Fehlzündung l'accensione difettosa *[attschenßjone difettosa]*

feiern festeggiare *[feßteddschare]*

Feiertag il giorno festivo *[dschorno feßtiwo]*

Feige il fico *[fiko]*

Feile la lima *[lima]*

fein fine *[fine]*

Feinschmecker il buongustaio *[buongußtajo]*

Feld il campo *[kampo]*

Felge il cerchione *[tscherkjone]*

Felgenbremse il freno sul cerchione *[freno sul tscherkjone]*

Fell il pelo *[pelo]*

Felsen la roccia *[rottscha]*

Felsklettern l'alpinismo su roccia, m *[alpinismo ßu rottscha]*

Fenchel i finocchi *[finokki]*

Fenster la finestra *[fineßtra]*

Fensterplatz il posto vicino alla finestra *[poßto witschino alla fineßtra]*

Ferienhaus la casa di vacanza *[kasa di wakandsa]*

Ferkel la porchetta *[porketta]*

Fernsehen la televisione *[telewisjone]*

Fernseher il televisore *[telewisore]*

Fest la festa *[feßta]*

Festpreis il prezzo fisso *[prettßo fißßo]*

Fett il grasso *[graßßo]*

fett grasso/a *[graßßo/a]*

feucht umido/a *[umido/a]*

Feuergefahr il pericolo d'incendio *[perikolo dintschendjo]*

Feuerlöscher l'estintore, m *[eßtintore]*

Feuerwehr i pompieri *[pompjeri]*

Feuerzeug l'accendino, m *[attschendino]*

Fieber la febbre *[febbre]*

Fieberthermometer il termometro *[termometro]*

Filet il filetto *[filetto]*

Film il film *[film]*

Filter il filtro *[filtro]*

finden trovare *[troware]*

Fisch il pesce *[pesche]*

Fischgeschäft la pescheria *[peßkeria]*

Fischsuppe la zuppa di pesce *[dsuppa di pesche]*

Fläche la superficie *[ßuperfitsche]*

Fläschchen la bottiglietta *[bottiljetta]*

Flasche la bottiglia *[bottilja]*

Flaschenöffner l'apri-bottiglie, m *[apribottilje]*

Fleck la macchia *[makkja]*

Fleisch la carne *[karne]*

Fleischbrühe il brodo di carne *[brodo di karne]*

Fleischklößchen la polpettina *[polpettina]*

Fleischspieß lo spiedino di carne *[ßpjedino di karne]*

flicken rattoppare *[rattoppare]*

Flickmaterial il corredo per riparazioni *[korredo per riparatßjoni]*

flirten flirtare *[flirtare]*

Flohmarkt il mercato delle pulci *[merkato delle pultschi]*

Flossen le pinne *[pinne]*

Flug il volo *[wolo]*

Flügel l'ala, f *[ala]*

Flughafen l'aeroporto, m *[aeroporto]*

Flugzeug l'aereo, m *[aereo]*

Fluss il fiume *[fjume]*

Fohlen la cavallina *[kawallina]*

Folie, in al cartoccio *[al kartottscho]*

Forelle la trota *[trota]*

Formular il modulo *[modulo]*

Fotoausrüstung l'attrezzatura fotografica *[attrettßatura fotografika]*

Fotogeschäft il negozio di articoli fotografici *[negotßjo di artikoli ßportiwi]*

Fotolabor il laboratorio fotografico *[laboratorio fotografico]*

Fototasche la borsa per la macchina fotografica *[borßa per la makkina fotografika]*

Foyer il ridotto *[ridotto]*

Frankfurt Francoforte *[frankoforte]*

Frankreich la Francia *[frantscha]*

Französische Franc i franchi francesi *[franki frantschesi]*

Frau la donna *[donna]*

Fräulein la signorina *[ßinjorina]*

frei libero/a *[libero/a]*

Freibad la piscina *[pischina]*

Freiburg Friburgo *[friburgo]*

Freilauf la ruota libera *[ruota libera]*

Freitag il venerdì *[wenerdi]*

Freizeichen il segnale di libero *[senjale di libero]*

freuen, sich essere contento/a *[eßßere kontento/a]*

Freund/-in l'amico/a *[amiko/a]*

Friedhof il cimitero *[tschimitero]*

frisch fresco/a *[freßko/a]*

frittiert fritto/a *[fritto/a]*

Frost il gelo *[dschelo]*

fruchtig che sa di frutta *[ke ßa di frutta]*

Frühling la primavera *[primawera]*

Frühstück la colazione *[kolatßjone]*

fühlen sentire *[ßentire]*

Führerschein la patente *[patente]*

Führung la guida *[guida]*

Fundbüro l'ufficio (m) oggetti smarriti *[uffitscho oddschetti smarriti]*

fünf cinque *[tschinkue]*

fünfzehn quindici *[kuinditschi]*

fünfzig cinquanta *[tschinkuanta]*

funktioniert nicht non funziona *[nonn funtßjona]*

Furt il guado *[guado]*

Fußball il calcio *[kaltscho]*

Fuß la zampa *[dsampa]*

Fußgänger il/la pedone *[pedone]*

Fußpflege il pedicure *[pedikür]*

Fußpilz il fungo *[fungo]*

Fußweg il marciapiede *[martschapjede]*

G = GENOVA

Gabel (Tech.) la forcella [fortschella]

Gabel, Ess- la forchetta [forketta]

Galerie la galleria [galleria]

Galle il fiele [fjele]

Gang la marcia [martscha]

Gangschaltung il cambio delle marcie [kambjo delle martsche]

Gangschaltung il cambio di marcie [kambjo delle martsche]

Gans l'oca, f [oka]

gar cotto/a [kotto/a]

Garage il garage [garasch]

Garderobe il guardaroba [guardaroba]

Garnelen i gamberetti [gamberetti]

Garten il giardino [dschardino]

Gas geben accelerare [attschelerare]

Gas il gas [gas]

Gaskocher il fornellino [fornellino]

Gast l'ospite [oßpite]

Gästezimmer la camera degli ospiti [kamera delji oßpiti]

Gastgeber il padrone di casa [padrone di kasa]

Gasthof la locanda [lokanda]

Gaststätte la trattoria [trattoria]

Gaumen il palato [palato]

Gebäck le paste [paßte]

Gebärmutter l'utero, m [utero]

Gebäude l'edificio, m [edifitscho]

geben dare [dare]

Gebet la preghiera [pregjera]

Gebetbuch il libro delle preghiere [libro delle pregjere]

Gebirge la montagna [montanja]

Gebiss la dentiera [denntjera]

gebraten arrostito/a [arroßtito/a]

gebrochen rotto/a [rotto/a]

Gebühr la tariffa [tariffa]

Geburtstag il compleanno [compleanno]

gedämpft cotto/a a vapore [kotto/a a wapore]

Gedichte le poesie [poesie]

gedünstet stufato/a [ßtufato/a]

Gefälle la pendenza [pendendsa]

Geflügel i volatili [wolatili]

gefroren surgelato/a [ßurdschelato/a]

Gefühl la sensazione [ßenßatßjone]

gefüllt ripieno/a [ripjeno/a]

Gegenanzeigen le controindicazioni [kontroindikatßjoni]

gegenüber di fronte [di fronte]

gegrillt alla griglia [alla grilja]

gehackt tritato/a [tritato/a]

gehen andare [andare]

Gehhilfe la stampella [ßtampella]

Gehirnerschütterung la commozione cerebrale [kommotßjone tscherebrale]

Gehörlosensprache il linguaggio per i sordi [linguaddscho per i ßordi]

Gehweg il marciapiede [martschapjede]

Geisteswissenschaft le scienze umane [schentße umane]

geistig behindert minorato/a mentalmente [minorato/a mentalmennte]

gekocht lesso/a [leßßo/a]

gelb giallo/a [dschallo/a]

Gelbe Seiten le pagine gialle [padschine dschalle]

Gelbsucht l'itterizia, f [itteritßja]

Geld il denaro [denaro]

Geldanweisung il vaglia *[walja]*

Geldautomat il banco-mat *[bankomat]*

Gelee la gelatina *[dSchelatina]*

Gelenke le giunture *[dSchunture]*

gemahlen macinato/a *[matschinato/a]*

Gemälde il dipinto *[dipinnto]*

gemischt misto/a *[mißto/a]*

Gemse il camoscio *[kamoscho]*

Gemüse le verdure *[werdure]*

Gemüseeintopf la zuppa di verdure *[dsuppa di werdure]*

Gemüsesoße il brodo della verdura *[brodo della werdura]*

Gemüsesuppe la mine-stra di verdure *[mineßtra di werdure]*

gemustert a disegni *[a disenji]*

Genf Ginevra *[dSchine-wra]*

geöffnet aperto/a *[aparto/a]*

Gepäck i bagagli *[bagalji]*

Gepäckaufbewahrung il deposito bagagli *[deposito bagalji]*

Gepäckschein lo scontrino *[ßkontrino]*

Gepäckträger (Auto) il portabagagli *[portabagalji]*

Gepäckträger il facchino *[fakkino]*

Gepäckwagen (Zug) il vagone per bagagli *[wagone per bagalji]*

Gepäckwagen il bagag-liaio *[bagalljajo]*

geplatzt scoppiato/a *[ßkoppjato/a]*

gepökelt in salamoia *[in ßalamoja]*

geradeaus dritto *[dritto]*

geräuchert affumi-cato/a *[affumikato/a]*

Geräusch il rumore *[rumore]*

gerissen strappato/a *[ßtrappato]*

Geröll i detriti *[detriti]*

Geruch l'odore *[odore]*

Gesamtschule la scuola media unificata *[ßkuola medja unifikata]*

Geschäft(sreise) (il viaggio d')affari *[wjaddScho daffari]*

geschält sbucciato/a *[sbuttschato/a]*

Geschenk il regalo *[regalo]*

geschieden divorziato *[diwortßjato]*

Geschirr waschen lavare i piatti *[laware i pjatti]*

Geschlechtskrankheit la malattia venerea *[malattia wenerea]*

geschmort brasato/a *[brasato/a]*

geschüttelt mesco-lato/a *[meßkolato/a]*

Gespräch la conversa-zione *[konwerßatßjone]*

Gestell il supporto *[ßupporto]*

gestern ieri *[jeri]*

gestreift a righe *[a rige]*

Gesundheitszeugnis il certificato medico *[tschertifikato mediko]*

Getränkekarte la lista delle bevande *[lißta delle bewande]*

Getriebe il rotismo *[rotismo]*

Gewehr il fucile *[futschile]*

Gewicht il peso *[peso]*

Gewinn la vincita *[wintschita]*

Gewitter il temporale *[temmporale]*

Gewölbe la volta *[wolta]*

Gipfel la cima *[tschima]*

glänzend luccicante *[luttschikante]*

Glas il vetro *[wetro]*

glatt liscio *[lischo]*

Glaube la fede *[fede]*

gleichfalls altrettanto *[altrettanto]*

Gletscher il ghiacciaio *[gjattschajo]*

Gletscherspalten il cre-paccio *[krepattscho]*

Gliedmaßen le membra *[membra]*

Glocke la campana [*kampana*]

Glückwünsche auguri [*auguri*]

Glühbirne (ist kaputt) la lampadina (si è rotta) [*lampadina (ßi ä rotta)*]

Gold l'oro, m [*oro*]

golden d'oro [*doro*]

Gott Dio [*dio*]

Grab la tomba [*tomba*]

Grad Celsius i gradi [*gradi*]

Gramm il grammo [*grammo*]

Grapefruit il pompelmo [*pompelmo*]

grau grigio/a [*gridscho/a*]

grell stridente [*ßtridennte*]

Griechische Drachmen le dracme greche [*drakme greke*]

Grill la griglia [*grilja*]

grob grossolano/a [*großßolano/a*]

Grobian l'orso, m [*orßo*]

groß grande [*grande*]

Großbritannien l'Inghilterra, f [*ingilterra*]

Größe l'altezza, f [*altettßa*]

größer più grande [*pju grande*]

Großmutter la nonna [*nonna*]

Großvater il nonno [*nonno*]

grün verde [*werde*]

Grundform l'infinito [*infinito*]

Grüne Versicherungskarte la carta verde [*karta werde*]

Gruppenreise il viaggio in comitiva [*wjaddscho in kommitiwa*]

Grüßen, Mit freundlichen Distinti saluti [*dißtinti ßaluti*]

Gültigkeit la validità [*walidita*]

Gummi l'elastico, m [*elaßtico*]

Gummituch il telo di gomma [*telo di gomma*]

gurgeln gargarizzare [*gargariddsare*]

Gurke il cetriolo [*tschetriolo*]

Gürtel la cintura [*tschintura*]

gut buono [*buono*]

gute Nacht buona notte [*buona notte*]

gute Reise buon viaggio [*buon wjaddscho*]

guten Abend buona sera [*buona ßera*]

guten Tag buongiorno [*buondschorno*]

Gymnasium il liceo [*litscheo*]

Gymnastik la ginnastica [*dschinnaßtika*]

Gynäkologe il ginecologo [*dschinekologo*]

H = ACCA

Haare i capelli [*kapelli*]

haben avere [*awere*]

Hafen il porto [*porto*]

Haferflocken i fiocchi d'avena [*fjokki dawena*]

Hagel la grandine [*grandine*]

Hähnchen il galletto [*galletto*]

Hai lo squalo [*ßkualo*]

Haken il gancio [*gantscho*]

Halbpension la mezza pensione [*meddsa penßjone*]

Hälfte la metà [*meta*]

Hallenbad la piscina, coperta [*pischina koperta*]

hallo ciao [*tschao*]

Hals il collo [*kollo*]

Hals-, Nasen- Ohrenarzt l'otorinolaringoiatra, m [*otorinolaringojatra*]

Halsband il collare [*kollare*]

Halskette la collana [*kollana*]

Halstuch il foulard [*fulard*]

halten fermare [*fermare*]

Haltestelle la fermata [*fermata*]

Hamburg Amburgo [*amburgo*]

Hammel il montone [*montone*]

Hammer il martello *[martello]*

Hand la mano *[mano]*

Handball la palla a mano *[palla a mano]*

Handbremse il freno a mano *[freno a mano]*

Handeln contrattare *[kontrattare]*

handgemacht fatto a mano *[fatto a mano]*

Handgepäck il bagaglio a mano *[bagaljo a mano]*

Handgriff la maniglia *[manilja]*

Handschuhe i guanti *[guanti]*

Handtuch l'asciugamano, m *[aschugamano]*

Handwerker l'operaio, m *[operajo]*

Hängematte l'amaca, f *[amaka]*

Hannover Annover *[annower]*

hart duro/a *[duro/a]*

Hase la lepre *[lepre]*

Haselnuss la nocciola *[nottschola]*

hässlich brutto/a *[brutto/a]*

Hauptpost la posta centrale *[poßta tschentrale]*

Hauptrolle la parte principale *[parte printschipale]*

Hauptspeise il secondo *[ßekondo]*

Hauptstraße la strada principale *[ßtrada printschipale]*

Haus la casa *[kasa]*

Hausfrau la casalinga *[kasalinga]*

Haushaltswaren gli articoli per la casa *[articoli per la kasa]*

Haut la pelle *[pelle]*

Haxe lo stinco *[ßtinko]*

Hecht il luccio *[luttscho]*

Hefe il lievito *[ljewito]*

Heilige Drei Könige Epifania *[epifania]*

Heilige Messe la messa *[meßßa]*

Heimatanschrift l'indirizzo del luogo di nascita *[indirittßo del luogo di naschita]*

Heimatland la patria *[patria]*

Heizung (ist kalt) il riscaldamento (è freddo) *[rißkaldamennto (ä freddo)]*

Hektar l'ettaro, m *[lättaro]*

helfen aiutare *[ajutare]*

hell chiaro/a *[kjaro/a]*

Helm il casco *[kaßko]*

Hemd la camicia *[kamitscha]*

her-/wegbringen portare *[portare]*

Herbst l'autunno, m *[autunno]*

Hering l'aringa, f *[aringa]*

Herr il signore *[ßinjore]*

Herstellung la produzione *[produtßione]*

Herz il cuore *[kuore]*

Herzbeschwerden i disturbi cardiaci *[dißturbi kardiatschi]*

Herzinfarkt l'infarto cardiaco *[infarto kardiako]*

heute oggi *[oddSchi]*

hier qua *[kua]*

Hilfe l'aiuto, m *[ajuto]*

Himbeere il lampone *[lampone]*

Himmelsrichtung il punto cardinale *[punto kardinale]*

hin und zurück andata e ritorno *[andata e ritorno]*

Hindu indù *[indu]*

Hinfahrt l'andata, f *[andata]*

Hinflug il volo di andata *[wolo di andata]*

hinter dietro a *[dietro a]*

Hirn il cervello *[tscherwello]*

Hirsch il cervo *[tscherwo]*

Hirse il miglio *[miljo]*

Hitze il calore *[kalore]*

Hobby l'hobby, m *[obbi]*

hoch alto *[alto]*

hochachtungsvoll con la massima stima *[konn la maßßima ßtima]*

Hochdruck l'alta pressione *[alta preßßione]*

Hoden il testicolo *[teßtikolo]*

Höhenmesser l'altimetro, m *[altimetro]*

Höhenmeter i metri d'altitudine *[metri dalti-tudine]*

Höhle la caverna *[kawerna]*

holen andare a prendere *[andare a prenndere]*

Holz(-kohle) (il carbone) di legno *[(il karbone) di lenjo]*

Homöopath il medico omeopatico *[mediko omeopatiko]*

homöopathisches Mittel la medicina omeopatica *[meditschina omeopa-tika]*

Honig il miele *[mjele]*

hören ascoltare *[aßkol-tare]*

Hörhilfe l'apparecchio acustico *[apparekkjo akußtiko]*

Hornhaut il durone *[durone]*

Hose i pantaloni *[pantaloni]*

Hotel l'albergo, m *[albergo]*

hübsch carino/a *[karino/a]*

Hufeisen il ferro di cavallo *[ferro di kawallo]*

Hügel la collina *[kol-lina]*

Huhn il pollo *[pollo]*

Hummer il gambero di mare *[gambero di mare]*

Hund il cane *[kane]*

Hundefutter il cibo per cani *[tschibo per kani]*

Hundeleine il guinzaglio *[guintßaljo]*

hundert cento *[tschento]*

hunderttausend centomila *[tschentomila]*

Hundezwinger il canile *[kanile]*

Hündin la cagna *[kanja]*

Hunger la fame *[fame]*

Hure la puttana *[put-tana]*

Husten la tosse *[toßße]*

Hustenmittel il rimedio contro la tosse *[rimedio kontro la toßße]*

Hut il cappello *[kap-pello]*

Hütte (bewirtschaftete) il rifugio *[rifudscho]*

Hygiene l'igiene, f *[idschene perßonale]*

I = IMOLA

ich io *[io]*

Idiot deficiente *[defit-schente]*

iedrig basso *[baßßo]*

ihr voi *[woi]*

Imbiss lo spuntino *[ßpuntino]*

immer sempre *[ßempre]*

Immunsystem il sistema immunitario *[sißtema immunitarjo]*

Impfpass il certificato di vaccinazione *[tscherti-fikato di wattschinatßjone]*

Impfungen le vaccinazioni *[wattschinatßjoni]*

in (Land) in *[in]*

in (Stadt) a *[a]*

Inflation l'inflazione, f *[inflatßjone]*

informieren informare *[informare]*

Ingenieur l'ingegnere, m *[ingenjere]*

Ingwer lo zenzero *[dsendsero]*

Inhalt il contenuto *[kontenuto]*

inkontinent incontinente *[inkontinente]*

Inlay l'otturazone *[otturatßjone]*

Inline-Skating l'Inline-Skating, m *[inlain-ßkätin]*

innen dentro *[denntro]*

innere Organe gli organi interni *[organi interni]*

Innereien le interiora *[interjora]*

Insektenstich la puntura *[puntura]*

Internet l'internet, m *[internet]*

Italien l'Italia, f *[italja]*

Italienische Lire le lire italiane *[lire italjane]*

J = I LUNGA

ja sì *[ßi]*

Jacke la giacca *[dschakka]*

Jahr anno, m *[anno]*

Jahreszeit la stagione *[ßtadschone]*

Jahrhundert il secolo *[ßekolo]*

jährlich annuale
[annuale]

Januar gennaio
[dSchennajo]

Jazz il jazz *[dSchäß]*

Jeans i jeans *[dSchins]*

Jogurt lo yoghurt
[jogurt]

Johannesbeere il ribes
[ribes]

Juckreiz il prurito
[prurito]

Jude ebreo/a *[ebreo/a]*

Jugendherberge l'ostello (m) della gioventù
[oStello della dSchowentu]

Juli luglio *[luljo]*

jung giovane
[dSchowane]

Junge il bambino
[bambino]

Juni giugno *[dSchunjo]*

Juwelier il gioielliere
[dSchojelljere]

K = KAPPA

Kabel il cavo *[kawo]*

Kabeljau il merluzzo
[merluttßo]

Kaffee il caffè *[kaffä]*

Kaffeemaschine la macchina per il caffè
[makkina per il kaffä]

Kakao il cacao *[kakao]*

Kakerlake lo scarafaggio *[ßkarafaddScho]*

Kalb il vitello *[witello]*

kalt freddo *[freddo]*

Kälte il freddo *[freddo]*

Kamera la macchina fotografica *[makkina fotografika]*

Kamillentee la camomilla *[kamomilla]*

Kamm il pettine *[pettine]*

Kanal il canale *[kanale]*

Kaninchen il coniglio
[koniljo]

Kantine la mensa
[menßa]

Kanu la canoa *[kanoa]*

Kapelle la cappella
[kappella]

Kapern i capperi *[kapperi]*

Karabiner la carabina
[karabina]

kariert a quadri *[a kuadri]*

Karies le carie *[karje]*

Karosserie la carrozzeria *[karrottßeria]*

Karotten le carote
[karote]

Kartoffelauflauf lo sformato di patate *[sformato di patate]*

Kartoffeln le patate
[patate]

Kartoffelpüree il purè di patate *[purä di patate]*

Käse il formaggio
[formaddScho]

Kasse la cassa *[kaßßa]*

Kassetten le cassette
[kaßßette]

Kassettenrekorder il mangia-cassette
[mandScha kaßßette]

Kastanie la castagna
[kaßtanja]

Katakomben le catacombe *[katakombe]*

Katalog il catalogo
[katalogo]

Kategorie (gehobene) la categoria (superiore)
[kategoria (ßuperjore)]

Kathedrale la cattedrale
[kattedrale]

katholisch cattolico/a
[kattoliko/a]

Katze il gatto *[gatto]*

kauen masticare
[maßtikare]

Kauf l'acquisto, m
[akkuißto]

kaufen comprare
[komprare]

Kaufmann il mercante
[merkannte]

Kaution la cauzione
[kautßjone]

Kefir il kefir *[kefir]*

Keilriemen la cinghia
[tschingja]

Kekse i biscotti
[bißkotti]

Kellner il cameriere
[kamerjere]

kennenlernen conoscersi *[konoscherßi]*

Kennzeichen la targa
[targa]

Keramik la ceramica
[tscheramika]

Kerl il tipo *[tipo]*

Kerze la candela
[kandela]

Kette la catena
[katena]

Kettenschutz il copricatene *[koprikatene]*

Keule la coscia *[kosha]*

Kfz-Kennzeichen la targa della macchina *[targa della makkina]*

Kfz-Schein la carta di circolazione *[karta di tschirkolatßjone]*

Kichererbsen i ceci *[tschetschi]*

Kickstarter il pedale di avviamento *[pedale di awwjamennto]*

Kiefer la mascella *[maschella]*

Kiel Kiel *[kil]*

Kilogramm il chilo *[kilo]*

Kilojoule il chilo joule *[kilo dschul]*

Kilokalorie le calorie *[kalorie]*

Kilometer il chilometro *[kilometro]*

Kilometergeld l'indennità per chilometro *[indennita per kilometro]*

Kilowatt i chilowatt *[kilowat]*

Kinderarzt il/la pediatra *[pedjatra]*

Kinderbuch il libro per bambini *[libro per bambini]*

Kinderkrankheiten le malattie infantili *[malattie infantili]*

Kinderspielplatz il campo da gioco per bambini *[kampo da dschoko per bambini]*

Kinderwagen la carrozzina *[karrottßina]*

Kino il cinema *[tschinema]*

Kirche la chiesa *[kjesa]*

Kirchenschiff la navata *[nawata]*

Kirsche la ciliegia *[tschiljedscha]*

Kiste la cassa *[kaßßa]*

Klappstuhl la sedia pieghevole *[ßedja pjegewole]*

Klapptisch il tavolo pieghevole *[tawolo pjegewole]*

Klasse (Erste/Zweite) la (prima/seconda) classe *[(la prima/ßekonda) klaßße]*

klassische Musik la musica classica *[musika klaßßika]*

Klebeband il nastro adesivo *[naßtro adesiwo]*

kleben incollare *[inkollare]*

Kleid il vestito *[weßtito]*

Kleiderbügel l'attaccapanni, m *[atakkapanni]*

Kleidung i vestiti *[weßtiti]*

klein piccolo *[pikkolo]*

kleiner piccolo *[pikkolo]*

Kleingeld gli spiccioli *[ßpittscholi]*

Kleinigkeit lo spuntino *[ßpuntino]*

Kleinkind il bimbo *[bimbo]*

Kleinteile i colli *[kolli]*

Kletterhaken il chiodo da roccia *[kjodo da rottscha]*

Kletterschuhe le scarpe da roccia *[ßkarpe da rottscha]*

Klettersteig la via ferrata *[wia ferrata]*

Klettverschluss la chiusura a strappo *[kjusura a ßtrappo]*

Klimaanlage l'aria condizionata *[arja konditßjonata]*

klopffest antidetonante *[antidetonante]*

Kloster il convento *[konwento]*

Kneipe il locale *[lokale]*

Knie il ginocchio *[dschinokkjo]*

Knoblauch l'aglio, m *[aljo]*

Knöchel la caviglia *[kawilja]*

Knochen le ossa *[oßßa]*

Knödel lo gnocco *[njokko]*

Knopf il bottone *[bottone]*

Koch il cuoco *[kuoko]*

Kocher il fornello *[fornello]*

Kochnische il cucinino *[kutschinino]*

Koffer la valigia
[walidScha]

Kofferraum il portabagagli *[portabagalji]*

Kokosnuss la noce di cocco *[notsche di kokko]*

Kolben il pistone *[pißtone]*

Köln Cologna *[kolonja]*

kommen venire *[wenire]*

Kommunion la comunione *[komunjone]*

Kompass la bussola *[bußßola]*

kompatibel compatibile *[kompatibile]*

Kompott la frutta cotta *[frutta kotta]*

Kondition la forma *[forma]*

Konditorei la pasticceria *[paßtittscheria]*

Kondome il preservativo *[preßerwatiwo]*

Konfekt i dolci *[doltschi]*

können potere *[potere]*

Konsulat il consolato *[konßolato]*

Kontakt il contatto *[kontatto]*

Kontaktlinsen le lenti a contatto *[lennti a kontatto]*

Konto il conto *[konnto]*

Kontrolle il controllo *[kontrollo]*

Konzert il concerto *[kontscherto]*

Kopf la testa *[teßta]*

Kopfkissen il cuscino *[kuschino]*

Kopfsalat la lattuga *[lattuga]*

Kopfschmerzen il mal di testa *[mal di teßta]*

Kopfschmerztabletten le compresse contro il mal di testa *[kommpreßße kontro il mal di teßta]*

Kopftuch il foulard *[fulard]*

Kopie la copia *[kopja]*

Korb il cesto *[tscheßto]*

Korbwaren gli oggetti di vimini *[oddSchetti di wimini]*

Koreander il coriandolo *[koriandolo]*

Korken il tappo di sughero *[tappo di ßugero]*

Korkenzieher il cavatappi *[kawatappi]*

korkig il gusto di tappo *[gußto di tappo]*

körnig granuloso/a *[granuloso/a]*

Kosmetiksalon l'estetista, m *[eßtetißta]*

Kost und Logis vitto e alloggio *[witto e alloddScho]*

Kosten le spese *[ßpese]*

Kot lo sterco *[ßterko]*

Kotelett la cotoletta *[kotoletta]*

Krabben il gambero *[gambero]*

Krankengymnastik la fisioterapia *[fisioterapia]*

Krankenschein il certificato medico *[tschertifikato mediko]*

Krankenschwester l'infermiera, f *[infermjera]*

Krankenwagen l'ambulanza, f *[ambulantßa]*

Krapfen la ciambella *[tschambella]*

Krätze la scabbia *[ßkabbja]*

Kräuter le erbe *[ärbe]*

Krebs il granchio *[grankjo]*

Kreditkarte la carta di credito *[karta di kredito]*

Kreislauf la circolazione *[tschirkolatßjone]*

Kreislaufmittel il rimedio contro i disturbi circolatori *[rimedio kontro i dißturbi tschirkolatori]*

Kresse il lepidio *[lepidjo]*

Kreuzung l'incrocio *[inkrotscho]*

Krimi il giallo *[dSchallo]*

Kristall il cristallo *[krißtallo]*

Krone la corona *[korona]*

Krug la brocca *[brokka]*

Krypta la cripta *[kripta]*

Küche (regionale) la cucina (regionale) *[kutschina (redSchonale)]*

Kuchen la torta *[torta]*

Kugellager il cuscinetto a sfere *[kuschinetto a sfere]*

Kuhkäse il formaggio di vacca *[formaddScho di wakka]*

kühlen raffreddare *[raffreddare]*

Kühlflüssigkeit il liquido refrigerante *[likuido refridScherannte]*

Kühlschrank il frigo *[frigo]*

Kühltasche la borsa termica *[borßa termika]*

Kühlwasser l'acqua del radiatore *[akkua]*

Kümmel il cumino *[kumino]*

Kunst l'arte, f *[arte]*

Künstler l'artista *[artißta]*

künstlich artificiale *[artifitschale]*

Kunststoff la plastica *[plaßtika]*

Kupfer il rame *[rame]*

Kupplung la frizione *[fritßjone]*

Kürbis la zucca *[dsukka]*

Kurkuma la curcuma *[kurkuma]*

Kurve la curva *[kurwa]*

kurz corto *[korto]*

kürzen accorciare *[akkortschare]*

Kurzschluss il corto circuito *[korto tschirkuito]*

kurzsichtig miope *[miope]*

kuscheln stringersi a *[ßtrindScherßsi a]*

Kuss il bacio *[batscho]*

Küsschen il bacino *[batschino]*

küssen baciare *[batschare]*

L = LIVORNO

Labor il laboratorio *[laboratorio]*

Lachs il salmone *[ßalmone]*

Lackschaden il difetto di verniciatura *[difetto di wernitschatura]*

Lage la posizione *[positßjone]*

Lagerfeuer il fuoco da campo *[fuoko da kampo]*

Laken il lenzuolo *[lentßuolo]*

Lamm l'agnello, m *[anjello]*

Lampe la lampada *[lampada]*

Landeskunde la corografia *[korografia]*

Landkarte la carta geografica *[karta dScheografika]*

Landschaft il paesaggio *[paesaddScho]*

Landstraße la strada maestra *[ßtrada maeßtra]*

Landung lo scalo *[ßkalo]*

Landwein il vino locale *[wino lokale]*

lang lungo *[lungo]*

Länge la lunghezza *[lungettßa]*

langsam lento/a *[lento/a]*

Languste l'aragosta, f *[aragoßta]*

langweilig noioso/a *[nojoso/a]*

Laptop il computer portatile *[kompjuter portatile]*

Lärm il rumore *[rumore]*

laufen camminare *[kamminare]*

Läuse i pidocchi *[pidokki]*

laut forte *[forte]*

Lawine la valanga *[walanga]*

Lebensmittelladen il negozio di alimentari *[negotßjo di alimentari]*

Lebensmittelvergiftung l'intossicazione da alimenti, f *[intoßßikatßjone da alimenti]*

Leber il fegato *[fegato]*

Leder la pelle *[pelle]*

Lederfett il grasso per cuoio *[graßßo per kuojo]*

Lederkombi la tuta di cuoio per motociclisti *[tuta di kuojo per mototschiklißti]*

ledig (Mann, Frau) celibe, nubile *[tschelibe, nubile]*

leer vuoto *[wuoto]*

Lehrer l'insegnante, m *[insenjante]*

Lehrling l'apprendista
[apprendißta]

leicht leggero/a
[leddⱬhero/a]

Leinen il lino *[lino]*

Leipzig Lipsia *[lipsia]*

leise silenzioso
[ßilentßjoso]

lenken guidare *[guidare]*

Lenker il manubrio
[manubrio]

Lenkrad il volante
[wolante]

Lenkung il volante
[wolante]

lernen imparare
[imparare]

lesen leggere
[leddⱬhere]

letzte ultimo *[ultimo]*

Leukoplast il leucoplasto *[leukoplaßto]*

Licht la luce *[lutⱬhe]*

Lichtmaschine il dinamo *[dinamo]*

lieb caro/a *[karo/a]*

Liebe (auf den ersten Blick) l'amore (a prima vista) *[amore (a prima wißta)]*

lieblich amabile
[amabile]

Liegestuhl la sdraio
[sdrajo]

Liegewagen la cuccetta
[kuttⱬhetta]

Likör il liquore *[likuore]*

lila lilla *[lilla]*

Limonade la limonata
[limonata]

Limone il limone
[limone]

Linie la linea *[linea]*

links a sinistra
[a ßinißtra]

Linse (Opt.) la lente
[lennte]

Linsen le lenticchie
[lentikkje]

Lippen le labbra
[labbra]

Lippenstift il rossetto
[roßßetto]

Liste la lista *[lißta]*

Liter il litro *[litro]*

Literatur lettere *[lettere]*

Loch il buco *[buko]*

Locken i ricci *[rittⱬhi]*

Lockenwickler i bigodini *[bigodini]*

Löffel il cucchiaio
[kukkjajo]

Loge il palco *[palko]*

Long Drink il long drink
[long drink]

Lorbeer l'alloro, m
[alloro]

Löwenzahn il dente di leone *[dennte di leone]*

Luft l'aria, f *[arja]*

Luftdruck la pressione atmosferica *[preßßione atmosferika]*

Luftmatratze il materassino *[materaßßino]*

Luftpost la posta aerea
[poßta aerea]

Luftpumpe la pompa della bicicletta *[pompa della bitⱬhikletta]*

Lunge il polmone *[polmone]*

Lungenentzündung la polmonite *[polmonite]*

Luzern Lucerna
[lutⱬherna]

---

machen fare *[fare]*

Mädchen la ragazza
[bambina]

Madeira madera, m
[madera]

Magen lo stomaco
[ßtomako]

mager magro/a
[magro/a]

Mahlzeiten i pasti
[paßti]

Mai maggio *[maddⱬho]*

Mainz Magonza
[magondsa]

Mais il mais *[mais]*

Makrele gli sgombri
[sgombri]

Malaria la malaria
[malaria]

Maler/-ei il pittore/la pittura *[pittore/pittura]*

Mandarine il mandarino *[mandarino]*

Mandel la mandorla
[mandorla]

Mandelentzündung la tonsillite *[tonßillite]*

Mango il mango
[mango]

Mangold la bietola
[bjetola]

Maniok la manioca
[manioka]

Mann l'uomo, m *[uomo]*

Mantel (Fahrrad) il copertone *[kopertone]*

Mantel il cappotto *[kappotto]*

Märchen la favola *[favola]*

Maria Empfängnis Immacolata concezione *[immacolata kontschetßjone]*

Mariä Himmelfahrt Assunzione *[aßßuntßjone]*

mariniert marinato/a *[marinato/a]*

Mark il midollo *[midollo]*

Markt il mercato *[merkato]*

Marktplatz la piazza del mercato *[pjattßa del merkato]*

Marmelade la marmellata *[marmellata]*

März marzo *[mardso]*

Marzipan il marzapane *[mardsapane]*

Masern il morbillo *[morbillo]*

Massagen i massaggi *[maßßaddschi]*

Massageöl l'olio per massaggio, m *[oljo per maßßaddscho]*

Masseur il massaggiatore *[maßßaddschatore]*

Masthuhn il pollo da ingrasso *[pollo da ingraßßo]*

Matratze il materasso *[materaßßo]*

Maul il muso *[muso]*

Maulbeere la mora di gelso *[mora di dschelßo]*

Maulkorb la museruola *[museruola]*

Maus il mouse *[maus]*

Mautstelle l'ufficio (m) del dazio *[uffitscho del datßjo]*

Mechaniker il meccanico *[mekkaniko]*

medium (gebraten) media *[medja]*

Meeresfrüchte i frutti di mare *[frutti di mare]*

Meerrettich il rafano *[rafano]*

Meerwasser l'acqua di mare *[akkua di mare]*

Mehl la farina *[farina]*

mehlig farinoso/a *[farinoso/a]*

mehr di più *[di pju]*

Meißel lo scalpello *[ßkalpello]*

meiste, das la maggior parte *[maddschor parte]*

Melone il melone *[melone]*

Menge la quantità *[kuantita]*

Menstruation la mestruazione *[meßtruatßjone]*

messen misurare *[misurare]*

Messer il coltello *[koltello]*

Messing l'ottone, m *[ottone]*

metallisch metallico *[metalliko]*

Meter il metro *[metro]*

Metzger il macellaio *[matschellajo]*

Miesmuscheln le cozze *[kottße]*

Mietvertrag il contratto d'affitto *[kontratto daffitto]*

Milch il latte *[latte]*

Milchfläschchen il biberon *[biberon]*

Milchprodukte i latticini *[attitschini]*

Milchreis il riso al latte *[riso al latte]*

Milchspeisen i cibi a base di latte *[tschibi a base di latte]*

mild dolce *[doltsche]*

Milliarde un miliardo *[un miljardo]*

Milliliter il millilitro *[millilitro]*

Millimeter il millimetro *[millimetro]*

Million un milione *[un miljone]*

Milz la milza *[miltßa]*

Mineralwasser l'acqua minerale, f *[akkua minerale]*

Ministerium il ministero *[minißtero]*

Minute il minuto *[minuto]*

mit con *[konn]*

Mitfahrgelegenheit il passaggio *[paßßaddscho]*

Mitfahrzentrale l'agenzia che procura un passaggio *[adSchentßia ke prokura un paßßaddScho]*

Mittagessen il pranzo *[pranntßo]*

Mitte il centro *[tSchenntro]*

Mittwoch il mercoledì *[merkoledi]*

Möbel i mobili *[mobili]*

Modem il modem *[modem]*

Monat il mese *[mese]*

monatlich mensile *[menßile]*

Monatsblutung la mestruazione *[meßtruatßjone]*

Monatskarte l'abbonamento mensile *[abbonamennto menßile]*

Mond la luna *[luna]*

Moneten i soldi *[ßoldi]*

Montag il lunedì *[lunedi]*

Moped il motorino *[motorino]*

Morcheln le morchelle *[morkelle]*

morgen domani *[domani]*

Moschee la moschea *[moßkea]*

Moslem musulmano/a *[musulmano/a]*

Motor il motore *[motore]*

Motoröl l'olio (m) lubrificante *[oljo lubrifikante]*

Motorradfahrer il motociclista *[mototschiklißta]*

Mücke la zanzara *[dsandsara]*

Mückenmittel l'antizanzare, m *[antidsandsare]*

müde stanco/a *[ßtanko/a]*

Mühle il mulinello *[mulinello]*

Müll l'immondizia, f *[immonditßja]*

Mullbinde la benda *[benda]*

Multiple Sklerose la sclerosi multipla *[ßklerosi multipla]*

München Monaco *[monako]*

Münzen i gettoni *[dSchettoni]*

Museum il museo *[museo]*

Musik la musica *[musika]*

Muskat la noce moscata *[notSche moßkata]*

Muskeln i muscoli *[mußkoli]*

Muskelzerrung lo strappo muscolare *[ßtrappo mußkolare]*

müssen dovere *[dovere]*

Muster il disegno *[disenjo]*

Mutter la madre *[madre]*

Mütze il berretto *[berretto]*

N = NAPOLI

Nabenbremse il freno al mozzo *[freno al mottßo]*

nach (Land) in *[in]*

nach (Stadt) a *[a]*

Nachbar il vicino *[witSchino]*

Nachbarländer i paesi confinanti *[paesi konfinanti]*

Nachbarzimmer la camera vicina *[kamera witSchina]*

Nachname il cognome *[konjome]*

Nachricht hinterlassen lasciare un messaggio *[laSchare un meßßaddScho]*

Nachrichten le notizie *[notitßje]*

nächste il prossimo *[proßßimo]*

Nachttarif la tariffa notturna *[tariffa notturna]*

Nachttisch il comodino *[komodino]*

Nachuntersuchung la visita postoperatoria *[wisita poßt operatorja]*

Nacken la nuca *[nuka]*

Nadel l'ago, m *[ago]*

Nagellack lo smalto *[smalto]*

Nagelschere la forbicina *[forbitSchina]*

nah sein sentirsi vicino/a *[ßentirßi witschino/a]*

nahe bei vicino a *[witschino a]*

nähen cucire *[kutschire]*

Nähgarn il filo *[filo]*

Nationalfeiertag la festa nazionale *[feßta natßjonale]*

Nationalität la nazionalità *[natßjonalita]*

Naturheilmittel il farmaco naturalista *[farmako naturalißta]*

natürlich naturale *[naturale]*

Naturschutzgebiet la zona protetta *[dsona protetta]*

Nebel la nebbia *[nebbja]*

neben accanto *[akkanto]*

Nebenwirkungen gli effetti collaterali *[effetti kollaterali]*

Neffe il nipote *[nipote]*

nehmen prendere *[prenndere]*

nein no *[no]*

Nelken i chiodi di garofano *[kjodi di garofano]*

Nerv il nervo *[nerwo]*

nerven dare fastidio *[dare faßtidjo]*

Nervenarzt il neurologo *[neurologo]*

nett simpatico/a *[ßimpatiko/a]*

neu nuovo *[nuowo]*

Neujahr l'anno nuovo *[anno nuowo]*

neun nove *[nowe]*

neunzehn diciannove *[ditschannowe]*

neunzig novanta *[nowanta]*

Neurodermitis la neurodermite *[neurodermite]*

Nichte la nipote *[nipote]*

Nichtraucher i non fumatori *[nonn fumatori]*

nichts niente *[njentä]*

nie mai *[mai]*

Niederlande l'Olanda, f *[olanda]*

Niere rene, m *[rene]*

Nieren (Kochkunst) i rognoni *[ronjoni]*

Niete il chiodo *[kjodo]*

Nikotin la nicotina *[nikotina]*

nirgends da nessuna parte *[da neßßuna parte]*

Norden il nord *[nord]*

Nordsee il mare del Nord *[mare del nord]*

Normalbenzin benzina normale *[bendsina normale]*

Notarzt il medico di turno *[mediko di turno]*

Notausgang l'uscita di emergenza *[uschita di emerdschentßa]*

Notdienst il servizio d'emergenza *[ßerwitßjo demerdschendsa]*

Nougat il torrone *[torrone]*

November novembre *[nowembre]*

nüchtern (Med.) a stomaco vuoto *[a ßtomako wuoto]*

Nudeln la pasta *[paßta]*

Nummernschild la targa *[targa]*

Nürnberg Norimberga *[norimberga]*

Paar un paio *[un pajo]*

Propangas il propano *[propano]*

schlecht cattivo *[kattiwo]*

Seiten, an den ai lati *[ai lati]*

Teil la parte *[parte]*

tschüss ciao *[tschao]*

Viertel (1/4) un quarto *[un kuarto]*

O = OTRANTO

oben su *[ßu]*

Objektiv l'obiettivo, m *[objettiwo]*

Obst la frutta *[frutta]*

Obsttorte la torta alla frutta *[torta alla frutta]*

Ochse il bue *[bue]*

oft spesso *[ßpeßßo]*

ohne senza *[ßendsa]*

Ohren le orecchie *[orekkje]*

Ohrensausen il ronzio auricolare *[rondsio auricolare]*

Okra l'ibisco, m *[ibißko]*

Oktober ottobre
[ottobre]

Öl l'olio, m *[oljo]*

Oliven le olive *[oliwe]*

Olivenöl l'olio d'oliva
[oljo doliwa]

Omelett l'omelette, m
[omlätt]

Onkel lo zio *[dsio]*

Oper l'opera, f *[opera]*

Operation l'operazione,
f *[operatsjone]*

Opernglas il binocolo
da teatro *[binokkolo da
teatro]*

Optiker l'ottico, m
[ottiko]

orange arancione
[arantschone]

Orchester l'orchestra, f
[orkestra]

Oregano l'origano, m
[origano]

Ort il luogo *[luogo]*

Örtchen, Toilette il
gabinetto *[gabinetto]*

Ortschaft la località
[lokalita]

Ortsgespräch la telefonata locale *[telefonata
lokale]*

Osten l'est, m *[eßt]*

Ostermontag Pasquetta
[paßkuetta]

Ostern (-sonntag) la
Pasqua *[paßkua]*

Österreich l'Austria, f
[außtria]

**Österreichische Schil-
ling** gli scellini austriaci
[schellini außtriatschi]

Ostsee il mar Baltico
[mar baltiko]

P = PALERMO

Päckchen il pacchetto
[pakketto]

packen fare la valigia
[fare la walidscha]

Packpapier la carta da
pacchi *[karta da pakki]*

Packung il pacchetto
[pakketto]

Paddel la pagaia
[pagaja]

Paket il pacco *[pakko]*

Paketzustellung la consegna dei pacchi
[konßenja dei pakki]

Palast il palazzo *[palat-
tßo]*

Pampelmuse il pompel-
mo *[pompelmo]*

paniert impanato/a
[impanato/a]

Pansen il rumine
[rumine]

Paprika i peperoni
[peperoni]

Parfüm(erie) la profumeria *[profumeria]*

Park il parco *[parko]*

parken parcheggiare
[parkeddschare]

Parkhaus l'autosilo, m
[autosilo]

Parkplatz il parcheggio
[parkeddscho]

Parkverbot il divieto di
parcheggio *[diwjeto di
parkeddscho]*

Partner/-in il/la compa-
gno/a *[kompanjo/a]*

Pass il passo *[paßßo]*

Passau Passavia
[paßßawja]

Passnummer il numero
di passaporto *[numero
di paßßaporto]*

passt (nicht) (non) va
bene *[(nonn) wa bene]*

Pause l'intervallo, m
[interwallo]

Pech la sfortuna
[sfortuna]

Pedale il pedale
[pedale]

Penis il pene *[pene]*

Peperoni il peperoncino
[peperontschino]

perfekt perfetto *[per-
fetto]*

perlend spumeggiante
[ßpumeddschante]

Perlhuhn la faraona
[faraona]

Person la persona
[perßona]

persönlicher Bedarf il
fabbisogno personale
[fabbisonjo perßonale]

Petersilie il prezze-
molo *[prettßemolo]*

Pfanne la padella
[padella]

Pfannkuchen la frittata
[frittata]

Pfeffer il pepe *[pepe]*

Pfefferminze la mentuccia *[mentuttscha]*

Pfeife la pipa *[pipa]*

Pfeifenreiniger, -filter lo scovolino, il filtro *[ßkovolino, filtro]*

Pferd il cavallo *[kawallo]*

Pferdestärke i cavalli *[kawalli]*

Pfifferlinge i gallinacci *[gallinattschi]*

Pfingstmontag lunedì di Pentecoste *[lunedi di pentekoßte]*

Pfirsisch la pesca *[peßka]*

Pflaster il cerotto *[tscherotto]*

Pflaume la prugna *[prunja]*

Pflege la cura *[kura]*

Pfote la zampa *[dsampa]*

Pfund (1/2 kg) il mezzo chilo *[meddso kilo]*

Pilz il fungo *[fungo]*

Pilzgericht i funghi *[fungi]*

Pinzette la pinzetta *[pintßetta]*

Pistazien i pistaci *[pißtatschi]*

Piste la pista *[pißta]*

Platin il platino *[platino]*

Platz (in der Stadt) la piazza *[pjattßa]*

Platz (schattiger) il posto (all'ombra) *[poßto (allombra)]*

Platz (sonniger) il posto (al sole) *[poßto (al ßole)]*

Plombe il piombo *[pjombo]*

Polen la Polonia *[polonja]*

Polizei la polizia *[politßia]*

Polyklinik il policlinico *[polikliniko]*

Pommes frites le patatine fritte *[patatine fritte]*

Portemonnaie il borsellino *[borsellino]*

Portier il portiere *[portjere]*

Portion la porzione *[portßjone]*

Porto l'affrancatura, f *[affrankatura]*

Portwein il porto *[porto]*

Porzellan la porcellana *[portschellana]*

postlagernd fermo posta *[fermo poßta]*

Postsparbuch il libretto postale di risparmio *[libretto poßtale di rißparmjo]*

praktischer Arzt il medico generico *[mediko dscheneriko]*

Pralinen i cioccolatini *[tschokkolatini]*

Praxis lo studio medico *[ßtudio mediko]*

Preis, (erster) il (primo) premio *[(primo) premjo]*

Prellung la contusione *[kontusjone]*

Premiere la prima *[prima]*

Priester il prete *[prete]*

privat privato/a *[privato/a]*

Programm il programma *[programma]*

Prospekt il prospetto *[proßpetto]*

Prostata la prostata *[proßtata]*

Provision la provigione *[prowidschone]*

Provisorium il provvisorio *[provvisorio]*

Prozession la processione *[protscheßßjone]*

Pudding il budino *[budino]*

Puder la cipria *[tschipria]*

Pullover il pullover *[pullower]*

Pumps la scarpa scollata *[ßkarpa ßkollata]*

pünktlich puntuale *[puntuale]*

Puppe la bambola *[bambola]*

pur puro/a *[puro/a]*

Q = QUARTO

Quadratkilometer il chilometro quadrato *[kilometro kuadrato]*

Quadratmeter il metro quadrato *[metro kuadrato]*

Qualle la medusa *[medusa]*

Quark la ricotta
[rikotta]
Quelle la sorgente
[ßordʃchente]
quietschen cigolare
[tschigolare]
Quitte la cotogna
[kotonja]
Quittung la ricevuta
[ritschewuta]

R = ROMA

Rabbiner il rabbino
[rabbino]
Rad la ruota *[ruota]*
Räder le ruote *[ruote]*
Radfahrer il/la ciclista
[tschiklißta]
Radiergummi la gomma
[gomma]
Radieschen i ravanelli
[rawanelli]
Radio la radio *[radjo]*
Radiologe il radiologo
[radjologo]
Radnabe il mozzo della
ruota *[mottßo della
ruota]*
Rahm la crema *[krema]*
Rahmen il telaio *[telajo]*
rahmen mettere in cornice *[mettere in
kornitsche]*
Ramadan il ramadan
[ramadan]
Rang la galleria
[galleria]
rasieren fare la barba
[fare la barba]

Rasierklingen, -apparat
la lametta, il rasoio
[lametta, rasojo]
Rasierseife il sapone da
barba *[ßapone da
barba]*
Rasierwasser la lozione
[lotßjone]
Rastplatz il luogo di
sosta *[luogo di ßoßta]*
Rathaus il municipio
[munitschipjo]
rau ruvido *[ruwido]*
Raub il furto *[furto]*
rauchen fumare
[fumare]
Raucher il/la fuma-
tore/trice *[il/la
fumatore/tritsche]*
Rauschgift la droga
[droga]
Rebhuhn la starna
[ßtarna]
Rebstock la vite *[wite]*
Rechnung il conto
[konnto]
rechts destra *[deßtra]*
Regen la pioggia
[pjoddʃcha]
Regensburg Ratisbona
[ratisbona]
Regenschirm l'om-
brello *[ombrello]*
Regisseur il regista
[redʃchißta]
Reh il capriolo
[kapriolo]
reif maturo/a
[maturo/a]
Reifen la gomma
[gomma]

Reifendruck la pres-
sione delle gomme
*[preßßjone delle
gomme]*
Reifenprofil il profilo
delle gomme *[profilo
delle gomme]*
Reihe la fila *[fila]*
Reinigung la lavanderia
[lawanderia]
Reinigungsflüssigkeit il
detergente
[deterdʃchente]
Reis (glasierter) il riso
(brillato) *[riso (brillato)]*
Reis (ungeschälter) il
riso (vestito) *[riso
(weßtito)]*
Reis (weißer) il riso
(bianco) *[riso (bjanko)]*
Reisebüro l'agenzia (f)
di viaggio *[adʃchentßia
di wjaddʃcho]*
Reiseführer la guida
[guida]
Reiseplan l'itinerario,
m *[itinerarjo]*
Reisescheck il traveller
cheque *[träweller schäk]*
Reiseziel la meta del
viaggio *[meta del
wjaddʃcho]*
Reisgericht il risotto
[risotto]
Reissuppe la minestra
di riso *[mineßtra di riso]*
Reißverschluss la chiusura lampo *[kjusura
lampo]*
reiten cavalcare
[kawalkare]

Rentner il pensionato *[penßjonato]*

reparieren riparare *[riparare]*

reservieren prenotare *[prenotare]*

Restaurant il ristorante *[rißtorannte]*

Rettungsgürtel la cintura di salvataggio *[tschintura di ßalwataddscho]*

Rettungsschwimmer i nuotatori di salvataggio *[nuotatori di ßalwataddscho]*

Revolver la pistola *[pißtola]*

Rezept la ricetta *[ritschetta]*

Rezeption la recezione *[retschetßjone]*

Rheuma i reumatismi *[reumatismi]*

richtig vero *[wero]*

Richtung la direzione *[diretßjone]*

Riesenscampi i gamberoni *[gamberoni]*

Rigg l'attrezzatura, f *[attrettßatura]*

Rind il manzo *[mandso]*

Ring l'anello, m *[anello]*

Rippchen la costoletta *[koßtoletta]*

riskant rischioso/a *[rißkioso/a]*

Riss lo strappo *[ßtrappo]*

Rock la gonna *[gonna]*

Rockmusik la musica rock *[musika rok]*

roh crudo/a *[krudo/a]*

Rohkost le crudità *[krudita]*

Rolle la parte *[parte]*

Rollstuhl la sedia a rotelle *[ßedja a rotelle]*

Roman il romanzo *[romandso]*

röntgen fare la radiografia *[fare la radiografia]*

Röntgenaufnahme la radiografia *[radiografia]*

Roséwein il rosato *[rosato]*

Rosine l'uva passa *[uwa paßßa]*

Rosmarin il rosmarino *[rosmarino]*

Rost la ruggine *[ruddschine]*

Rostock Rostock *[roßtok]*

rot rosso/a *[roßßo/a]*

Rotwein il vino rosso *[wino roßßo]*

Route l'itinerario, m *[itinerarjo]*

Rücken l'arista, f *[arißta]*

Rückenmark il midollo spinale *[midollo ßpinale]*

Rückfahrkarte il biglietto di ritorno *[biljetto di ritorno]*

Rückfahrt il viaggio di ritorno *[wjaddscho di ritorno]*

Rückflug il volo di ritorno *[wolo di ritorno]*

Rücklicht la luce posteriore *[lutsche poßterjore]*

Rucksack lo zaino *[dsaino]*

Rückschein la ricevuta di ritorno *[ritschewuta di ritorno]*

Rückseite il retro *[retro]*

Rücksitz il sedile posteriore *[sedile poßterjore]*

Rückspiegel lo specchietto retrovisore *[ßpekkjetto retrowisore]*

Rücktritt il freno a contropedale *[freno a kontropedale]*

Rückwärtsgang la marcia indietro *[martscha indjetro]*

rudern remare *[remare]*

Ruhe il riposo *[riposo]*

ruhig tranquillo/a *[trankuillo]*

Rührei le uova strapazzate *[uowa ßtrapattßate]*

Ruine la rovina *[rowina]*

rund rotondo *[rotondo]*

Rundfahrt il giro *[dschiro]*

S = SALERNO

Safran lo zafferano *[dsafferano]*

Saft il succo *[ßukko]*

saftig succoso/a *[ßukkoso/a]*

Säge la sega *[ßega]*

sagen dire *[dire]*

Sahne la panna *[panna]*

Sahnekuchen il dolce alla panna *[doltsche alla panna]*

Sakrament il sacramento *[ßakramennto]*

Salami il salame *[ßalame]*

Salat (gemischter) l'insalata (mista), f *[inßalata (mißta)]*

Salbe la pomata *[pomata]*

Salbei la salvia *[ßalwia]*

Salz il sale *[ßale]*

salzarm con poco sale *[konn poko ßale]*

Salzburg Salisburgo *[ßalisburgo]*

salzig salato/a *[ßalato/a]*

Samstag il sabato *[ßabato]*

Sand la sabbia *[ßabbja]*

Sandalen i sandali *[ßandali]*

Sandwich il panino *[panino]*

Sanitärbedarf gli articoli sanitari *[artikoli ßanitari]*

Sardelle l'acciuga, f *[attschuga]*

Sardinien la Sardegna *[ßardenja]*

Sattel la sella *[ßella]*

sättigend saziante *[ßadsjante]*

sauber pulito/a *[pulito/a]*

Sauerkraut il crauti *[krauti]*

Sauermilch il latte acido *[atte atschido]*

Sauermilchkäse il formaggio di latte acido *[formaddscho di latte atschido]*

Sauerstoffflaschen le bombole d'ossigeno *[bombole doßßidscheno]*

Säule la colonna *[kolonna]*

Säure l'acidità, f *[atschidita]*

Schach gli scacchi *[ßkakki]*

Schaffner il bigliettaio *[biljettajo]*

Schafskäse il pecorino *[pekorino]*

Schal la sciarpa *[scharpa]*

Schale la buccia *[buttscha]*

Schalentiere i crostacei *[kroßtatschei]*

Schalter (Techn.) l'interrutore, m *[interrutore]*

Schalter il pulsante *[pulßante]*

Schalter, Ticket-/ Fenster- lo sportello *[ßportello]*

scharf piccante *[pikkante]*

Scharlach la scarlattina *[ßkarlattina]*

Schatten l'ombra, f *[ombra]*

schauen guardare *[guardare]*

Schauspieler l'attore, m *[attore]*

Scheckkarte la carta di credito per gli eurocheques *[karta di kredito per lji euroschäk]*

Scheibe il finestrino *[fineßtrino]*

Scheine le banconote *[bankonote]*

Scheinwerfer il faro *[faro]*

Scheiße la merda *[merda]*

Scherz lo scherzo *[ßkertßo]*

Scheune il granaio *[granajo]*

Schiff la nave *[nawe]*

Schimmelkäse il gorgonzola *[gorgondsola]*

Schinken il prosciutto *[proschutto]*

Schinkenspeck la pancetta *[pantschetta]*

schlafen dormire *[dormire]*

schlafen, miteinander fare l'amore *[fare lamore]*

Schlaflosigkeit l'insonnia, f *[inßonnia]*

Schlafmittel il sonnifero *[ßonnifero]*

Schlafsaal il dormitorio *[dormitorjo]*

Schlafsack il sacco a pelo *[ßakko a pelo]*

Schlafwagen il vagone letto *[wagone letto]*

Schlafzimmer la camera da letto *[kamera da lätto]*

Schlaganfall l'hictus cerebrale, m *[iktus tscherebrale]*

Schläger la racchetta *[rakketta]*

Schlange il serpente *[ßerpente]*

Schlauch la gomma *[gomma]*

schlechter peggio *[peddScho]*

schleifen rettificare *[rettifikare]*

Schleuse la chiusa *[kjusa]*

Schließfach la cassetta di sicurezza *[kaßßetta di ßikurettßa]*

Schließfach, Gepäck- il deposito bagagli a cassette *[deposito bagalji a kaßßette]*

Schloss il castello *[kaßtello]*

Schloss, Tür- la serratura *[ßerratura]*

Schluss machen farla finita *[farla finita]*

Schlüssel la chiave *[kjawe]*

schmal stretto *[ßtretto]*

Schmerzen i dolori *[dolori]*

Schmerzmittel l'analgesico, m *[analdSchesiko]*

Schmirgelpapier la carta smerigliata *[karta ßmeriljata]*

Schmuck i gioielli *[dSchojelli]*

schmutzig sporco/a *[ßporko/a]*

Schnaps l'acquavite, f *[akkuawite]*

Schnauze il muso *[muso]*

Schnecken le lumache *[lumake]*

Schnee(fall) (la caduta di) neve *[(la kaduta di) newe]*

Schneider il sarto *[ßarto]*

Schneidezahn il dente incisivo *[dennte intschisiwo]*

schnell veloce *[welotsche]*

Schnepfe la pernice *[pernitsche]*

Schnittstelle l'interfaccia, f *[interfattscha]*

Schnitzel la cotoletta *[kotoletta]*

Schnorchel il respiratore *[reßpiratore]*

Schnuller il succhiotto *[ßukkjotto]*

Schnur la corda *[korda]*

Schnürsenkel i lacci *[lattschi]*

Schock lo shock *[schok]*

Schokolade la cioccolata *[tschokkolata]*

Scholle la passera di mare *[paßßera di mare]*

Schonkost la dieta *[djeta]*

Schrank l'armadio, m *[armadjo]*

Schraube la vite *[wite]*

Schraubenmutter la madrevite *[madrewite]*

Schraubenschlüssel la chiave per dadi *[kjawe per dadi]*

Schraubenzieher il cacciavite *[kattschawite]*

Schraubstock la morsa *[morsa]*

schreiben scrivere *[ßkriwere]*

Schreibpapier la carta da scrivere *[karta da ßkriwere]*

Schreibstift la matita *[matita]*

schriftlich per iscritto *[per ißkritto]*

Schuhcreme il lucido da scarpe *[lutschido da ßkarpe]*

Schuhgeschäft il negozio di scarpe *[negotßjo di ßkarpe]*

Schuhgröße la misura *[misura]*

Schüler lo scolaro *[ßkolaro]*

Schulter la spalla *[ßpalla]*

Schüttelfrost i brividi *[briwidi]*

schwach debole *[debole]*

Schwäche la debolezza *[debolettßa]*

Schwager lo suocero *[ßuotschero]*

Schwamm la spugna *[ßpunja]*

schwanger werden rimanere incinta *[rimanere intschinta]*

Schwangerschaft la gravidanza *[grawidandsa]*

Schwanz la coda *[koda]*

schwarz nero/a *[nero/a]*

schwefelig solforoso/a *[ßolforoso/a]*

Schwein il maiale *[majale]*

Schweiz la Svizzera *[swittßera]*

Schweizer Franken i franchi svizzeri *[franki swittßeri]*

schwer pesante *[pesante]*

Schwerbehindertenausweis la tessera d'invalidità *[teßßera dinwalidita]*

Schwerin Schwerin *[schwerin]*

Schwertfisch il pesce spada *[pesche ßpada]*

Schwierigkeitsgrad grado di difficoltà *[grado di diffikolta]*

Schwimmen nuotare *[nuotare]*

Schwimmweste il giubbetto di salvataggio *[dschubbetto di ßalwataddscho]*

Schwindel i vertigini *[wertidschini]*

schwül afoso/a *[afoso/a]*

sechs sei *[ßäi]*

sechzehn sedici *[ßeditschi]*

sechzig sessanta *[ßeßßanta]*

See il lago *[lago]*

Seebarsch il branzino *[brandsino]*

Seeigel il riccio *[rittscho]*

Seesack il sacco da marinaio *[ßakko da marinajo]*

Seeweg la via marittima *[wia marittima]*

Seezunge la sogliola *[ßoljloa]*

Segel la vela *[wela]*

segeln andare in barca a vela *[andare in barka a wela]*

sehen vedere *[wedere]*

Sehenswürdigkeiten le bellezze *[bellettße]*

Sehnen i tendini *[tendini]*

Sehschwäche il difetto della vista *[difetto della wißta]*

Seide la seta *[ßeta]*

Seife, ein Stück (un pezzo di) sapone *[(un pettßo di) sapone]*

Seil la corda *[korda]*

Seilbahn la funivia *[funiwia]*

sein essere *[eßßere]*

Seite la parte *[parte]*

Sekt lo spumante *[ßpumante]*

Sekunde il secondo *[ßekondo]*

selbständig autonomo *[autonomo]*

Selbstbedienung il self-service *[ßelfßärwiß]*

Selbsthilfe l'iniziativa personale *[initßjatiwa perßonale]*

Sellerie il sedano *[ßedano]*

selten raramente *[raramennte]*

Sender il canale *[kanale]*

Senf la senape *[ßenape]*

September settembre *[settembre]*

Serviette il tovagliolo *[towaljolo]*

Sessel la poltrona *[poltrona]*

Sex il sesso *[ßeßßo]*

Shampoo lo shampoo *[schampu]*

Sherry il sherry *[schärri]*

Shorts i pantaloncini *[pantalontschini]*

sicher sicuro/a *[ßikuro/a]*

Sicherung (Strom) la valvola *[walwola]*

Sicherung la sicura *[ßikura]*

Sicht la vista *[wißta]*

Sichtvermerk il visto *[wißto]*

sie loro *[loro]*

Sie/sie Lei/lei *[läi]*

sieben sette *[ßette]*

siebzehn diciassette *[ditschaßßette]*

siebzig settanta *[ßettanta]*

Sieger il vincitore *[wintschitore]*

Silber l'argento, m *[ardschento]*

silbrig d'argento *[dardschento]*

singen cantare *[kantare]*

Sitzbank la panchina *[pankina]*

Sitzplatz il posto a sedere *[poßto a ßedere]*

Sitzreihe la fila di sedili *[fila di ßedili]*

Ski(stiefel) (gli scarponi da) sci *[(lji ßkarponi da) schi]*

Skilift la sciovia *[schiowia]*

Skulptur la scultura *[ßkultura]*

Smog lo smog *[smog]*

Socken i calzini *[kaldsini]*

Soda la soda *[ßoda]*

sofort subito *[ßubito]*

Sohle la suola *[ßuola]*

Sohn il figlio *[filjo]*

Solo l'assolo, m *[aßßolo]*

Sommer l'estate, f *[eßtate]*

Sondermarken l'emissione (f) speciale *[emißßjone ßpetschale]*

Sonne il sole *[ßole]*

Sonnenblumenöl l'olio di semi *[oljo di ßemi]*

Sonnenbrand la scottatura *[ßkottatura]*

Sonnenbrille gli occhiali da sole *[okkjali da ßole]*

Sonnenschirm l'ombrellone *[ombrellone]*

Sonnenstich il colpo di sole *[kolpo di ßole]*

Sonntag la domenica *[domenika]*

Soße la salsa *[ßalßa]*

Soufflé il soufflé *[ßufflä]*

Sozialwissenschaft la sociologia *[ßotscholodschia]*

Spagetti gli spaghetti *[ßpagetti]*

Spanferkel la porchetta *[porketta]*

Spannung il voltaggio *[woltaddscho]*

Spargel gli asparagi *[aßparadschi]*

später più tardi *[pju tardi]*

Spaziergang la passeggiata *[paßßeddschata]*

Speiche il raggio *[raddscho]*

Speisekarte il menù *[menu]*

Speisesaal la sala da pranzo *[ßala da pranntßo]*

Speisewagen il vagone-ristorante *[wagone rißtorannte]*

Sperma lo sperma *[ßperma]*

Sperrsitz il posto distinto *[poßto dißtinto]*

Spezialist lo specialista *[ßpetschalißta]*

Spezialitäten le specialità *[ßpetschalita]*

Spiegel lo specchio *[ßpekkjo]*

Spiegelei le uova al tegamino *[uowa al tegamino]*

Spiegelreflexkamera la macchina fotografica reflex *[makkina fotografika]*

Spiel il gioco *[dschoko]*

Spielkarten le carte *[karte]*

Spielleitung la regia *[redschia]*

Spielmarken i gettoni *[dschettoni]*

Spielwarengeschäft il negozio di giocattoli *[negotßjo di dschokattoli]*

Spielzeug il giocattolo *[dschokattolo]*

Spieß lo spiedo *[ßpjedo]*

Spinat gli spinaci *[ßpinatschi]*

Spinner pazzo/a *[pattßo/a]*

Spirituosen gli alcolici, m (pl.) *[alkolitschi]*

Sportausrüstung l'equipaggiamento, m da sport *[ekuipaddschamennto da ßport]*

Sportgeräte gli articoli sportivi *[artikoli ßportiwi]*

Sportgeschäft il negozio di articoli sportivi *[negotßjo di artikoli ßportiwi]*

Sprachen le lingue *[lingue]*

sprechen parlare *[parlare]*

Sprechstunde l'orario di visita, m *[orario di wisita]*

Sprechzimmer l'ambulatorio, m *[ambulatorio]*

Spritze (Med.) la siringa *[ßiringa]*

Sprungturm il trampolino *[trampolino]*

Spülmittel il detersivo *[deterßiwo]*

Squash lo squash *[ßkuosch]*

Stadion lo stadio *[ßtadjo]*

Stadtplan la pianta della città *[pjanta della tschitta]*

Stadtrundfahrt il giro per la città *[dSchiro per la tschitta]*

Stammbaum l'albero genealogico *[albero dSchenealodSchiko]*

stark forte *[forte]*

Station la fermata *[fermata]*

stationär ospedaliero/a *[oßpedaljero/a]*

Stativ il treppiedi *[treppjedi]*

Statue la statua *[ßtatua]*

Staupe il cimurro *[tschimurro]*

stechend lancinante *[lantschinante]*

Steckdose la presa *[presa]*

Stecker la spina *[ßpina]*

Steigeisen il rampone *[rampone]*

steigend crescente *[kreschente]*

Steigung la salita *[ßalita]*

Stein la pietra *[pjetra]*

Steinbutt il rombo *[rombo]*

steinig roccioso/a *[rottschoso/a]*

Steinpilze i porcini *[portschini]*

Stellplatz il posto *[poßto]*

Sterne le stelle *[ßtelle]*

Sternzeichen il segno zodiacale *[ßenjo dsodiakale]*

Steuern le tasse *[taßße]*

Stiefel gli stivali *[ßtivali]*

Stiefeletten gli stivaletti *[ßtivaletti]*

Stil lo stile *[ßtile]*

stillen allattare *[allattare]*

stinkt puzza *[puttßa]*

Stockfisch il baccalà *[bakkala]*

Stockwerk il piano *[pjano]*

stop alt *[alt]*

stopfen imbottire *[imbottire]*

Stör lo storione *[ßtorjone]*

Strähnchen i colpi di sole *[kolpi di ßole]*

Strampelhose il pagliacetto *[paljatschetto]*

Straße la strada *[ßtrada]*

Straßenbahn il tram *[tram]*

Straßenkarte la piantina *[pjantina]*

streicheln carezzare *[karettßare]*

Streichhölzer i cerini *[tscherini]*

streng severo/a *[ßewero/a]*

Strom, (kein) (non c'è) corrente *[(nonn tschä) korrente]*

Stromanschluss l'attacco di corrente, m *[attakko di korrente]*

Stromstärke l'intensità, f di corrente *[intenßita]*

Stromversorgung l'erogazione (f) di energia elettrica *[erogatßione di enerdSchia]*

Stromzähler il contatore della corrente *[kontatore della korrente]*

Strümpfe le calze *[kalltße]*

Stück un pezzo *[un pettßo]*

Student lo studente *[ßtudennte]*

Studienfach la materia di studio *[materja di ßtudjo]*

Stuhl la sedia *[ßedja]*

■ Gepäck

I bagagli *[i bagalji]*

Nehmen Sie die wichtigsten und teuersten Gegenstände immer ins Handgepäck. Geld und Kreditkarten tragen Sie am Körper. Bei Gepäckverlust sind ein Adressanhänger außen und eine innen angebrachte Adresse hilfreich. Eine Inhaltsliste für die Versicherung sollte auch zu Hause bleiben.

Paghi di là.
[pagi di la]
Zahlen Sie dort.
Zahlen Sie dort drüben.

Das ist (nicht) mein Gepäck.
Questi (non) sono i miei bagagli.
[kueßti (nonn) ßono i mjäi bagalji]
Dies (nicht) ist mein Gepäck.

Ich habe mein Gepäck in ... bei ... aufgegeben.
Ho consegnato i miei bagagli a ... da ...
[o konßenjato i mjäi bagalji a ... da]
Ich habe aufgegeben mein Gepäck in ... bei ...

Mein Gepäck ist weg/beschädigt/geöffnet.
I miei bagagli sono via/danneggiati/aperti.
[i mjäi bagalji ßono wia/ danneddSchati/apärti]

Wo ist die Gepäckaufbewahrung?
Dov'è il deposito bagagli?
[dowä il deposito bagalji]
Wo ist die Aufbewahrung Gepäck?

la domanda *[domanda]*
il permesso di lavoro
[permeßßo di lavoro]
la spiegazione
[ßpjegatßjone]
l'equipaggiamento (m) da
camping *[ekuipaddScha*
mennto da kämpin]
la valuta estera
[waluta eßtera]
l'importazione, f
[importatßjone]
il modulo *[modulo]*
con la massima stima
[konn la maßßima ßtima]
faccio richiesta di ...
[fattscho rikjeßta di ...]
il controllo *[kontrollo]*
il ministero *[minißtero]*
Distinti saluti
[dißtinti ßaluti]
il fabbisogno personale
[fabbisonjo perßonale]
Gentili signore e signori
[dSchentili ßinjore e ßinjori]
gli alcolici, m *[alkolitschi]*
l'equipaggiamento, m da
sport *[ekuipaddSchamennto*
da ßport]
le tasse *[taßße]*
il tabacco *[tabakko]*
la firma *[firma]*
le sigarette *[ßigarette]*
il doganiere *[doganjere]*
la dichiarazione doganale
[dikjaratßjone doganale]
esente da dazio
[esente da datßjo]

Questo lo deve dichiarare.
[kueßto lo dewe dikjarare]
Dies es müssen Sie verzollen.
Das müssen Sie verzollen.

Das ist nicht neu, sondern gebraucht!
Non è nuovo ma usato!
[nonn ä nuowo ma usato]
Nicht es ist neu aber gebraucht!

Das führe ich wieder aus!
Questo lo esporto!
[kueßto lo eßporto]
Dieses es ich führe aus!

Ha altri bagagli?
[a altri bagalji]
Haben Sie anderes Gepäck?
Haben Sie noch mehr Gepäck?

Das ist alles.
È tutto.
[ä tutto]

Das gehört mir nicht.
Non mi appartiene.
[nonn mi appartjene]
Nicht mir es gehört.

Ich benötige eine Genehmigung für ...
Ho bisogno di un'autorizzazione per ...
[o bisonjo di unautoriddsatßjone per]
Ich habe Bedarf an einer Genehmigung für ...

Können Sie mir beim Ausfüllen helfen?
Mi può aiutare a completare?
[mi puo ajutare a kompletare]
Mir können Sie helfen zu ausfüllen?

11

Stuhl(-untersuchung) (l'analisi del)le feci *[(lanalisi del)le fetschi]*

Stuhlgang la defecazione *[defekatßjone]*

Stunde l'ora, f *[ora]*

stündlich ogni ora *[onji ora]*

Sturm la tempesta *[tempeßta]*

Stuttgart Stoccarda *[ßtokkarda]*

Substanz la sostanza *[ßoßtandsa]*

suchen cercare *[tscherkare]*

Sucher il mirino *[mirino]*

Süden il sud *[ßud]*

süffig abboccato/a *[abbokkato]*

Super super *[super]*

Suppe la zuppa *[dsuppa]*

Surfboard la tavola da surf *[tawola da särf]*

Surfen andare in surf *[andare in ßärf]*

süß dolce *[doltsche]*

süß-sauer agrodolce *[agrodoltsche]*

Süßspeisen i dolci, f *[doltschi]*

Swimming-Pool la piscina *[pischina]*

Sylvester Capodanno *[kapodanno]*

Synagoge la sinagoga *[ßinagoga]*

Synthetik il tessuto sintetico *[teßßuto ßintetiko]*

T = TARANTO

Tabak il tabacco *[tabakko]*

Tabakladen il tabaccaio *[tabakkajo]*

Tabletten le compresse *[kommpreßße]*

Tag der Abreise il giorno di partenza *[dschorno di partendsa]*

Tag der Ankunft il giorno d'arrivo *[dschorno darriwo]*

Tag der Arbeit Festa di Lavoro *[fäßta del lawaro]*

Tag der Befreiung vom Faschismus Anniversario della Liberazione *[anniwerßarjo della liberatßjone]*

Tag il giorno *[dschorno]*

Tagebuch il diario *[diario]*

Tagesmenü il menù del giorno *[menu del dschorno]*

Tagesticket l'abbonamento giornaliero *[abbonamennto dschornaljero]*

täglich ogni giorno *[onji dschorno]*

täglich ... mal ... volte al giorno *[wolte al dschorno]*

Tal la valle *[walle]*

Tampons gli assorbenti *[aßßorbenti]*

Tankstelle il distributore *[dißtributore]*

Tankverschluss il tappo del serbatoio *[tappo del ßerbatojo]*

Tante la zia *[dsia]*

tanzen ballare *[ballare]*

Tasche la borsa *[borsa]*

Taschenlampe la lampadina tascabile *[lampadina taßkabile]*

Taschentücher i fazzoletti *[fattßoletti]*

Tastatur la tastiera *[taßtjera]*

taub sordo/a *[ßordo/a]*

Taube il piccione *[pittschone]*

tauchen immergere *[immerdschere]*

Taucherbrille la maschera *[maßkera]*

Taufe il battesimo *[battesimo]*

tausend mille *[mille]*

Tauwetter il tempo di disgelo *[temmpo di disdschelo]*

Taxameter il tassametro *[taßßametro]*

Taxifahrer il/la tassista *[taßßißta]*

Taxistand il posteggio di taxi *[poßteddscho di taksi]*

Tee il tè *[tä]*

Teelöffel il cucchiaino *[kukkjaino]*

Teigwaren i farinaci *[farinatschi]*

Teil la fetta *[fetta]*, una parte *[una parte]*

Telefonbuch l'elenco (m) telefonico *[elenko telefoniko]*

Telefonkarte la scheda telefonica *[ßkeda telefonika]*

Telefonnummer il numero di telefono *[numero di telefono]*

Telefonzelle la cabina telefonica *[kabina telefonika]*

Telegramm il telegramma *[telegramma]*

Teleobjektiv il tele-obiettivo *[teleobjettiwo]*

Teller il piatto *[pjatto]*

Tellergericht il piatto con contorno *[pjatto konn konntorno]*

Tempel il tempio *[tempjo]*

Temperatur la temperatura *[temperatura]*

Tempolimit il limite di velocità *[limite di welotschita]*

Tennis il tennis *[tennis]*

Termin l'appuntamento, m *[appuntamennto]*

Terrasse la terrazza *[terrattßa]*

teuer economico *[ekonomiko]*

Theater il teatro *[teatro]*

Theke il banco *[banko]*

Thermosflasche il thermos *[termos]*

Tunfisch il tonno *[tonno]*

Thymian il timo *[timo]*

Ticket il biglietto *[biljetto]*

Tiefdruck la bassa pressione *[baßßa preßßione]*

Tierarzt il veterinario *[weterinarjo]*

Tierbiss il morso *[morßo]*

Tierklinik l'ospedale per gli animali *[oßpedale per lji animali]*

Tintenfische i calamari *[kalamari]*

Tisch il tavolo *[tawolo]*

Tischtennis il ping pong *[ping pong]*

Tischwein il vino da tavola *[wino da tawola]*

Toast toast *[toßt]*

Tochter la figlia *[filja]*

Toilette (ist schmutzig) la toilette (è sporca) *[tualät (ä ßporka)]*

Toiletten i servizi *[ßerwitßi]*

Toilettenpapier la carta igienica *[karta idschenika]*

Tollwut la rabbia *[rabbja]*

Tomaten i pomodori *[pomodori]*

Ton in Ton tono su tono *[tono ßu tono]*

Tonic l'acqua brillante, f *[akkua brillante]*

Topf la pentola *[pentola]*

Töpferei la bottega di ceramiche *[bottega di tscheramike]*

Torte la torta *[torta]*

tot morto/a *[morto/a]*

Tourist il/la turista *[turißta]*

Touristeninformation l'ufficio informazioni *[uffitscho informatßjoni]*

Trageriemen la cinghia *[tschingja]*

Tragetasche il sacchetto *[ßakketto]*

Training l'allenamento, m *[allenamennto]*

trampen fare l'autostop *[fare lautoßtop]*

Transit il transito *[transito]*

Trauben l'uva, f *[uwa]*

treffen incontrare *[inkontrare]*

Treffpunkt il luogo d'incontro *[luogo dinkontro]*

Treppe la scala *[ßkala]*

Tretkurbel la pedivella *[pediwella]*

treu fedele *[fedele]*

Trient Trento *[trento]*

Trillerpfeife il fischietto *[fißkjetto]*

trinken (viel) bere (molto) *[bere (molto)]*

Trinkgeld la mancia *[mantscha]*

Trinkglas il bicchiere *[bikkjere]*

Trinkwasser l'acqua potabile, f *[akkua potabile]*

trocken secco/a *[ßekko]*

trocknen asciugare *[aschugare]*

Tropfen la goccia [gottscha]

Trüffeln i tartufi [tartufi]

Truthahn il tacchino [takkino]

Tube il tubetto [tubetto]

Tunnel il tunnel [tunnel]

Türkis (il) turchese [(il) turkese]

Turm la torre [torre]

Turnschuhe le scarpe da ginnastica [skarpe da dschinnastika]

Türschloss la serratura della porta [sserratura della porta]

Typhus il tifo [tifo]

U = UDINE

U-Bahn la metropolitana [metropolitana]

Übelkeit la nausea [nausea]

über sopra [sopra]

überall dappertutto [dappertutto]

überbacken gratinato/a [gratinato/a]

Überfahrt la traversata [trawersata]

überhitzt surriscaldato/a [ßurrißkaldato/a]

überholen sorpassare [sorpaßßare]

übernachten pernottare [pernottare]

überprüfen controllare [kontrollare]

überreif troppo maturo/a [troppo maturo/a]

Überschwemmungen le inondazioni [inondatßjoni]

Überweisung il trasferimento [trasferimennto]

überwürzt troppo speziato/a [troppo ßpetßjato/a]

Uhr l'orologio, m [orolodscho]

Uhrmacher l'orologiaio, m [orolodschajo]

Uhrzeit l'ora, f [ora]

Ultraschall l'ultrasuono, m [ultraßuono]

umarmen abbracciare [abbrattschare]

Umhängetasche la borsa a tracolla [borßa a trakolla]

Umleitung la deviazione [dewjatßjone]

umsteigen cambiare [kambjare]

Umwege, ohne senza fare un lungo giro [ßendsa fare un lungo dschiro]

Unabhängigkeitstag la giornata dell'indipendenza [dschornata del indipendendsa]

unbedingt assolutamente [aßßolutamennte]

undicht permeabile [permeabile]

Unentschieden indeciso/a [indetschiso/a]

ungezuckert senza zucchero [ßendsa dsukkero]

Universität l'università, f [uniwerßita]

unreif immaturo/a [immaturo/a]

unten giù [dschu]

unter sotto [ßotto]

unterhalten intrattenere [intrattenere]

Unterhemd la maglietta [maljetta]

Unterhose la mutanda [mutanda]

Unterkunft l'alloggio, m [alloddscho]

Unterlegmatte la stuoia [ßtuoja]

Unterleib il basso ventre [baßßo wentre]

Unterricht la lezione [letßjone]

Unterschrift la firma [firma]

Untersuchung l'analisi [analisi]

untreu infedele [infedele]

unzerkaut senza masticare [ßendsa maßtikare]

Urin(-untersuchung) (l'analisi dell')orina, m [(lanalisi del) orina]

Urlaub la vacanza [wakandsa]

Urologe l'urologo, m [urologo]

US-Dollar i dollari [dollari]

V = VENEZIA

Vanille la vaniglia [wanilja]

Vaseline la vaselina [waselina]

Vater il padre [padre]

vegetarisch vegetariano/a [wedschetarjano/a]

Ventil la valvola [walwola]

Ventilator il ventilatore [wentilatore]

Venusmuschel le vongole [wongole]

verabreden fissare un appuntamento [fißßare un appuntamennto]

Verband la benda [benda]

Verbandmaterial il pacchetto di medicazione [pakketto di medikatßjone]

verbinden mettere in comunicazione [mettere in komunikatßjone]

Verbindung il collegamento [kollegamennto]

verbogen piegato [pjegato]

Verbrennungen le bruciature [brutschature]

vergewaltigen violentare [wjolentare]

Vergnügen il divertimento [diwertimennto]

Vergrößerung l'ingrandimento [ingrandimennto]

verheiratet sposato [ßposato]

Verhütungsmittel il contraccettivo [kontattschettiwo]

Verkauf la vendita [wendita]

Verkehrskontrolle il controllo del traffico [kontrollo del traffiko]

Verkehrsschild il segnale stradale [senjale ßtradale]

Verlängerungsschnur la prolunga [prolunga]

verletzt ferito/a [ferito/a]

Verlierer il perdente [perdennte]

Verlust la perdita [perdita]

Verpackung l'imballaggio, m [imballaddscho]

verrostet arrugginito/a [arruddschinito/a]

verschimmelt ammuffito/a [ammuffito/a]

Verschluss l'otturatore, m [otturatore]

verschmutzt sporco/a [ßporko/a]

Versicherung l'assicurazione, f [aßßikuratßjone]

Versorgung il mantenimento [mantenimennto]

verspätet in ritardo [in ritardo]

Verspätung il ritardo [ritardo]

Verstauchung la slogatura [slogatura]

verstehen capire [kapire]

Verstopfung la costipazione [koßtipatßjone]

Vibrationen le vibrazioni [wibratßjoni]

Videokamera la videocamera [wideokamera]

viel tanto [tanto]

vier quattro [kuattro]

vierzehn quattordici [kuattorditschi]

vierzig quaranta [kuaranta]

violett viola [wjola]

Vitamintabletten le compresse di vitamine [kommpreßße di witamine]

Vogel l'uccello, m [utschello]

Volksfest la festa del paese [feßta del paese]

Volksmusik la musica popolare [musika popolare]

Volkstanz il ballo popolare [ballo popolare]

voll pieno [pieno]

Volleyball la palla volo [palla wolo]

Vollidiot l'imbecille [imbetschille]

Vollkasko il casco totale [kaßko totale]

Vollmacht la delega [delega]

vollmundig corposo/a [korposo/a]

Vollpension la pensione completa *[penßjone kompleta]*

Volt i volt *[wolt]*

Volumen il volume *[wolume]*

von di *[di]*

vor davanti a *[dawannti a]*

Voranmeldung la prenotazione *[prenotatßjone]*

Vorbereitung i preparativi *[preparatiwi]*

Vorderläufe le zampe anteriori *[dsampe anteriori]*

Vorfahrt la precedenza *[pretschedendsa]*

Vorlesung la lezione *[etßjone]*

Vorliebe la predilezione *[prediletßjone]*

Vorname il nome *[nome]*

Vorort la periferia *[periferia]*

Vorschriften la prescrizione *[preßkritßjone]*

Vorspeisen l'antipasto *[antipaßto]*

Vorstellung la rappresentazione *[rappresentatßjone]*

Vulva la vulva *[wulwa]*

W = VU DOPPIO

Wacholder il ginepro *[dschinepro]*

Wachteln le quaglie *[kualje]*

Waffel la cialda *[tschalda]*

Wagenheber il crico *[kriko]*

Waggon il vagone *[wagone]*

wählen (eine Nummer) selezionare (un numero) *[ßeletßjonare (un numero]*

wahrscheinlich probabile *[probabile]*

Währung la valuta *[waluta]*

Wald la foresta *[foreßta]*

Walnuss la noce *[notsche]*

Wanderkarte la carta stradale *[karta ßtradale]*

Wanderweg il sentiero per escursioni *[ßentjero per eßkurßjoni]*

wann (Datum) quando *[kuando]*

wann (Uhrzeit) a che ora *[a ke ora]*

Wanne la vasca *[waßka]*

warm caldo *[kaldo]*

wärmen riscaldare *[rißkaldare]*

Warndreieck il triangolo *[triangolo]*

warten aspettare *[aßpettare]*

Wartesaal la sala d'attesa *[ßala dattesa]*

Wartezeit il tempo d'attesa *[temmpo dattesa]*

Wartezimmer la sala d'attesa *[ßala dattesa]*

warum perché *[perke]*

was cosa *[kosa]*

Waschbecken il lavandino *[lawandino]*

Wäsche la biancheria *[bjankeria]*

waschen lavare *[laware]*

Wäscherei la lavanderia *[lawanderia]*

Waschpulver il detersivo *[deterßiwo]*

Waschraum il lavatoio *[lawatojo]*

Waschsalon la lavanderia *[lawanderia]*

Waschstraße l'autolavaggio *[autolawaddscho]*

Wasser lassen orinare *[orinare]*

Wasser, (warmes) l'acqua (calda) *[akkua (kalda]*

wasserdicht impermeabile *[impermeabile]*

Wasserfall la cascata *[kaßkata]*

wasserfest impermeabile *[impermeabile]*

Wasserflasche la bottiglia d'acqua *[bottilja dakkua]*

Wasserhahn (tropft) il rubinetto (gocciola) *[rubinetto (gottschola)]*

Wassersack la sacca d'acqua *[ßakka dakkua]*

Watte il cotone *[kotone]*

Wechselkurs il corso dei cambi *[korso dei kambi]*

wechseln cambiare *[kambjare]*

Wechselstube il cambio *[kambjo]*

wecken svegliare *[sweljare]*

Wecker la sveglia *[swelja]*

Weg il sentiero *[ßentjero]*

Wegbeschreibung la descrizione della strada *[deßkritßjone della ßtrada]*

weggehen andare via *[andare wia]*

Wegweiser l'indicatore (m) stradale *[indikatore ßtradale]*

weich morbido/a *[morbido/a]*

Weihnachten il Natale *[natale]*

Weihnachtstag, 2. Santo Stefano *[ßanto ßtefano]*

Wein il vino *[wino]*

Weinbrand il brandy *[brändi]*

weinen piangere *[pjandschere]*

Weingeschäft l'enoteca, f *[enoteka]*

Weinkarte la lista dei vini *[lißta dei wini]*

Weinprobe la degustazione *[deguße tatßjone]*

Weinschaumcreme lo zabaione *[dsabajone]*

Weisheitszahn il dente del giudizio *[dennte del dschuditßjo]*

weiß bianco/a *[bjanko/a]*

Weißwein il vino bianco *[wino bjanko]*

weit largo *[largo]*

weit von lontano da *[lontano da]*

weiter avanti *[awanti]*

weitermachen continuare *[kontinuare]*

weitsichtig presbite *[presbite]*

Weitwinkelobjektiv l'obiettivo (m) grandangolare *[objettiwo grandangolare]*

Weizen il grano *[grano]*

Wellen le onde *[onde]*

Welpe il cucciolo *[kuttscholo]*

wenden voltare *[woltare]*

wenig poco *[poko]*

weniger di meno *[di meno]*

wer chi *[ki]*

Werbung la pubblicità *[pubblitschita]*

Werkzeug gli attrezzi *[attrettßi]*

Wert il valore *[walore]*

Wertsachen gli oggetti di valore *[oddschetti di walore]*

Westen l'ovest, f *[oweßt]*

Wetterdienst il servizio meteorologico *[ßerwitßjo meteorolodschiko]*

Wettervorhersage le previsioni del tempo *[previsjoni del temmpo]*

Wettkampf la gara *[gara]*

wichtig importante *[importante]*

wie come *[kome]*

wiederkommen tornare *[tornare]*

wieder sehen rivedere *[riwedere]*

Wiedersehen, auf arrivederci/la *[arriwedertschi/ arriwederla]*

Wien Vienna *[wjenna]*

wie viel quanto *[kuanto]*

Wildgerichte la selvaggina *[ßelwaddschina]*

Wildleder il camoscio *[kamoscho]*

Wildschwein il cinghiale *[tschingjale]*

Wind il vento *[wento]*

winddicht impermeabile *[impermeabile]*

Windel il pannolino *[pannolino]*

Windpocken la varicella *[waritschella]*

Windschutzscheibe il parabrezza *[parabrettßa]*

Winter l'inverno, m *[inwerno]*

Winzer il viticoltore *[witikoltore]*

wir noi *[noi]*

Wirbelsäule la spina dorsale *[ßpina dorßale]*

Wirsing la verza *[werdsa]*

Wirt l'oste, m *[oßte]*

Wirtschaftswissenschaften economia e commercio *[ekonomia e kommertscho]*

wissen sapere *[ßapere]*

Wissenschaft la scienza *[schentßa]*

wo, wohin dove *[dowe]*

Woche la settimana *[ßettimana]*

Wochenende il fine settimana *[fine ßettimana]*

Wochenkarte l'abbonamento settimanale *[abbonamennto ßettimanale]*

wöchentlich settimanale *[ßettimanale]*

woher di dove *[di dowe]*

wohnen abitare *[abitare]*

Wohnort la residenza *[residentßa]*

Wohnung l'appartamento, m *[appartamennto]*

Wohnwagen la roulotte *[rulot]*

Wolken le nuvole *[nuwole]*

Wolle la lana *[lana]*

wollen volere *[wolere]*

Wörterbuch il dizionario *[ditßjonario]*

wuchtig pesante *[pesante]*

Wunde la ferita *[ferita]*

Wundstarrkrampf il tetano *[tetano]*

Würfel i dadi *[dadi]*

Würmer i vermi *[wermi]*

Wurst la salsiccia *[ßalßittscha]*

Wurstaufschnitt il salume *[ßalume]*

Wurzel(-behandlung) la radice (il trattamento della radice) *[raditsche (il trattamennto della raditsche)]*

würzig saporito/a *[ßaporito/a]*

X = ICS

Y = IPSILON

Z = ZARA

zäh duro/a *[duro/a]*

zahm docile *[dotschile]*

Zahnbrosse il dentice *[denntitsche]*

Zahnbürste lo spazzolino *[ßpattßolino]*

zahnen mettere i denti *[mettere i dennti]*

Zahnfleisch le gengive *[dschendschiwe]*

Zahnhals il collo del dente *[kollo del dennte]*

Zahnkranz la corona dentata *[korona denntata]*

Zahnpaste il dentifricio *[denntifritscho]*

Zahnschmerzen il mal di denti *[mal di dennti]*

Zahnstocher lo stuzzicadenti *[ßtuttßikadennti]*

Zange la pinza *[pindsa]*

Zäpfchen la supposta *[ßuppoßta]*

zart tenero/a *[tenero/a]*

zärtlich affettuoso/a *[affettuoso/a]*

Zecken la zecca *[dsekka]*

Zeh il dito del piede *[dito del piede]*

zehn dieci *[djetschi]*

Zehnagel l'unghia del piede, f *[ungja del piede]*

zehnmal dieci volte *[djetschi wolte]*

zehntausend diecimila *[djetschimila]*

Zeiger la lancetta *[lantschetta]*

Zeitpunkt il momento *[momennto]*

Zeitraum il periodo *[periodo]*

Zeitschrift la rivista *[riwißta]*

Peter Meyer Reiseführer

CONNEXIONS

... bieten Individualisten
umfangreiche aktuelle
Informationen für
die Auswahl des Reiseziels,
für effektive Reisevorbereitung,
eine bequeme Anreise
und sicheres Reisen vor Ort.
– Und sie verraten stets,
wie und wo Sie sich
gründlich weiterinformieren
und buchen können.
Immer wieder von unseren
Reiseprofis aktualisiert!

320 bis 432

informative Seiten,

fadengebunden,

Griffmarken mit

Randschlagwörtern.

Aktuelle Titelinformationen

Gedruckt auf 100%

im Internet unter
www.connexions.de

Recyclingpapier.

Gesamtprospekt anfordern:

Jeweils nur

Peter Meyer Reiseführer
Schopenhauerstraße 11
D-60316 Frankfurt am Main

DM/SFr 19,80

Über Ihre Buchhandlung!

Zeitung il giornale [dʃhornale]

Zeitungsstand l'edicola, f [edikola]

Zelt(-stange) il paletto da tenda [paletto da tenda]

Zelthering il picchetto [pikketto]

Zeltsack il sacco per la tenda [ßakko per la tenda]

Zentimeter il centimetro [tschentimetro]

Zentrum il centro [tschenntro]

Zeuge il testimone [teßtimone]

Zicklein il capretto [kapretto]

Ziege la capra [kapra]

Ziegenkäse il formaggio di capra [formaddʃho di kapra]

ziehen togliere [toljere]

Ziel la destinazione [deßtinatßjone]

Zigarette le sigarette [ßigarette]

Zigarillo il sigarillo [ßigarillo]

Zigarre il sigaro [ßigaro]

Zimmer una camera [una kamera]

Zimmermädchen la cameriera [kamerjera]

Zimmernummer il numero della camera [numero della kamera]

Zimt la cannella [kannella]

Zitrone il limone [limone]

Zollbeamte il doganiere [doganjere]

Zollerklärung la dichiarazione doganale [dikjaratßjone doganale]

Zollerklärungsformular il modulo per la dichiarazione doganale [modulo per la dikjaratßjone doganale]

zollfrei esente da dazio [esente da dadsjo]

Zoo lo zoo [dso]

Zoomobjektiv lo zoom [dsuum]

zu da [da]

Zucchini gli zucchini [dsukkini]

Züchtung la coltivazione [koltiwatßjone]

Zug il tiro [tiro]

Zügel la briglia [brilja]

Zündkerze la candela d'accensione [kandela dattschenßjone]

Zündschlüssel la chiavetta d'accensione [kjawetta dattschenßjone]

Zündung l'accensione, f [attschenßjone]

Zündverteiler lo spinterogeno [ßpinterodʃheno]

zunehmend in aumento [in aumennto]

Zunge la lingua [lingua]

Zürich Zurigo [dsurigo]

zurück indietro [indjetro]

Zuschauer gli spettatori [ßpettatori]

Zuschauerraum l'auditorio, m [auditorjo]

Zuschlag il supplemento [ßupplemennto]

zwanzig venti [wenti]

Zweck der Reise lo scopo del viaggio [ßkopo del wjaddʃho]

zwei due [due]

zweihundert duecento [duetschento]

zweimal due volte [due wolte]

zweitausend duemila [duemila]

Zweite il secondo [ßekondo]

zwölf dodici [doditschi]

■ Richtung & Entfernung

Direzione & distanza

[diretßjone e dißtandsa]

nahe bei/weit von	vicino a/lontano da *[witschino a/lontano da]*
hier/dort	qua/là *[kua/la]*
vor/hinter	davanti a/dietro a *[dawannti a/djetro a]*
unter/über	sotto/sopra *[ßottosopra]*
oben/unten	su/giù *[ßu/dschu]*
innen/außen	dentro/fuori *[denntro/fuori]*
neben/gegenüber	accanto/di fronte *[akkanto/di fronte]*
links/rechts	a sinistra/destra *[a ßinißtra/deßtra]*
überall	dappertutto *[dappertutto]*
nirgends	da nessuna parte *da neßßuna parte]*
geradeaus	dritto *[dritto]*
weiter/zurück	avanti/indietro *[awannti/indjetro]*
(am) Anfang/Ende	all'inizio/alla fine *[allinitßjo/alla fine]*
nächste/letzte	il prossimo/l'ultimo *[il proßßimo/lultimo]*
Mitte	il centro *[il tschenntro]*
an der Ecke	all'angolo *[allangolo]*
stopp/weiter	alt/continuare *[alt/konntinuare]*
Weg/Straße	il sentiero/la strada *[il ßentjero/la ßtrada]*
(Kilo-)Meter	il (chilo)metro *[il (kilo)metro]*
Norden/Süden	il nord/sud *[il nord/ßud]*
Osten/Westen	l'est, m/l'ovest, f *[leßt/loweßt]*

■ Abkürzungen

Abbreviazioni

[abbrewjatßjoni]

a arrivo Ankunft *[arriwo]*

A.P.T Azienda di Promozione Turistica Fremdenverkehrsamt *[adßjenda di promoßjone turißtika]*

alt. altitudine Höhe *[altitudine]*

Cso corso Hauptstraße *[korßo]*

ENIT Ente Nazionale Italiano per il Turismo Staatl. Fremdenverkehrsamt *[enit]*

F.S. Ferrovie dello Stato Staatl. Eisenbahn *[äffe ässe]*

IVA (inclusa) imposta sul valore aggiunto Mehrwertsteuer (inkl.) *[iwa: impoßta ßul walore addschunto]*

Lgo largo Platz *[largo]*

m. metro/monte Meter/Berg *[metro/monte]*

P.T. Posta e Telegrafi Post- und Telegrafenamt *[poßta e telegrafi]*

Pza. piazza Platz *[pjattßa]*

part. partenza Abfahrt *[partendsa]*

Vle viale Allee *[wjale]*